Zyperns Beitritt zur Europäischen Union

SCHRIFTEN
zum internationalen und zum öffentlichen
RECHT

Herausgegeben von Gilbert Gornig

Band 70

PETER LANG
Frankfurt am Main · Berlin · Bern · Bruxelles · New York · Oxford · Wien

Hauke Stöwsand

Zyperns Beitritt zur Europäischen Union

Vom Antrag auf Mitgliedschaft bis zum Protokoll der Beitrittsakte

PETER LANG
Europäischer Verlag der Wissenschaften

Bibliografische Information der Deutschen Nationalbibliothek
Die Deutsche Nationalbibliothek verzeichnet diese Publikation in der Deutschen Nationalbibliografie; detaillierte bibliografische Daten sind im Internet über <http://www.d-nb.de> abrufbar.

Zugl.: Kiel, Univ., Diss., 2006

D 8
ISSN 0943-173X
ISBN-10: 3-631-56083-4
ISBN-13: 978-3-631-56083-9

Vorwort

Zypern, 1974 durch Intervention des türkischen Militärs geteilte Insel, ist seit dem 1. Mai 2004 Mitgliedstaat der Europäischen Union. Ein kurzer Blick auf die politischen und rechtlichen Auseinandersetzungen der letzten Jahrzehnte genügt, um sich die Herausforderungen zu verdeutlichen, denen die Europäische Union dadurch gegenüber steht – die Verantwortung für eine Lösung des Konfliktes zwischen Zyperngriechen und Zyperntürken, aber auch die Wahrung der Rechtseinheit der Europäischen Gemeinschaft. Dieser Problematik und dem völkerrechtlichen Rahmen des Beitritts widmet sich diese Arbeit. Sie versteht sich als Nachzeichnung der Beitrittsbedingungen im weitesten Sinne und der daraus folgenden Konsequenzen.

Wegen der komplexen Struktur des Konfliktes hat es sich zunächst als notwendig erwiesen, seine historischen Linien nachzuzeichnen. Auf dieser Grundlage werden die einzelnen Abschnitte der Arbeit in chronologischer Folge entfaltet. Beginnend mit einer völkerrechtlichen Analyse, wird anschließend auf die Lösungsbemühungen von UN und EU im Rahmen des sogenannten Annan-Planes eingegangen, und schließlich eine eingehende Betrachtung der Einwirkungen des gemeinschaftlichen Assoziationsrechts und des Gemeinschaftrechts selbst auf Beitritt und Konflikt vorgenommen.

Die gesamte Arbeit hätte jedoch ohne die Hilfe weiterer Personen, die mir mit Rat und Tat zur Seite gestanden haben, nicht entstehen können. Ihnen gilt mein Dank.

An erster Stelle zu nennen ist Prof. Dr. Andreas Zimmermann, für seine freundliche und stets hilfsbereite Betreuung der Arbeit. Gerne möchte ich mich auch bei ihm und Prof. Dr. Dr. Rainer Hofmann für die rasche Erstellung der Gutachten bedanken, sowie bei Prof. Dr. Dr. h.c. Gilbert Gornig für die Aufnahme der Arbeit in seine Schriftenreihe.

Zu danken habe ich darüber hinaus Maren Lütjen, Dr. Frank Hoffmeister und Max Uebe für ihre freundliche Unterstützung bei der Recherche, all den anderen Personen, die ich während der Entstehung der Arbeit befragt habe, und nicht zuletzt auch Jörg Kensbock für das Korrekturlesen meiner Arbeit.

Ganz besonderes dankbar bin ich aber meinen Eltern, die mich in meiner gesamten Ausbildungszeit finanziell und in jeder erdenklichen Form unterstützt haben.

Kiel, im September 2006 Hauke Stöwsand

Inhaltsverzeichnis

Abkürzungsverzeichnis

aA	anderer Ansicht
ABl	Amtsblatt
BB	Der Betriebsberater
BGBl	Bundesgesetzblatt
C.L.R.	Cyprus Law Reports
CMLR	Common Market Law Review
COG	"Cyprus Official Gazette", Cyprus Government Gazette
DA	Deutschland-Archiv
EG	Europäische Gemeinschaften / EG-Vertrag
EJIL	European Journal of International Law
EMRK	Europäische Konvention für Menschenrechte
EU	Europäische Union / Unionsvertrag
EuGH	Europäischer Gerichthof
EuR	Europarecht
EWG	Europäische Wirtschaftsgemeinschaft
iE	im Ergebnis
FAS	Frankfurter Allgemeine Sonntagszeitung
FAZ	Frankfurter Allgemeine Zeitung
FO	britisches Foreign Office, früher Public Record Office
hM	herrschende Meinung
IdH	Innerdeutscher Handel
LKV	Landes- und Kommunalverwaltung
MOEL	Mittel- und Osteuropäische Länder
KAS	Konrad Adenauer Studien / Auslandsinformationen
KN	Kieler Nachrichten
mwN	mit weiteren Nachweisen
NRG	Nouveau Recueil Général de Traités
Rec.	Recueil des arrêts et décisions de la Cour européenne des droits de l'homme (seit 1. Januar 1996)
RGW	Rat für Gegenseitige Wirtschaftshilfe
RTDE	Revue trimestrielle de droit européen
S.R.O. Rev. 1948	1948 Statutory Rules and Orders Revised 1948 (3rd edition)
TCCC	Turkish Cypriot Chamber of Commerce
TG	Treaty of Guarantee
WVK	Wiener Übereinkommen über das Recht der Verträge 1969
ZaöRV	Zeitschrift für ausländisches öffentliches Recht und Völkerrecht
ZfZ	Zeitschrift für Zölle und Verbrauchssteuern
ZK	Zollkodex

I. Einleitung

Die Arbeiten zum vorliegenden Beitrag zum Völker- und Europarecht wurden im Frühjahr 2003 aufgenommen. Wie viele politik- und sozialwissenschaftliche Arbeiten, die vor und nach dem 1. Mai 2004 erschienen sind, beschäftigt sich auch dieses Werk mit Zyperns Beitritt zur Europäischen Union, mit dem Unterschied, dass es diesen Versuch aus rechtswissenschaftlicher Sicht heraus unternimmt.

Der sogenannte *Annan-Plan* der Vereinten Nationen war noch nicht ins Blickfeld der Weltöffentlichkeit gerückt, der Beitritt aber absehbar und die Bemühungen zur Überwindung der Teilung waren festgefahren. Im Laufe der Zeit gelangte der Plan jedoch immer weiter ins Zentrum der Entwicklungen, bis er am Ende das Scharnier dieser Arbeit darstellen sollte, die Verbindung zwischen der geltenden Verfassung der Republik Zypern und einem Entwurf für die Zukunft, zwischen Staats- und Völkerrecht, Völker- und Europarecht.

Die Erstarrung der Fronten im Zypernkonflikt hatte sich zuletzt immer deutlicher gezeigt, je länger die Gespräche zwischen den beiden Volksgruppen der Insel bis Ende der achtziger Jahre des letzten Jahrhunderts ohne Ergebnis blieben, je mehr man sich in den neunziger Jahren an die Teilung und den „Kalten Krieg“ im Kleinen gewöhnte. Durch den Plan gelang es aber in kürzester Zeit, die bisherigen Positionen aufzubrechen, und in einem Nebeneffekt den Zyperntürken, wohl zum ersten Mal seit mehr als 40 Jahren, aus der Defensive zu treten.

Tatsache ist, dass der rechtliche EU-Beitritt im Jahre 2004 ohne den politischen Konflikt nicht zu verstehen ist, und dieser wiederum nicht ohne genaues Abtasten *der jüngeren Inselgeschichte*. Unter diesem eingeschränkten Blick auf die Inselgeschichte sind allerdings nicht allgemein-politische Ereignisse zu verstehen, sondern – was eigentlich selbstverständlich sein sollte – eine Auseinandersetzung mit den Konfliktursachen, zudem aus der Sicht *aller* Beteiligten und nicht mit dem Kunstgriff der Auslassung bestimmter Ansichten.

Politisch scheint nur fortgesetzter Druck die Bereitschaft der beteiligten Parteien zu einem kritischen Dialog aufrechtzuerhalten, bei dem auch Ergebnisse zu erwarten sind. Wenigstens ist jedoch zu erwarten, dass sich jede Seite darüber klar wird und offen legt, was sie sich eigentlich selbst von der Lösung dieser alten Streitfrage erhofft.

In *juristischer Form* setzt sich diese Arbeit, als Arbeit mit den Konfliktursachen und Lösungsvorschlägen, einen Vergleich der existierenden und vorgesehenen Instrumente zum Ziel, um am Ende eine vorläufige Bewertung vorzunehmen. Ergebnisoffenheit bis zum Schluss ist dabei den Erfahrungen früherer Arbeiten geschuldet, soll sie nicht entweder eine Utopie beschreiben oder aber im Ungreifbaren und Abstrakten verharren.

Europarecht, wenn es als regionales Völkerrecht zu beschreiben ist, ist hier aufgrund seiner normativen Dichte von besonderem Interesse: Daraus folgt eine nicht minder starke Einengung nationaler Gestaltungsspielräume. Zypern stellt ein gutes Beispiel dar, weshalb die EU im Interesse der Homogenität ihres Rechtsraumes bestimmte Regelungen verabschieden musste, und wie diese Regelungen sich auf Zypern und die Mitgliedstaaten der EU selbst auswirken. Zypern ist auch deshalb ein gutes Beispiel, weil in seinem Verhältnis zur EU bereits der Mechanismus der Assoziierung quasi als Vorläufer des späteren Beitritts bestand und bereits hieran die Arbeitsweise der EU im Konflikt erkennbar war. In diesen Grenzen sind daran durchaus Tendenzen erkennbar, dass und wie EU-Recht auf die tatsächlichen Grundlagen des Konfliktes einzuwirken beginnt.

Völkerrecht bleibt jedoch die natürliche Grundlage der Arbeit. Der Antrag auf Beitritt zur EG war zunächst nur von regionaler Bedeutung. Ungefähr zehn Jahre vor dem Beitritt – man beachte die lange Zeit des Entscheidungsfindungsprozesses – wurde dieser dann plötzlich mit der Erwartung verbunden, wieder Bewegung in die erstarrten Fronten hin zu einer Lösung des Konflikts zu bringen. Erst dort, in den späten Neunzigern, wurde dieser Ansatz allerdings auch von den UN aufgegriffen und in der Folge, stetig wachsend, wurden Beitritt und Lösung der Zypernfrage inhaltlich miteinander verknüpft.

Die *Europäische Union* ist somit ein wichtiger Antrieb zur Lösung des Konflikts geworden. Generalsekretär Annans Ideen zur Konfliktlösung bilden hingegen weiterhin einen Rahmen, der gegenwärtig noch aus der Verfassung von 1960 besteht. Andererseits bildet die Europäische Union aus gemeinschaftsrechtlicher Notwendigkeit einen zwingenden Rahmen für alle zukünftigen Entwicklungen.

Die Vorgehensweise bei der *deutschen Teilung* zeigt hierbei, dass die EU nicht ganz unerfahren ist im Umgang mit zum Zeitpunkt des Beitritts bestehenden Situationen staatlicher Teilung. Wo es der Rahmen der vorliegenden Arbeit erlaubt, werden die vergleichbaren Momente und Unterschiede aufgegriffen. Dem gewählten Untersuchungsgegenstand entsprechend wird die Arbeit sich dennoch weitestgehend auf die Darstellung des zyprischen Konflikts beschränken, dessen Komplexität alleine bereits eine übersichtliche Strukturierung schwierig macht. Soweit also Anknüpfungspunkte zur ehemaligen deutschen Teilung hin bestehen, ist besonderes Augenmerk auf die Fußnoten zu richten. Auf eine eigenständige Darstellung im Textkörper ist jedoch verzichtet worden.

Die *gesicherte Quellenlage* ist höchst uneinheitlich. Mit dem sogenannten Annan-Plan haben sich bisher nur wenige Autoren eingehend auseinandergesetzt, obwohl der Plan schon seit Jahren diskutiert worden ist und noch immer als Grundlage für eine zukünftige Lösung angesehen werden muss. Eine der wenigen Ausnahmen bildet der Tagungsband *The EU accession of Cyprus: key to the political and legal solution of an „insoluble" ethnic conflict?*, herausgegeben von Thomas Giegerich. Indem hier alle Beteiligten gleichermaßen zu Wort kommen, vermag das Buch einen guten Überblick vom Meinungsspektrum über den Plan zu verschaffen. Bezeichnend aber, dass dieser Band erst im Jahr 2006 veröffentlicht werden konnte. Das spricht einerseits für eine gewisse Diskretion der Vereinten Nationen, andererseits aber auch gegen die Art und Weise, in der ein bisheriger Diskurs stattgefunden haben mag. Über die Beitrittsrechtsakte, die Zypern unmittelbar betreffen, liegen noch keine Veröffentlichungen vor. Dies nachzuholen, ist thematisch die Aufgabe dieses Beitrags. Die völkerrechtliche Lage Zyperns ist hingegen umfassend dokumentiert, wenngleich einschränkend wieder hinzugefügt werden muss, dass oftmals auf eine Darstellung der objektiven Lage verzichtet wird und vorwiegend politische Ansichten vertreten und Sekundärliteratur wiedergegeben werden.

Wichtige Ausnahmen von dieser Darstellungsweise bilden die Werke *Dischlers* und *Tzermias'*. Aufschluss bieten auch die Quellen der britischen *National Archives* in Kew, die viel über die historischen Hintergründe offen legen, bisher aber – von einigen Darstellungen wie der *Gazioglus* abgesehen – kaum zitiert wurden. Das mag jedoch auch an den langen Sperrfristen für Regierungsdokumente liegen, die erst vor nicht allzu langer Zeit abgelaufen sind.

Umso erstaunlicher ist hingegen die Tatsache, dass der *Garantievertrag* Zyperns mit der Türkei, Griechenland und Großbritannien von 1960, obwohl bei *Dischler* und *Tzermias* eindringlich als der für die Republik Zypern zentrale völkerrechtliche Vertrag beschrieben, selten einer rechtlichen Würdigung unterzogen wird. Viel ist daher von Zyperns Unfreiheit die Rede, aber eine verlässliche Einordnung fehlt regelmäßig. Auch diese wird als notwendige Voraussetzung für eine Untersuchung der Legalität eines Beitritts vorzunehmen sein.

Das vorliegende Werk wurde Anfang Oktober 2005 als Dissertation bei der Christian-Albrechts-Universität zu Kiel eingereicht. Nachfolgende Änderungen sind jedoch so weit als möglich noch bis zur Drucklegung Ende August 2006 berücksichtigt worden. Einige ganz wesentliche Punkte der Zypernfrage, wie zum Beispiel die Massenvertreibungen, konnten in dieser Arbeit hingegen, schon thematisch bedingt, nicht angesprochen werden.

II. Historische Grundlagen

1) Koloniale Vorgeschichte der Republik Zypern

Als direkten Ursprung der Republik Zypern, vor ihrer eigentlichen Gründung als unabhängiger Staat, kann man die Verpachtung der Insel durch das Osmanische Reich an Großbritannien in einem Bündnisvertrag im Jahre 1878 bezeichnen.[1] Diese war das Ergebnis des Berliner Kongresses, der infolge des Kriegs zwischen der Türkei und Russland abgehalten wurde und Teil der britischen „*stepping stones politics*“ zur Schaffung geostrategischer Stützpunkte war.[2] Ursprünglich sollte mit dieser Politik der Seeweg zu den indischen Kolonien gesichert werden.[3] Nach dem Zweiten Weltkrieg sollte damit der Verlust der britischen Gebiete in Ägypten und Palästina kompensiert und der Einfluss im erdölreichen Nahen Osten erhalten werden.

Ganz besonders ist die heutige Situation Zyperns nicht ohne einen flüchtigen Blick auf die Ursprünge und Entwicklung der Beziehungen zwischen orthodoxen Zyperngriechen und muslimischen Zyperntürken zu verstehen.

a) Osmanische Herrschaft

Mit der blutigen Eroberung der Insel im Jahre 1570/71 wurde Zypern Teil des osmanischen Reiches. Die Hohe Pforte in Istanbul siedelte damals recht bald nach der Eroberung eine größere Zahl anatolischer Muslime an.[4] Teile der christlichen Inselbevölkerung konvertierten auch zum Islam,[5] nicht zuletzt wegen der Einführung des osmanischen sog. Millet-Systems. In diesem System wurde die zyprische griechisch-orthodoxe Kirche zur Steuereintreibung sowohl für die an Istanbul abzuführenden Abgaben verpflichtet als auch zur Erhebung eigener Steuern ermächtigt.

---

1 Bei der „Convention of Defensive Alliance between Great Britain and Turkey“ vom 4. Juni 1878 handelte es sich um eine völkerrechtliche Verwaltungszession, vgl. Art. 1 Abs. 2 des Abkommens und Art. 6 des Annex vom 1. Juli 1878; siehe ferner N. Mavrouleas, S. 28; C. P. Schwenger, S. 7; Dahm/Delbrück/Wolfrum, Band I/1, § 49, S. 332 und A. Verdross/B. Simma, § 1041 f.

2 Zur strategischen Bedeutung H. Nowacki, S. 41 ff; N. Wenturis, S. 12 ff.

3 „... in taking Cyprus the movement is not Mediterranean – it is Indian ...“, der damalige engl. Premier Disraeli, zit, nach L. Dischler, S. 10.

4 Vgl. den bei Choisi, S.157 f. in Fn.5 angeführten Erlass des Sultans.

5 Vgl. Choisi, S.158; K. Hillenbrand, S.17 ff.; U. Heide, S. 69.

Die Kirche, die traditionell die weltliche und geistliche Führung der Bevölkerung beanspruchte, wurde auf diese Weise Teil eines Herrschaftssystems, das die christlichen Zyprioten doppelt belastete, und entfremdete sich der Bevölkerung. Erst ab 1821 gelang es ihr, sich der Bevölkerung wieder anzunähern. Unabhängigkeitsbestrebungen vom Osmanischen Reich und die Entstehung eines panhellenischen Nationalismus begannen sich um diese Zeit bemerkbar zu machen. Die zur Unabhängigkeit Griechenlands führende Rebellion gegen die osmanische Herrschaft 1821 unterstützten die orthodoxen Zyprioten passiv. Die osmanischen Herrscher reagierten hierauf indes rigoros und richteten den größeren Teil des Klerus und der Notablen der christlichen Bevölkerung kurzerhand hin.[6]

Mit der Übernahme der Kontrolle der Insel durch das britische Empire 1878 wurde schließlich die politische Vorherrschaft der muslimischen Bevölkerung beendet. Die Führungsschichten der zyperntürkischen Volksgruppe passten sich durch ihre Übernahme in die Kolonialverwaltung in großer Zahl weitgehend an das britische Herrschaftssystem an. Erst mit der kemalistischen Staatsgründung in der Türkei in den frühen zwanziger Jahren des 20. Jahrhunderts und der Intensivierung des Wunsches der Zyperngriechen nach Vereinigung mit dem „Mutterland" (*Enosis*) wendete sich die junge türkisch-zypriotische Elite verstärkt der Entwicklung eines türkischen Nationalbewusstseins zu, das bis dahin größtenteils eine Reaktion auf die Enosis-Ideologie war.

b) Britische Herrschaft

Mit ihrer Übernahme der Insel begannen die Briten die Rechts- und Gesellschaftsordnung der Insel zu prägen. Sie behielten einerseits die osmanischen Verwaltungsstrukturen bei und garantierten in einem Zusatzprotokoll auch das Weiterbestehen der moslemischen Gerichtsbarkeit in religiösen Fragen sowie die Anerkennung der muslimischen Stiftungen (*Evkaf*).[7] Ebenso ließen sie die schulische Bildung in den Händen der jeweiligen Volksgruppe, was später die verhängnisvollen Entwicklungen noch zusätzlich begünstigte. Auf der anderen Seite führten sie aber auch ein modernes Gerichtssystem und das Common Law ein.[8]

---

6 Aggressive Spannungen zwischen griechischen und türkischen Zyprern gab es jedoch erst nach dem Krieg zwischen Griechenland und der Türkei zu Beginn der dreißiger Jahre des 20. Jahrhunderts; erst zu dieser Zeit erhielten z.B. auch die „Märtyrer" von 1821 eine Gedenkstätte neben der Faneromeni-Kirche in Nicosia, in die ihre Gebeine umgebettet wurden.

7 Annex zum in Fn. 1 erwähnten Bündnisvertrag vom 1. Juli 1878; das Abkommen und dessen Annex sind abgedruckt in: de Martens, NRG, 2ème Série, Band 3, S. 272 und 274.

8 Folglich ordnete auch Art. 29 des Court of Justice Law von 1960 nach der Unabhängigkeit die Anwendung des common law an.

Um die Interessen des Empires durchsetzen zu können, bediente sich die britische Außenpolitik vor Ort häufig der Hilfe von Minderheiten im Rahmen einer Politik des „divide et impera". Auf Zypern gestanden die Briten in diesem Rahmen der Inselbevölkerung eine scheinbare Beteiligung an den Entscheidungen des kolonialen Hochkommissariats durch einen Ministerrat (*Executive Council*) und ein Parlament (*Legislative Council*) ohne bindende Befugnisse zu. Diese Organe waren nach ethnischem Proporz im Verhältnis von drei zu eins mit Zyperngriechen und Zyperntürken besetzt.

Mit dem Ausbruch des ersten Weltkriegs am 5. November 1914 annektierten die Briten die Insel vollständig.[9] Nachdem Zypern nun offiziell Kronkolonie geworden war, wurde durch eine Verwaltungsreform im Jahre 1925 die „getrennte Politisierung" [10] durch Einrichtung getrennter Wahlkreise für die Organe je nach Religionszugehörigkeit weiter betont. Die Mehrheiten in Rat und Parlament waren aber schon vorher so ausbalanciert, dass die Zyperntürken mit den Stimmen der britischen Beamten zusammen gegen die zyperngriechische Seite immer eine Mehrheit bilden konnten. Im Notfall konnten diese Organe auch vollständig übergangen werden.

Am deutlichsten wurde das *divide and rule* mit dem Beginn des bewaffneten griechisch-zypriotischen Unabhängigkeitskampfes 1955, als die Briten schließlich auch dazu übergingen, rein zyperntürkische Einheiten an Hilfspolizei aufzustellen, um die eigenen Streitkräfte zu entlasten.

2) Freiheitskampf und Macmillan-Plan

Der zyperngriechische Wunsch nach Enosis zeichnete sich nach der vollständigen Annexion durch Großbritannien immer deutlicher ab.[11] Erst am 16. August 1954 begann dann auch die Regierung Griechenlands unter innenpolitischem Druck und dem Drängen von Zyperns Erzbischof formell diesen Wunsch vor den Vereinten Nationen zu unterstützen.[12] Im April 1955 brach schließlich der organi-

9 The Cyprus (Annexation) Order in Council 1914 S.R.O. von 1924, No. 1629, S.R. & O. Rev. (1948), Vol. II, S. 577 f., von der Türkei wurde die Annexion im Frieden von Lausanne am 24. Juli 1923 anerkannt, abgedruckt in: de Martens, NRG, 3ème Série, Bd. 13, S. 342 ff.

10 L. Kaikitis, S. 17.

11 1950 stimmten z.B. in einem in den orthodoxen Kirchen abgehaltenen Referendum bei einer halben Million Einwohner Zyperns überhaupt, über 94 % der fast 250.000 zyperngriechischen Wähler zugunsten der Enosis ab.

12 „for the time being" wurde die Behandlung der Zypernfrage aber vertagt, Res. 814 (IX) GA vom 17. Dezember 1954; YUN 8 (1954), S. 96, selbst Griechenland hatte nicht gegen die Resolution gestimmt.

sierte bewaffnete Widerstandskampf der *EOKA* [13] aus, deren Kämpfer zum Teil an der Militärakademie in Athen geschult worden waren.[14] Die Briten antworteten mit verschiedenen Repressalien und der erwähnten Hilfspolizei. Außerdem unterstützten sie die türkischzyprische Untergrundorganisation *TMT*.[15] In dieser Zeit kam es zu einer deutlichen Reduzierung griechisch-türkisch gemischter Ortschaften und insbesondere 1958 zu ersten Fluchtbewegungen türkischer Zyprioten, wodurch sich Forderungen nach Enosis oder die Gegenbewegung hin zu einer Teilung (*Taksim*) der Insel [16] ungehinderter entfalten konnten.[17]

Alle Versuche Großbritanniens, dem Unabhängigkeitsstreben zu begegnen, intern durch Verhängen des Kriegsrechts und die Stationierung großer Truppenkontingente, international durch Kompromissvorschläge, scheiterten. Dieses war nicht weiter verwunderlich, weil diese Vorschläge eher eine Selbstverwaltung als eine volle Souveränität im Auge hatten. Der erste größere Lösungsversuch war der sogenannte Radcliffe-Plan von 1956. Ihm zufolge sollte Zypern scheinbar selbständig werden, jedoch unter Ausklammerung der nationalen Souveränität. Die Außen-, Verteidigungs- und Innenpolitik sollten vom britischen Gouverneur ausgeübt werden. Sowohl Griechenland als auch die griechischen Zyprioten lehnten diesen Plan ab.

Im Juni 1958 unterbreiteten die Briten mit dem nach dem britischen Premier benannten Macmillan-Plan den Vorschlag, ein „Kondominium" der Türkei, Griechenlands und Großbritanniens auf der Insel einzurichten. Dieses sah hauptsächlich eine autonome kommunale Verwaltung jeder Volksgruppe vor sowie für jeden Zyprioten die doppelte Staatsbürgerschaft Großbritanniens und des jeweiligen Mutterlandes Griechenland oder Türkei. Für die folgenden sieben Jahre bis zur Ausarbeitung einer Verfassung sollte die Insel aber unter britischer Souveränität verbleiben, auch wenn in vielen Bereichen Entscheidungen des britischen Gouverneurs erst nach Rücksprache mit einem griechischen und einem türkischen Vertreter erfolgen durften. Letztendlich würde der Gouverneur die gleichen Rechte wahrnehmen, die schon nach dem Radcliffe-Plan zypriotischem Einfluss entzogen waren. Nach Ablauf der sieben Jahre sollte eine Teilung der Souveränität mit

---

13 Übersetzt etwa „Nationale Organisation Zyprischer Kämpfer".

14 Dass die Situation auf der Insel schon davor nicht frei von Gewalt war, zeigt die Tatsache, dass laut Dischler, S. 23 z.B. im zweiten Halbjahr 1948 über 100 Anschläge stattfanden, davon 29 mit Sprengstoff.

15 Zuvor KITEB und VOLKAN genannt.

16 Auf einer Pressekonferenz 1958 erläuterten Rauf Denktas und Fazel Kücük, dass es ein einheitliches Zypern nie gegeben habe, so J. Choisi, S. 223.

17 K. Hillenbrand, S. 29 f., mit der Gründung der Republik Zypern 1960 kehrten viele Bewohner aber vorerst wieder zurück.

Athen und Ankara in Aussicht gestellt werden.[18] Auch dieser Plan diente also vorrangig dem britischen militärstrategischen Interesse. Gegenüber der bisher bestehenden Lage brachte er aber keine entscheidenden Veränderungen und wurde daher ebenfalls von den beiden griechischen Parteien abgelehnt.

3) Struktur der Republik Zypern von 1960

Unter diesen Voraussetzungen gab es noch im Dezember 1958 eine neue politische Initiative, ausgehend von den Außenministern Griechenlands und der Türkei, aber in enger Abstimmung mit Großbritannien. Beide Länder hatten sich die Forderungen der jeweiligen Volksgruppe schon längere Zeit vor den britischen Plänen zu Eigen gemacht und waren spätestens seitdem auch offen in den Konflikt einbezogen.

Dieses Mal mündete die Initiative in einen Kompromiss der beiden Länder über die zukünftige Struktur Zyperns am 11. Februar 1959 in Zürich. Um diesen umzusetzen bedurfte es noch der Zustimmung des Souveräns über die Insel, Großbritannien. Am 19. Februar, als Abschluss einer Dreierkonferenz und mit Zustimmung der Vertreter der zyprischen Volksgruppen, kam schließlich in London das Abkommen zur Errichtung einer unabhängigen Republik Zypern zustande.[19] Gleichwohl zeichnete sich auch die in diesem Abkommen zugrunde gelegte Struktur nicht durch eine vollständige, sondern eine vielfach bedingte Souveränität der zukünftigen Republik aus.

Auf diesem Boden wurde Zypern schließlich am 16. August 1960 offiziell von Großbritannien in die Unabhängigkeit entlassen. Bemerkenswert ist dabei weniger die Tatsache, dass die Verfassung der Republik Zypern den beiden unterschiedlich großen Volksgruppen der Zyperngriechen und Zyperntürken den gleichen rechtlichen Status einräumt, sondern insbesondere die Art und Weise, in der sie diesen äußerst detailliert vorschreibt.[20] Neben der Verfassung stehen drei im Zeitpunkt der Unabhängigwerdung unterzeichnete Gründungsverträge an der Spitze

---

18 Die Pläne werden ausführlich erläutert bei L. Dischler, S. 44 ff., vgl. dort auch die Erläuterung des Plans durch Harold Macmillan selbst, Dokument 29 des Dokumentenanhangs auf S. 138 f. Zum Begriff des Kondominiums vgl. Dahm/Delbrück/Wolfrum – Wolfrum, § 51, danach war wohl eher ein Koimperium gemeint, da die Souveränität ausschließlich bei Großbritannien verbleiben sollte, vgl. auch Verdross/Simma, § 1045 f.

19 Agreement on the Basic Structure of the Republic of Cyprus, London, 19. Februar 1959, State Papers 1959-60 (vol. 164), S. 219, abgedruckt bei L. Dischler, Dokument 34 (Londoner Abkommen) und Dokument 33 (Züricher Übereinkunft).

20 Die Notwendigkeit hierfür und auch die der Einbeziehung von Griechenland und der Türkei seien dahingestellt. Es ist jedoch auf Ursachen und Folgen der getrennten Politisierung hinzuweisen.

der Normenhierarchie Zyperns, die zusätzlich zur Verfassung ein völkerrechtliches Korsett mit strikten rechtlichen Vorgaben bilden. Wenn daher von der Souveränität oder der Unabhängigkeit Zyperns die Rede ist, so ist dies stets vor dem Hintergrund der insgesamt vier Verträge zu verstehen.

a) Völkerrechtlicher Rahmen: Die Verträge von 1959 und 1960

aa) Zürich-Londoner Übereinkunft von 1959

Auf der Dreierkonferenz vom 17.-19. Februar in London verständigten sich die beiden Mutterländer und Großbritannien über den zukünftigen Status für Zypern und die wesentlichen Fragen, welche die Rechte der Volksgruppen und Großbritanniens betrafen. Die Vertreter der zukünftigen zypriotischen Volksgruppen gaben in diesem Rahmen Erklärungen zu den Verträgen ab, die jedoch einen integralen Bestandteil derselben bilden.

Das Abkommen gliedert sich in folgende Abschnitte: Zunächst wurde die Grundstruktur der Insel (*Basic Structure*) durch Grundlinien der Verfassung und bereits viele präzise ausformulierte Einzelheiten, die späteren *Basic Articles*, festgelegt (A). Dann folgten gewisse Souveränitätsbeschränkungen durch weitere mit der Gründung abzuschließende Verträge, an denen Zypern bereits selbst beteiligt war. Diese sog. Verträge von Nicosia sind neben dem Gründungsvertrag zwischen Großbritannien und Zypern der Garantievertrag zwischen den drei Mächten auf der einen und Zypern auf der anderen Seite (B) und der Allianzvertrag zwischen Griechenland, der Türkei und Zypern (C), die alle zeitgleich mit dem Gründungsakt am 16. August 1960 in Kraft traten.[21] Schließlich enthielt die Übereinkunft Erklärungen der Vertreter der Volksgruppen (G, H) und der drei Vertragsparteien (D, F) sowie Maßnahmen zur Umsetzung dieses Arrangements (I).

Mit Inkrafttreten der Verfassung und der drei Verträge wurde der Inhalt des Abkommens – im Folgenden auch als Zypernarrangement bezeichnet – vollzogen. Unverändert hohe Bedeutung hat das Abkommen indessen als Auslegungsmittel durch einen Verweis auf die Basic Articles in Präambel und Artikel 2 des Garantievertrags und durch die Verfassung selbst. Basic Articles sind nach Artikel 182 der Verfassung, der auch auf deren Unabänderlichkeit in Verbindung mit Annex II hinweist, diejenigen, die bereits am 11. Februar in Zürich vereinbart wurden.

---

21 Der entsprechende binnenrechtliche Akt Großbritanniens, der „Republic of Cyprus Order in Council 1960", Statutory Instrument No. 1368 of 1960, trat bereits am 10. August 1960 in Kraft.

bb) Vertrag über die Gründung der Republik Zypern

Der Gründungsvertrag [22] stellt über seine Artikel 1 und 8 die Unabhängigkeit der Insel von Großbritannien her. In den Artikeln 1 bis 3 werden aber bedeutsame Beschränkungen formuliert, hauptsächlich zugunsten von Großbritannien, in geringerem Umfang auch zugunsten Griechenlands und der Türkei.[23] Bestimmte Gebiete Zyperns, die *Sovereign Base Areas* Akrotiri und Dhekelia, bleiben zum Zweck militärischer Nutzung unter voller Souveränität des Vereinten Königreichs. Ebenso werden Fragen der Landesverteidigung zugunsten von Mitspracherechten von Großbritannien, der Türkei und Griechenland begrenzt.

cc) ‚Garantievertrag'

Der Garantievertrag [24] (TG) zwischen der Republik Zypern einerseits und den drei Garantiemächten gemeinsam auf der anderen Seite [25] ist eine der wichtigsten Regelungen und schränkt die Souveränität Zyperns vor allem über bestimmte Verbote in Artikel I ein, die den Fortbestand der Republik absichern sollen. Diese Verbote treffen die drei Garantiemächte über Artikel II wiederum als gemeinsame Garantiepflichten. Griechenland, die Türkei und Zypern garantieren schließlich auch die Hoheitsrechte der Briten über die Sovereign Base Areas Akrotiri und Dhekelia, Artikel III. Dennoch stellt sich der Garantievertrag aufgrund seines Artikels IV auf den ersten Blick als Interventionsvertrag dar, der es den drei Garantiemächten ermöglicht, bei Nichteinhaltung seiner Bestimmungen in die Vertragsverletzung korrigierend einzugreifen:

In the event of a breach of the provisions of the present Treaty, Greece, Turkey and the United Kingdom undertake to consult together with respect to the representations or measures necessary to ensure observance of those provisions.

In so far as common or concerted action may not prove possible, each of the three guaranteeing Powers reserves the right to take action with the sole aim of reestablishing the state of affairs created by the present Treaty.

Die Eingriffsbefugnisse bestehen also in einem Konsultationsrecht zwischen den Vertragsparteien und der Ermächtigung, auch unilateral gegen Verstöße vorzuge-

---

22 Treaty concerning the Establishment of the Republic of Cyprus, Nicosia, 16 August 1960, UNTS 382 (1960), 5476.

23 In den umfangreichen Anhängen zum Vertrag sind weitere, aber weniger bedeutsame Ausnahmen niedergelegt.

24 Treaty of Guarantee, Nicosia, 16 August 1960, UNTS 382 (1960) 5475.

25 Darauf weist Sir Francis Vallat, FO 371/174747 – C 1015/800 noch einmal ausdrücklich hin.

hen. Schwierigkeiten bereitet indes, dass die Eingriffsrechte über das gewöhnliche Maß völkerrechtlicher Abkommen und Verträge hinausgehen, da sie mit der Verfassungsstruktur, Einheit, Integrität und Sicherheit die meisten Bereiche abdecken, die für die autonome Existenz eines Staates wichtig sind. Die Begrenzungen aus dem Garantievertrag sind für die Republik Zypern also relativ weitreichend. Artikel I, die für Zypern verpflichtende und damit zentrale Norm des Garantievertrags, lautet:

The Republic of Cyprus undertakes to ensure the maintenance of its independence, territorial integrity and security, as well as respect for its Constitution.

It (Cyprus) undertakes not to participate, in whole or in part, in any political or economic union with any State whatsoever. It accordingly declares prohibited any activity likely to promote, directly or indirectly, either union with any other State or partition of the Island.

Unabhängigkeit und territoriale Integrität sind nach dem Wortlaut also keine souveränen Rechte, die in diesem Sinne auch aufgegeben werden können, sondern reine Pflichten. Dementsprechend wäre es der Republik Zypern also auch untersagt, gemäß ihrer eigenen Ordnung durch unabhängigen Beschluss aufzuhören zu existieren:[26]

Artikel II TG ist parallel zu Artikel I formuliert und erhebt die drei Staaten Großbritannien, Griechenland und die Türkei zu Garanten, ohne Rücksicht auf eine konkrete Zustimmung der Republik Zypern für den Fall des Rückgriffs auf Artikel IV. Hinzu kommt, dass Artikel II im Unterschied zu Artikel I nicht zum Respekt vor – irgendeiner – Verfassung der Insel verpflichtet, sondern die Basic Articles garantiert und so die durch das Zypernarrangement von 1959 vereinbarte Grundstruktur.[27] Damit setzt Artikel II indirekt die Londoner Übereinkunft nach der Unabhängigkeit Zyperns fort. Der an dieser Stelle scheinbar bestehende Unterschied zur Pflicht der Republik Zypern, lediglich ihre Verfassung zu respektieren, wird wiederum über einen entsprechenden Hinweis auf die Grundstruktur in der Präambel des Vertrags relativiert.

---

26 Tzermias, S. 217 ff.

27 Während die Republik Zypern dazu über Art. 181, 182 iVm Annex III der Verfassung verpflichtet ist, ergibt sich für die Garantiemächte die Statik der Verfassungsstruktur aus dieser Klausel. Indes müssen die Pflichten für die Garantiemächte aus Art. II hervorgehoben werden. Gerade der gegenseitige Verzicht von Griechenland und der Türkei auf die Unterstützung von Enosis und Taksim, der in dieser Klausel zum Ausdruck gebracht wird, ermöglichte den Kompromiss in Zürich. Insoweit handelt es sich auch um gegenseitige Pflichten zwischen den Garantiemächten, vgl. Tzermias, S. 218.

Vor allem Garantie- und Gründungsvertrag sind es, die den internationalen Status der Republik Zypern bestimmen.[28] Insbesondere der Garantievertrag erhält als unveränderlicher Bestandteil der Verfassung in Artikel 181 und als Teil der in § 21 des Zypernarrangements vorgesehenen Grundstruktur für die Insel eine doppelte, sowohl völkerrechtlich als auch staatsrechtlich zu beachtende Dimension, welche die Republik Zypern in allen internationalen Beziehungen auch gegenüber den Garantiemächten zur Rücksichtnahme auf die Grundstruktur verpflichtet. Mit dieser Internationalisierung der Verfassungsinhalte der Republik muss der Garantievertrag daher sämtliche völkerrechtlichen Beziehungen des Staates beeinflussen.

dd) Allianzvertrag zwischen Zypern, Griechenland und der Türkei

Die eben erwähnte doppelte Stellung genießt auch der Allianzvertrag,[29] mit dem die Inselverteidigung gemeinsam von der Republik Zypern, der Türkei und Griechenland organisiert werden sollte.[30] Der Vertrag ergänzt den Garantievertrag, da er den gleichen Zwecken dient wie dieser. Während die Verfassung die Aufstellung eigenständiger Truppen vorsah, wurde aufgrund dieses Vertrags ein gemeinsames Hauptquartier zwischen den drei Vertragsparteien geschaffen, das gemäß einem zweiten Zusatzprotokoll Instrument für ein Komitee, bestehend aus den Außenministern der drei Länder, sein sollte. Gemäß dem ersten Zusatzprotokoll erhielt Griechenland das Recht ein Kontingent von 950, die Türkei das Recht eines bis zu 650 Soldaten auf der Insel dauerhaft zu stationieren.

b) Zypriotische Verfassung von 1960 [31]

Wie bereits erwähnt, sind die Leitgedanken der Verfassung schon im Zypernarrangement von 1959 verankert und wesentliche Inhalte zusätzlich durch die genannten Verträge abgesichert. Die Verfassung selbst gliedert sich schließlich durch die Berücksichtigung der Ergebnisse von London in Artikel 181 und 182 der Verfassung in Verbindung mit Annex III in fundamentale und nicht-fundamentale Normen: 48 der 199 Artikel der Verfassung der Republik Zypern

---

28 Zur Einordnung als Statusvertrag und den daraus folgenden Konsequenzen aber ab S. 81.

29 Treaty of military Alliance, Nicosia, 16 August 1960, UNTS 397 (1961) 5712.

30 Art. 1: „...undertake to co-operate for their common defence and to consult together on their problems raised by that defence.“, während in Art. 3 des Gründungsvertrags davon die Rede war, "...to undertake to consult and co-operate in the common defence of Cyprus."

31 Abgedruckt in: Blaustein/Flanz – Stanley Kyriakides, Binder V. – Republic of Cyprus, New York 1972. Die Verfassung kann außerdem im Internet eingesehen werden, z.B: unter: http://www.kypros.org/constitution .

sind dort numerisch aufgelistet und gemäß dem Zürich-Londoner Abkommen für unabänderlich erklärt worden.[32] Großbritannien, Griechenland und die Türkei sind damit nicht nur der Verfassungsgeber Zyperns, sie sind für wesentliche Teile auch der verfassungsändernde Gesetzgeber. Die Verfassung ist daher und trotz der Beteiligung von Zyprern kein Produkt freier Willensbildung des zyprischen Volkes oder seiner legitimen Regierung,[33] obschon sie über alle für Verfassungen abendländischer Prägung wesentlichen Eigenschaften wie zum Beispiel Gewaltenteilung, Legalitätsprinzip und Grundrechte verfügt. Unbeantwortet bleibt dagegen die Frage, ob sich die Volksgruppen alleine wegen ihrer unterschiedlichen Zielsetzungen überhaupt auf einen Verfassungstext hätten einigen können.

aa) Volksgruppenverfassung

Kennzeichnend für die zypriotische Verfassung von 1960 ist die Art und Intensität der formellen Gleichstellung der beiden Volksgruppen. Die zwei Hauptprinzipien, auf denen die Verfassung beruht, sind zum einen die Anerkennung der Existenz der beiden Volksgruppen anstelle eines einzigen zyprischen Volks, zum anderen eine Teilhabegarantie jeder Volksgruppe an der Macht, wodurch eine rechtliche Dominanz der griechisch-zypriotischen über die türkisch-zypriotische Volksgruppe verhindert werden sollte.[34] Schon Artikel 1 ist insofern symptomatisch, als der Präsident zwingend griechischer und der Vize-Präsident türkischer Zypriot sein müssen. Damit wurde angesichts des andauernden Konflikts rechtlich und zusätzlich durch Aufnahme in Annex III fixiert, dass es keine Personen sein müssen, die das Vertrauen beider Volksgruppen hätten gewinnen sollen.

In Artikel 2 wird anstelle einer gemeinsamen Nation die Identifikation der Zyperngriechen mit Griechenland und der Zyperntürken mit der Türkei durch die entsprechende Definition der Volksgruppen vorausgesetzt. Artikel 2, in einigen weiteren, hier aber irrelevanten Teilen nach westlichen Maßstäben heutzutage schwer verständlich, wird ergänzt durch die Regelung der Amtssprachen in Artikel 3, die nicht als Nationalsprachen bezeichnet werden, und der Vorschriften über Feiertage und das Hissen der Flagge des jeweiligen Mutterlandes, Artikel 4 und 5.

Bei einem damaligen Bevölkerungsverhältnis von acht zu zwei zugunsten der Zyperngriechen ist durch eine Quotenregelung die Zusammensetzung des gesamten

---

32 Hinzu kommen die bürgerlichen Freiheitsrechte in den Artikeln 6 bis 35, die in Anlehnung an die EMRK formuliert wurden und auf diese Weise faktisch nur begrenzten politischen Spielraum für Veränderungen lassen.

33 Rumpf, Verfassung und Recht, S. 160, Tzermias, S. 195.

34 Vgl. Neocleous – Neophytou Kourtellos, S. 19.

Staatswesens im Verhältnis sieben zu drei zwischen Zyperngriechen und Zyperntürken festgeschrieben. Dies gilt sowohl bei Wahlen zum Repräsentantenhaus gemäß Artikel 62 und bei der Besetzung der Ministerposten gemäß Artikel 46 als auch für den gesamten öffentlichen Dienst, Artikel 123 und 130. Sogar für den öffentlichen Rundfunk existieren für die Sendungen in einer Volksgruppensprache entsprechende Regelungen, Artikel 171. In der Armee und in den beiden von der Verfassung vorgesehenen obersten Gerichten der Insel bestehen hiervon besondere Abweichungen. Zusätzlich ist in beiden Gerichten ein neutraler, nichtzypriotischer Präsident einzusetzen.

bb) Aufbau der Exekutive

Bei der Republik Zypern handelt es sich um eine Präsidialrepublik, Artikel 1. Demgemäß ist die Verfassung aufgebaut. Nach den Grundrechten in Artikel 6 – 35 beginnt die Staatsorganisation mit dem Präsidenten der Republik. Einem zyperngriechischen Präsidenten ist ein in der Machtfülle fast gleichwertiger Vizepräsident aus dem zyperntürkischen Bevölkerungsteil zugeordnet. Gemäß Artikel 39 Absatz 1 wird der Präsident Zyperns nur von Zyperngriechen, der Vize-Präsident nur von Zyperntürken gewählt.

Überhaupt finden alle Wahlen laut Verfassung nach getrennten Wahllisten statt. Ihre Kompetenzen und wesentlichen Befugnisse sind in den Artikeln 47 – 49 festgelegt, darunter – dem Charakter der Verfassung entsprechend – auch typische Legislativfunktionen. Die Kompetenzen des Vize-Präsidenten sind weitgehend ausschließliche. Jeder der beiden oder beide gemeinsam besitzen über Artikel 50 ein destruktives Vetorecht gegen Gesetze der Legislative in enumerativ aufgelisteten, aber umfangreichen Materien betreffend die Außen-, Verteidigungs- und Sicherheitspolitik und ein suspensives Veto in Artikel 51 für die übrigen Materien.

Das Hauptexekutivorgan soll nach Artikel 46 zwar ein Ministerrat sein, der den Präsidenten zugeordnet wird und dessen Arbeit sie lediglich garantieren sollen. In diesem Rat, dessen Zusammentreten, Verfahren und Kompetenzen in den Artikeln 54 ff. geregelt sind, stehen den beiden Präsidenten als dessen Vorsitzende aber ebenfalls entsprechende Vetobefugnisse zur Verfügung, Artikel 57. Außerdem ernennen und entlassen beide Präsidenten im genannten Verhältnis und jeder getrennt für sich die Mitglieder des zehnköpfigen Kabinetts, Artikel 48 und 49.[35]

Aus Artikel 46 und Artikel 59, der mit Artikel 58 die Funktionen des Rates bestimmt, wird ersichtlich, dass die Minister im Rahmen dieses Organs keine kol-

35 Wenigstens die Ernennung vollzieht sich durch eine gemeinsam zu unterzeichnende Urkunde, Art. 46.

lektive Verantwortlichkeit wahrnehmen, sondern dass diese einzig durch den jeweiligen Präsidenten garantiert wird. Letztlich sind die Minister also nur ihrer eigenen Volksgruppe gegenüber verantwortlich. Daran ändert sich auch dadurch wenig, dass gemäß Artikel 60 ein gemeinsames Sekretariat des Ministerrats einzurichten ist.

cc) Aufbau der Legislative

Auch die fünfzig Mitglieder des Repräsentantenhauses, gemäß Artikel 61 das hauptsächliche Legislativorgan der Republik, werden alle fünf Jahre im Verhältnis sieben zu drei gewählt, Artikel 62, 65. Abgeordnete und Minister haben über Artikel 80 das Initiativrecht im Gesetzgebungsverfahren inne. Neben dem Repräsentantenhaus bestehen zwei Kommunalkammern als Selbstverwaltungsorgane für jede der Volksgruppen. Diese haben Gesetzgebungskompetenzen in Fragen der Religion, Bildung, Kultur, bezüglich des Personenstands, der Gerichtsbarkeit in Religionsfragen und Ähnlichem, Artikel 87. Über Artikel 87 Absatz 1, litera (f), und Artikel 88 werden die für die Selbstverwaltung notwendigen Finanzmittel und das Verteilungsverfahren über den Haushalt des Repräsentantenhauses geregelt. Die Volksgruppenkammern verfügen auch über Befugnisse in der Verwaltungskontrolle, Artikel 89, und stellen sich im Übrigen als echte Gesetzgebungsorgane dar. Das Gewaltmonopol steht jedoch einzig der Republik Zypern als solcher zu, vergleiche Artikel 90. Interessant ist schließlich noch Artikel 108, der es den Volksgruppen erlaubt, Kultur und Bildung am jeweiligen Mutterland zu orientieren.

Gesetze und Beschlüsse des Repräsentantenhauses erfordern gemäß Artikel 78 grundsätzlich nur eine einfache Mehrheit. Allerdings wird dieser Grundsatz in den Bereichen des Wahlrechts, der einzurichtenden getrennten Verwaltungen nach Artikel 173 und für den gesamten Bereich des Steuerrechts dahingehend eingeschränkt, dass hier für Rechtsakte getrennte Mehrheiten für die Vertreter beider Volksgruppen nötig werden. Hieraus entwickelte sich, wie noch zu zeigen sein wird, einer der großen Streitpunkte. Noch komplizierter ist die Regelung für Verfassungsänderungen, soweit diese wie aufgezeigt überhaupt möglich sind. Artikel 182 Absatz 3 fordert hier sogar zwei getrennte Zweidrittelmehrheiten der Mitglieder aus beiden Volksgruppen.

dd) Unabhängige Beamte und öffentlicher Dienst

Diese Regelungen befinden sich im sechsten bis achten Teil der Verfassung. Geregelt wird etwa die Verteilung der Posten des Generalstaatsanwalts oder des Notenbankchefs. Auch für den öffentlichen Dienst, im siebten Teil in Artikel 123, findet sich die typische Quotenregelung. Das Verhältnis soll durch eine ebenfalls sieben zu drei besetzte Kommission zur Verteilung dieser Stellen garantiert werden, Artikel 124 und 125. Daneben ist vor allem der achte Teil über die Sicherheitskräfte der Insel zu beachten. Die 2.000 Mann starke Armee soll danach sogar in einer Quote von sechs zu vier zusammengesetzt sein, Artikel 129, während die gleichstarken Polizeieinheiten die übliche Struktur aufweisen sollen, Artikel 130. Artikel 132 besagt schließlich, dass in ausschließlich von einer Volksgruppe bewohnten Gebieten auch nur Angehörige der entsprechenden Volksgruppe stationiert werden dürfen.

ee) Aufbau der Judikative

Wegen der langen Zugehörigkeit zu Großbritannien als Kronkolonie ist das Rechtssystem Zyperns auch heute noch wesentlich durch das britische Common Law geprägt. Letzteres wird allerdings stark durch die Existenz der Verfassung selbst und die dort verankerte Gerichtsbarkeit modifiziert. Nach Artikel 179 steht alles zyprische Recht unter dem Primat der Verfassung. Demzufolge darf das Verfassungsgericht gemäß der Artikel 136 fortfolgende über die Verfassungskonformität von Gesetzen urteilen. Tatsächlich hat es sich häufig auch an der entsprechenden Rechtsprechung der Vereinigten Staaten orientiert.[36] Mit Artikel 146 wurde eine Art Verwaltungsgerichtsbarkeit eingeführt, die sich eher an kontinental-europäische Systeme anlehnt.[37]

Die Regelungen über das Verfassungsgericht befinden sich im neunten Teil. Artikel 133 regelt Status und Zusammensetzung: Je ein Vertreter der beiden Volksgruppen sowie ein Ausländer als Präsident, der nicht Staatsbürger einer der Garantiemächte ist, bilden das Gericht. Im zehnten Teil wird die Judikative unter Ausnahme der von den Volksgruppen in kommunalen Angelegenheiten gemäß Artikel 87 getrennt einzurichtenden Gerichte behandelt, Artikel 152. Artikel 152 bestimmt für das oberste Bundesgericht eine Besetzung ähnlich der des Verfassungsgerichts, demgegenüber jedoch mit zwei Vertretern pro Volksgruppe. Die Gerichtsverfassung hat gemäß Artikel 158 bis 161 die Volksgruppen und ihr Recht bei Einrichtung und Besetzung der Gerichte zu berücksichtigen. Außerdem haben die Volksgruppen jeweils ein eigenes Berufungsgericht, Artikel 160 Absatz 2.

---

36 Neocleous – Pittas und Koudounari, S. 74.
37 Neocleous – Pittas und Koudounari, S. 73.

ff) Kommunale Bestimmungen

Hier sind Artikel 171 über Regelungen des Rundfunks in Volksgruppensprachen und Artikel 173 zu nennen. Dieser sieht die Errichtung von getrennten Stadtverwaltungen in den fünf größten Städten der Insel vor. Weil aber in den Städten wie auch auf der ganzen Insel die Volksgruppen nicht etwa räumlich voneinander getrennt lebten, mussten die Angehörigen dieser Gemeinden auf ethnischer und nicht auf territorialer Grundlage bestimmt werden. Dagegen ermächtigt Artikel 177 die beiden Präsidenten, Grenzen für die betreffenden bikommunalen Gebiete festzulegen. Außerdem stand die weitere Existenz der getrennten Stadtverwaltungen unter dem Vorbehalt weiterer Entscheidung über ihren Verbleib vier Jahre nach Inkrafttreten der Verfassung.[38]

gg) Völkerrechtliche Kompetenzen

Komplementär zu den Beschränkungen des Garantievertrags nennen die Artikel 169 und 170 die wesentlichen völkerrechtlichen Kompetenzen der Republik Zypern. Artikel 169 ermöglicht den Abschluss völkerrechtlicher Verträge in Verbindung mit dem präsidentiellen Vetorecht in Artikel 50 und Artikel 170 sichert den Garantiemächten beim Abschluss solcher Verträge Meistbegünstigung zu. Artikel 181 stellt mit der Erhebung des Garantie- und des Allianzvertrags zu Normen im Range des Verfassungsrechts insbesondere die Grenzen der Artikel 169 f. heraus. Über Artikel 182 Absatz 1 in Verbindung mit Annex III gehören Artikel 181 und infolgedessen auch diese beiden Verträge über die Grundstruktur zu den fundamentalen und damit unveränderlichen Regelungen.[39]

In diesem Rahmen sind schließlich noch die Übergangsbestimmungen zu nennen, die mit Artikel 187 beginnen. Artikel 195 ermächtigt das Präsidentengespann gemeinsam dazu, die genannten drei Verträge des Zypernarrangements abzuschließen. Seinem Wortlaut zufolge sollen die beiden „*conjointly shall have, and shall be deemed to have had, the exclusive right and power to sign and conclude on behalf of the Republic the (Treaties)*“. Zweck dieser Norm war es lediglich, sich des Abschlusses der Gründungsverträge sowohl zu versichern als auch deren

38 Art. 173; angesichts der für deren Abschaffung benötigten Mehrheiten gem. Art. 78 Abs. 2 der Verfassung im Verhältnis zur realen Situation war deren Auflösung wohl auf absehbare Zeit aus- geschlossen.

39 Dennoch stellte sich zumindest für die Briten bei den späteren Debatten um Resolution 186 – zu diesen S. 36 ff. – die Frage, ob die Verträge unabhängig von Artikel 181 Verfassungsrang besitzen oder ob sie mit Aufhebung von Artikel 181 mit dem Einverständnis aller Parteien und gemäß den Zuständigkeiten in Artikel 54 der Verfassung kündbar werden würden, FO 371/174745 – C 1015/144, „Note on the power under the Constitution to terminate treaties“.

zügiges und verfassungskonformes Inkrafttreten zu ermöglichen, ohne dass eine langwierige und nach der Unabhängigkeit für Großbritannien riskante Prozedur einzuhalten gewesen wäre. Artikel 195 gehört daher auch nicht zu den Basic Articles und tritt folglich als reine Verfahrensnorm für die Übergangsphase hinter Artikel 181 zurück.[40]

c) Umsetzung der Verfassung

Es ist unschwer zu erkennen, dass das gesamte Verfassungssystem darauf ausgerichtet ist, durch ein System von ausgewogenen Kontrollen und einen konstitutionell festgeschriebenen „Minderheiten"-Schutz staatlichen Zusammenhalt zu bewirken. Wenn auch das Interesse der kleineren türkisch-zypriotischen Volksgruppe am Staat geweckt werden sollte, so mussten aber in jedem Fall Enosis-Bestrebungen der größeren Gruppe der Zyperngriechen verhindert werden.[41] Aufgrund des Konflikts schien dieser Dualismus zunächst vorteilhaft.

Unabhängig davon, dass die Mehrzahl der genannten Bestimmungen für die Volksgruppen damals sinnvoll war, wurde mit ihrer komplizierten Abfassung indessen bewirkt, dass sich alle am Verfassungsleben Beteiligten mit Recht nur ihrer eigenen, sie alleine legitimierenden Volksgruppe gegenüber verantwortlich fühlen dürfen. Die beiden Volksgruppen sind durch das Verfassungsrecht in Sprache und Kultur auf die beiden Mutterländer festgelegt. Jede Gruppe soll ihre eigenen Vertreter wählen und hat deren Mindestzahl garantiert, extensive Vetorechte schützen den Rest. Auf die Meinung der anderen Seite braucht danach überhaupt nicht eingegangen werden. Ein konstruktiver Gedankenaustausch fand dementsprechend auch nicht statt. Vor allem deswegen wurde weithin die Fähigkeit des neuen Staates angezweifelt, die beiden seit dem Freiheitskampf der Zyperngriechen bereits gegeneinander arbeitenden Volksgruppen wirksam zu integrieren.

Folglich standen sich im kurzen Zusammenleben unter der republikanischen Verfassung nicht wechselnde Regierungen und Opposition gegenüber, sondern stets die Mehrheit der Zyperngriechen und die Minderheit der Zyperntürken.[42] Man kann insofern darüber streiten, ob die Verfassung eine der Ursachen für die spätere Teilung darstellt, oder ob sie nur bestehende Streitigkeiten verstärkte. Jedenfalls nutzten beide Seiten diese Tatsache aus, um sich über die Bestimmungen

---

40 "Note on the power under the Constitution to terminate treaties" der Rechtsberater im Commonwealth Relations Office vom 10. Januar 1964, FO 371/174745 – C 1015/144.

41 N. Wenturis, S.103 ff.

42 Vgl. N. Wenturis, S.105.

hinwegzusetzen oder Lösungsansätze um sachfremde Forderungen zu ergänzen und auf diese Weise zu blockieren.[43]

Konkret entzündete sich Streit über die Verfassung zwischen den Volksgruppen an der Beteiligung der Volksgruppen am Verwaltungsapparat, daneben aber vor allem an zwei Ursachen: Die junge Republik Zypern musste laut der Übergangsbestimmung [44] des Artikels 188 Absatz 2 der Verfassung nach Gründung der Republik bis zum 31. Dezember 1960 eine neue Einkommenssteuergesetzgebung zur Bestreitung ihres Haushaltes beschließen. Die Verteilung des Steueraufkommens auf die Volksgruppen war aber äußerst umstritten, genauso wie die von den Zyperntürken während des Befreiungskampfes begonnene und noch von den Briten *de iure* anerkannte Einrichtung getrennter türkisch-zypriotischer Kommunalbehörden in den fünf größten Städten des Landes.[45] In beiden Punkten konnte aufgrund der verfassungsmäßigen Pattsituation [46] keine Einigung erzielt werden.[47] Schließlich sind zur Erhebung der Einkommenssteuer getrennte Regelungen in den Volksgruppenkammern erlassen worden.[48]

d) Makarios „Dreizehn Punkte“ und die Zerstörung der Koexistenz

Die Streitigkeiten über die Umsetzung der Verfassung blieben bestehen und zogen sich immer weiter in die Länge, ohne dass es Anzeichen für eine Lösung oder einen Kompromiss gab. 1963 forderte schließlich Präsident Erzbischof Makarios III. in einem Memorandum, den sogenannten „Dreizehn Punkten“, erhebliche Verfassungsänderungen, hauptsächlich den Abbau von Vetorechten der zyperntürkischen Minderheit, des dualistischen Staatsaufbaus und des Proporzsystems.[49]

---

43 P. Tzermias, S. 256.

44 Die Übergangsbestimmungen sind in den Art. 187 – 199 zu finden.

45 Durch das Gesetz Nr. 33 von 1959 wurden die 1958 errichteten türkischen Kommunalverwaltungsgremien von Großbritannien anerkannt. Die Übergangsbestimmung in Art. 188 Abs. 2 der Verfassung von 1960 bestimmte, dass auch die bestehenden Gesetze über die Gemeinden noch ein halbes Jahr nach Inkrafttreten der Verfassung gültig bleiben sollten.

46 Vgl. Art. 78 Abs. 2 der zyprischen Verfassung.

47 Die Übergangsregelung in der Steuergesetzgebung wurde nur einmal um drei Monate bis zum 31. März 1961 verlängert. Am 1. April ordnete Makarios per Dekret die Fortführung des bisherigen Systems an. Die Regeln für die Kommunalverwaltungen wurden mehrmals bis Dezember 1962, verlängert, bis sie durch Beschluss des Ministerrats einheitlicher Leitung unterstellt wurden. Letztere Entscheidung wurde vom Verfassungsgericht am 25. April 1963 für verfassungswidrig erklärt. Vgl. Tzermias, S. 252 ff.

48 Nach Ansicht des Verfassungsgerichts war dies legal, Tzermias, S. 255 f.

49 Makarios' „dreizehn Punkte“ vom 30. November 1963 sind u.a. abgedruckt in: L. Kaikitis, S. 49 und J. Choisi, S. 235 f.; P. Tzermias weist in seinem Werk auf S. 266 f. darauf hin, dass die Punkte regelmäßig nur mit dem Titel des Abschnitts, aber ohne die dazugehörigen Begründungen aufgelistet werden.

Mit solchen Änderungen hätten die Zyperngriechen jedoch unter eklatantem Verstoß gegen das Vertragssystem von 1960 alle wesentlichen verfassungsmäßigen Sicherungen der türkischen Zyprer beseitigt.

In dieser von Misstrauen durchzogenen Situation eskalierte am 21. Dezember 1963 der Streit. Um die Verfassungsänderungen, die formell ohne Zustimmung der türkischen Zyprioten nicht zu erreichen waren, dennoch durchsetzen zu können, wurden die zyperngriechischen Teile der Polizei bewaffnet. Gleichzeitig bestanden die Strukturen der Untergrundorganisationen des Freiheitskampfes, EOKA und TMT, fort. Die EOKA war jedoch zahlenmäßig, strukturell und in der Bewaffnung eindeutig überlegen. Insbesondere durch ihre von keiner staatlichen Institution kontrollierbaren Einheiten kam es dann auf ganz Zypern zu Ausschreitungen und in mehreren Gemeinden zu äußerst gewalttätigen Pogromen gegen die zyperntürkische Bevölkerung. In diese bürgerkriegsähnlichen Zustände mischten sich schließlich auch die nach dem Allianzvertrag eigentlich nur symbolisch auf der Insel stationierten griechischen und türkischen Truppenverbände ein.

Die unterlegenen türkischen Zyprer zogen sich daraufhin aus allen Einrichtungen des öffentlichen Lebens und zum großen Teil in Enklaven zurück.[50] Die Kämpfe der Untergrundorganisationen gingen auch nach Stationierung von Friedenstruppen weiter und zogen sich bis weit ins Jahr 1964 hinein. Die Friedenstruppen bestanden zunächst ausschließlich aus britischen Einheiten und stammten zum großen Teil von den Sovereign Base Areas, bis der Sicherheitsrat der Vereinten Nationen ein Mandat zur Errichtung einer internationalen Blauhelmtruppe gab.[51] Erst in diesem Zeitraum kam es durch die systematische Umsiedlung der türkisch-zyprischen Bevölkerungsgruppe in Enklaven und Stadtghettos zur endgültigen Zerstörung der ethnischen Koexistenz. Aus diesem Jahr resultiert auch die Teilung Nicosias durch die Schaffung der sogenannten *Green Line*.

In einem weiteren Schritt verkündete Makarios, dass er eine angemessene Beendigung des Garantie- und des Allianzvertrages erreichen wolle.[52] Gleichzeitig reagierten die Zyperngriechen mit Veränderungen der staatlichen Institutionen durch Notstandsgesetze. Verfassungsgericht (*Supreme Constitutional Court*) und Oberster Gerichtshof (*High Court*) gingen bereits 1964, nach dem Rücktritt der beiden ausländischen Präsidenten, des deutschen Präsidenten des Verfas-

---

50 Die türkisch-zypriotischen Richter nahmen ihren Dienst jedoch später wieder auf und versagten ihn erst ab dem 2. Juni 1966 endgültig, P. Tzermias, S. 263.

51 Eingesetzt durch Resolution 186 des Sicherheitsrates vom 4. März 1964, siehe dazu im nächsten Abschnitt.

52 Necatigil, S. 46, mit Verweis auf britische Zeitungsberichte vom 2. Januar 1964.

sungsgerichts Ernst Forsthoff [53] und des Vorsitzenden des Obersten Bundesgerichts, in einem neuen *Supreme Court* auf. Dieser übernahm deren Rechtsprechungskompetenzen.[54]

1965 wurde das griechisch-zyprische Parlament aufgelöst und dessen Kompetenzen auf ein Ministerium für Bildung übertragen und die Zuständigkeit der zyperngriechischen Volksgruppengerichte auf die Distriktgerichte übergeleitet.[55] In der Exekutive wurden schließlich die für die zyperntürkischen Minister vorgesehenen Posten mit griechischen Zyprioten besetzt. Der Oberste Gerichtshof hatte derartige Maßnahmen in einem Urteil vom 10. November 1964 als durch die außerordentlichen Umstände bedingt und ausnahmsweise und vorübergehend als gerechtfertigt angesehen.[56] Kennzeichnend für die gesamte Situation ist bis heute die Tatsache, dass die Verfassung selbst von den griechischen Zyprioten gleichwohl immer noch im Wortlaut von 1960 belassen worden ist. Alle Rechtsakte fanden unterhalb der Verfassungsebene statt und sollen eine Art provisorischen Zustand beschreiben.[57]

1967 kam es erneut zu gewalttätigen Auseinandersetzungen, nachdem zwischen Griechenland und der Türkei geheime Verhandlungen über die Enosis der Insel ergebnislos abgebrochen worden waren und radikale Zyperngriechen daraufhin einige türkisch-zyprische Enklaven angegriffen hatten.[58]

4) Resolution 186 des Sicherheitsrats

In Reaktion auf die Auseinandersetzungen hatte die Türkei im Verlauf des Jahres 1964 mehrfach mit einer militärischen Intervention auf der Grundlage des Garan-

53 Dieser trat mit Wirkung vom 15. Juli 1963 zurück, nachdem Makarios hatte verlauten lassen, eine Entscheidung des Gerichts über getrennte Kommunen, die nicht in seinem Sinne wäre, zu ignorieren, Necatigil, S. 23.

54 The Administrations of Justice (Miscellaneous Provisions) Law, Law No. 35 of 1964 vom 9. Juli 1964.

55 The Competence of the Greek Communal Chamber (Transfer of Exercise) and Ministry of Education Law, Law No. 12 of 1965 vom 31. März 1965.

56 The Attorney-General of the Republic v. Mustafa Ibrahim, C.L.R. 1964, S. 195 in Bezug auf die Verschmelzung der beiden obersten Gerichte, zum Urteil siehe ferner unten S. 70 ff.

57 Weitere solche legislative Akte waren unter anderem: The Municipal Corporations Law, Law No. 64 of 1964 vom 28. November 1964; The Electoral (Transitional Provisions) Law, Law No. 39 of 1965 vom 24. Juli 1965; The President of the Republic and the Members of the House of Representatives (Extensions of Term of Office) Law, Law No. 38 of 1965 vom selben Tag; The Public Service Law, Law No. 33 of 1967.

58 Vgl. zu den Krisen von 1963/64 und 1967 ausführlich: J. Choisi, S. 236 ff., gegenüber dieser radikalen Minderheit hatten die Zyperngriechen aber überwiegend das Interesse an der Enosis zu dieser Zeit bereits verloren, Belege dafür liefert Choisi auf S. 258, 276 ff und 316.

tievertrags gedroht, um die Gewalttätigkeiten zu beenden.[59] Ein drohender Krieg zwischen den beiden Garantiemächten Griechenland und Türkei war jedoch mit der Aussicht auf eine Schwächung der Südostflanke der NATO im Kalten Krieg verbunden. Die Türkei war nicht nur unmittelbarer Nachbar der Sowjetunion, sondern Zypern unter Makarios ein führendes Mitglied der sogenannten „Blockfreien-Bewegung“, Staaten, die sich weder NATO noch Warschauer Pakt angeschlossen hatten. Wegen der traditionellen Stärke der kommunistischen Partei Zyperns, AKEL, rief diese Haltung in der NATO erhebliche Besorgnis über die strategische Position der Sovereign Base Areas hervor.

Mit Resolution 186 des Sicherheitsrates vom 4. März 1964 wurde vordergründig die Grundlage für eine Lösung des Konflikts geschaffen, da mit ihr sowohl eine Friedenstruppe als auch ein Vermittler zur Schlichtung zwischen den Volksgruppen eingesetzt wurden. In der Realität sah dies aber so aus, dass sich die Verantwortlichen im Sicherheitsrat von Anfang an darüber im Klaren waren, dass eine Friedenstruppe keine wirkliche Alternative sein konnte, solange sich die Einstellung der beiden Volkgruppen zueinander nicht ändern würde.[60] Zu Recht wird daher auch von türkischzyprischer Seite beklagt, dass die griechischzyprischen Regierungsvertreter im Forum der Vereinten Nationen fast vollständig ihre Position durchsetzen konnten.

Die der Machtkonstellation geschuldete Resolution 186 belegt folglich die starke Stellung von Staaten, die sich der Unterstützung einer Veto-Macht, hier der UdSSR, sicher sein können. In dieser Gewissheit war die Haltung der Zyperngriechen weitgehend kompromisslos. Zugleich drohte ihre Haltung im internen Konflikt stets eine militärische Reaktion der Türkei zu provozieren und bewirkte so eine Internationalisierung des Konflikts und eine Gefahr für den Weltfrieden im Sinne der UN-Charta. Das in Resolution 186 tragende Machtgefüge, das zur Katastrophe von 1974 führen sollte,[61] kennzeichnet die Grenzen internationaler Eingriffsmöglichkeiten und zugleich die Grundlagen des heute auf Zypern noch bestehenden Zustandes.

---

59 Necatigil, S. 39 ff.

60 Telegramm von Präsident Lyndon B. Johnson an den britischen Premier vom 19. Februar 1964, FO 371/174747 – C 1015/729, man bedenke ferner die Ursachen der Unabhängigkeit von Großbritannien.

61 Die Verschiebung desselben, die wenig später durch den Putsch der Militärjunta gegen die Monarchie in Griechenland erfolgte, sei hier nur am Rande erwähnt. Über die Auswirkungen besonders für die Zyperngriechen siehe aber die Werke von Choisi und Nowacki.

a) Resolution 186 des Sicherheitsrats vom 4. März 1964

Die Bemühungen, eine geeignete Rechtsgrundlage für einen Eingriff in die Auseinandersetzungen zu finden, bezogen sich von Anfang an auf die Reichweite der Befugnisse des Sicherheitsrats und die 1960 abgeschlossenen Verträge, Gründungs-, Allianz- und Garantievertrag,[62] sowie deren Gültigkeit schlechthin.[63] Insbesondere das sich aus dem Garantievertrag für Großbritannien ergebende Recht, als Garantiemacht ohne weitere Zustimmung der Republik Zypern intervenieren zu können, war dabei von Interesse.[64] Im Bewusstsein der britischen Regierung, dass die griechischzypriotische Position von der Sowjetunion als permanentem Mitglied des Sicherheitsrats unterstützt wurde,[65] war dieser Ansatz jedoch denkbar ungeeignet zur Ausübung von Zwang auf die zypriotische Regierung. Umgekehrt war der Sicherheitsrat genau deshalb das von der griechischzyprischen Regierung bevorzugte Forum.

Ausgangspunkt britischer Überlegungen war dabei die Tatsache, dass die drei Gründungsverträge aufgrund von Artikel 103 UN-Charta dieser unterworfen waren. Selbst wenn ein Eingriff außerhalb der zwingenden Befugnisse des Sicherheitsrates gemäß Kapitel VII bei einer Bedrohung oder einem Bruch des Friedens stattgefunden hätte, so bestand die Alternative, eine Intervention als Zwangsmaßnahme aufgrund einer regionalen Abmachung gemäß Kapitel VIII einzustufen.[66] Damit hätte es gemäß Artikel 53 der Charta im Grunde ebenfalls einer Ermächtigung des Sicherheitsrats bedurft.[67] Zwar waren über den Allianzvertrag bereits seit der Gründung der Republik bestimmte Einheiten auf der Insel stationiert, so dass es einer Zustimmung der Republik Zypern hierzu nicht mehr bedurfte, und zur Begründung einer Intervention über den Garantievertrag war die Zustimmung Zyperns wie gesagt ebenso wenig notwendig. Doch bezogen sich die Verträge im Fall des Allianzvertrags auf genau bestimmte Kontingente Griechenlands und der Türkei sowie im Fall des Garantievertrags einzig auf Einheiten der drei Garantie-

62 Vgl. die "Note on the main legal questions raised by the present situation in Cyprus" von Sir Francis Vallat vom 2. Januar 1964, FO 371/174745 – C 1015/167

63 Siehe nur bei Necatigil, S. 110 f. mwN aus den UN.

64 FO 371/174747 – C 1015/800, insbesondere wird dort hervorgehoben, dass es sich dabei um ein Recht handelt und keine Pflicht; diese besteht nur kollektiv und im in Artikel IV TG bezeichneten Umfang.

65 Zum Beispiel Moran, Resolution 186, S. 26 und 34.

66 Vgl. auch Necatigil, S. 111.

67 Bzw. für den Allianzvertrag, der von Anfang an unter Kapitel VIII geführt wurde, hätten gegenüber dem Rat ausführliche Pflichten unter Artikel 54 der Charta bestanden, so dass die ungefragte Intervention durch NATO-Truppen im Sicherheitsrat als eine Verletzung der Charta aufgefasst worden wäre, siehe Sir Francis Vallat, „Legal basis for the proposed allied force in Cyprus", FO 371/174746 – C 1015/404.

mächte.[68] Absicht von Großbritannien und der NATO war es indessen, aufgrund der Erfahrungen und der Machtlosigkeit der Briten im Unabhängigkeitskampf seinerzeit, nunmehr eine internationale Truppe unter Beteiligung aller NATO-Staaten einzusetzen.[69]

Aufgrund des Zusammenwirkens dieser Tatsachen bestand wegen der mit den Schwierigkeiten des Kalten Krieges belasteten UN sogar die Gefahr einer negativen Entscheidung über die Verträge, indem sich eine mögliche Resolution zum Beispiel überhaupt nicht mehr auf das London-Züricher System als zu schützendes Rechtsgut stützen würde.[70] Unter dem Eindruck, dass die baldige Anrufung der Vereinten Nationen durch Präsident Makarios wahrscheinlich erschien, kamen die Briten dem schließlich durch die eigene Anrufung des Sicherheitsrates zuvor, um noch „zu retten, was zu retten war".[71] Ziel war es nur noch, eine Resolution zu vermeiden, mit der die Gründungsverträge von 1960 faktisch außer Kraft gesetzt worden wären, sowie im Weiteren, eine möglichst einfach gehaltene und folglich weite Formel zu finden, die genügend Interpretationsspielräume zuließ.[72] Zwar gab es noch einen Versuch seitens der Briten und Amerikaner, Griechen und Griechischzyprer unter Druck zu setzen und eine Resolution zu erreichen, die ausdrücklich alle betroffenen Staaten und deren Behörden dazu aufrief, den durch die Verträge von 1960 und die Basis-Artikel der Verfassung errichteten Zustand zu achten.[73] Doch verabschiedet wurde letztlich eine Resolution, die feststellte,

---

68 Vallat, ebda. Bereits die vor Einsetzung der Friedenstruppe von Großbritannien geführten Verbände, die oben bei Fn. 51 erwähnt sind, waren aufgrund von Kapitel VIII der Charta tätig geworden. Faktisch trug Britannien jedoch allein die Last der „truce force", Necatigil, S. 46. Dadurch entstand bei den Zyperngriechen das Bild der Kolonialmacht, die durch die Hintertür wieder zurückkehrt.

69 Im Vorfeld wurde sogar kurzzeitig überlegt, die Eingreiftruppe auf eine NATO-Resolution von 1956 zu stützen, da Zypern zwar nicht in der NATO, diese aber für die Koordinierung der Luftraumüberwachung im gesamten Mittelmeerraum zuständig war. Der Resolution zufolge waren NATO-Mitglieder angehalten, ihre Probleme in NATO-Foren zu lösen, FO 371/174746 – C 1015/276. Die schließlich verabschiedete Resolution wurde jedoch auch als ausreichend angesehen, da sie Druck von Großbritannien mit seinen auf den Base Areas stationierten Einheiten nahm, FO 371/174748 – C 1015/106.

70 Dadurch wäre auch die Erhaltung der Sovereign Base Areas, zu deren Schutz das System aus britischer Sicht überhaupt errichtet wurde, wenigstens politisch in Frage gestellt worden.

71 Der britische Premier, der amerikanische Präsident Johnson sowie deren Außenminister Mitte Februar, FO 371/174747 – C 1015/729, vgl. auch Moran, S. 31.

72 FO 371/174747, ebenda.

73 Bitsios, S. 144 f.; die Position Großbritanniens entsprach dabei der türkischen Auffassung, dass die Unabhängigkeit der Republik schlechthin vom Garantievertrag und der Verfassung nach den Zürich-Londoner Vereinbarungen abhängig sei. Dies erklärt sich daraus, dass dieses Abkommen einen weiterentwickelten Kompromiss der drei Staaten auf der Grundlage des Macmillan-Plans vom Juni 1958 bildete. Die Türkei und Großbritannien zogen die Grenzen des Kompromisses daher naturgemäß enger als die Griechen. Vgl. die „Record of a conversation between the Secretary of State and the Turkish ambassador on January 21,

dass die Situation auf Zypern nur dazu geeignet sei, den internationalen Frieden zu bedrohen.[74]

Damit bescheinigte die Resolution 186 einerseits keinen Bruch des internationalen Friedens gemäß Kapitel VII der Charta, so dass die Zustimmung Zyperns für die Entsendung der Friedenstruppe notwendig war.[75] Immerhin nahm die Resolution die unterschiedlichen Positionen zur Kenntnis, die in Bezug auf die Verträge eingenommen wurden, ließ deren Schicksal aber offen.[76] Außerdem konnten sich die NATO-Mitglieder damit begnügen, dass auf diesem Wege die Intervention der Türkei letztendlich erfolgreich abgewendet werden konnte.[77] Doch der Verzicht auf die Verträge als Eingriffsgrundlage genügte letztendlich mehr den Interessen der Garantiemächte als denjenigen der Zyprioten.

Für Zypern selbst hatte Resolution 186 andererseits zur Folge, dass die Wiederherstellung von Recht und Ordnung in den Verantwortungsbereich der Republik Zypern überstellt wurde.[78] Aufgrund der Ereignisse waren seit 1964 indes alleine die Zyperngriechen noch in der Lage, der Resolution als Regierungsvertreter zuzustimmen. Die Rückstufung der Angelegenheit zur *internal strife*[79] erklärt daher,

---

1959", FO 371/144639 – RGC 1073/8 in der eine nach wie vor bestehende Verbindung zum Macmillan-Plan erläutert wird; ebenso FO 371/144639 – RGC 1073/9, „Conversation with Mr. Zorlu; meeting of the Prime Ministers should be the next step" zwei Tage später. Ahmet Gazioglu, Island of sustained crises, S. 7-11 zitiert weitere Gespräche zwischen Türken und Briten im Dezember 1958 im Wortlaut, die diesen Zusammenhang bestätigen.

74 "The Security Council, noting that the present situation with regard to Cyprus is likely to threaten international peace and security...", Resolution 186.

75 "... 4. Recommends the creation, with the consent of the Government of Cyprus, of a United Nations Peace-keeping Force in Cyprus...". Die Resolution wird n. B. oft als Beispiel für ein „Kapitel VI ½" der Charta als Rechtsgrundlage für Friedensmissionen angeführt.

76 „... Considering the positions taken by the parties in relation to the treaties signed at Nicosia on 16. August 1960; Having in mind the relevant provisions of the Charter of the United Nations and, in particular, its Article 2, paragraph 4. which reads...". Zum selben Ergebnis kommt auch Necatigil, S. 111.

77 Der Türkei wurde außerdem versichert, dass sich die Verpflichtung, Recht und Ordnung wiederherzustellen, auch auf die Verfassung der Republik beziehen müsse, Moran, S. 25. Makarios stellte zusammenfassend fest, dass sich die Türkei damit nicht mehr auf den Garantievertrag berufen konnte, vgl. Cyprus Mail vom 5. März 1964. Damit entfiel aber wiederum der Kalte Krieg als Motivation Großbritanniens oder der USA für weitere Maßnahmen im Sicherheitsrat, solange Einheiten der UN auf Zypern stationiert blieben.

78 "...2. Asks the Government of Cyprus, which has the responsibility for the maintenance and restoration of law and order, to take all additional measures necessary to stop violence and bloodshed in Cyprus...".

79 Sonyel, S. 72. Das untergeordnete Interesse der Briten an der Verfassung entspricht im Übrigen dem bei Fn. 73 gesagten und geht auch aus einem Gespräch mit dem türkischen Außenminister im britischen Außenministerium am 28. Januar 1964 hervor, FO 371/174746 – C 1015/276.

warum das im Vorfeld noch von beiden Volksgruppenvertretern eingeholte Einverständnis zur Einsetzung der Friedenstruppe sich hier und später auf dasjenige der Regierung der Republik Zypern beschränkte.[80] Mit der Resolution 186 wurde der Konflikt somit nicht nur zur innerzypriotischen Angelegenheit erklärt, sondern die griechisch-zyprische Autorität auch dauerhaft als die tatsächliche Regierung der Republik Zyperns anerkannt.

b) Mittelbare Nachwirkungen der Resolution

Am 15. Juli 1974 putschte die von griechischen Offizieren ausgebildete und geführte zypriotische Nationalgarde mit Unterstützung der ideologischen Hardliner in der paramilitärischen sog. EOKA-B gegen den Präsidenten der Republik Zypern.[81] Am 20. Juli 1974 landeten daraufhin türkische Truppen auf Zypern und besetzten bis zu einem Waffenstillstand am 22. Juli einen Korridor um die Stadt Kyrenia sowie die Stadt selbst.[82] Als Rechtfertigung dienten die Pflichten aus dem Garantievertrag in Verbindung mit dessen Interventionsbefugnis. Daraufhin abgehaltene internationale Verhandlungen zwischen den Schutzmächten, aber auch den Volksgruppenführern, den USA und der UdSSR vom 25. bis 30.7 und 8. bis 14.8 in Genf verliefen ergebnislos.[83] Bereits eineinhalb Stunden nach der Verkündung des Endes der Verhandlungen begann die zweite Phase der sogenannten *Operation Attila*,[84] in deren Verlauf 36 % der Insel besetzt wurden.[85]

An der Teilung der Insel hat sich seither nichts mehr verändert. Der Sicherheitsrat reagierte jedoch bereits am Tag der Landung mit Resolution 353.[86] Auch hier ging er wie schon in Resolution 186 nicht auf die Interventionsrechte des Garantiever-

---

80 Neuwahlen unter der Verfassung wurden im Folgenden nur noch für den griechisch-zyprischen Teil abgehalten. Resolution 186 wird als die Resolution angesehen, mit der die UN-Mitglieder den griechisch-zyprischen Anspruch auf Alleinvertretung der Zyprer entgegen der innerstaatlichen Kompetenzverteilung schließlich anerkannt hatten, und damit als Ausgangspunkt für die heutige Lage.

81 Dabei handelte es sich allerdings nicht um die von der Verfassung vorgesehene Armee, deren Zusammensetzung zwischen den Volksgruppen umstritten war. „The National Guard Law", Law No. 20 of 1964 vom 2. Juni 1964, mit dem über die Wehrpflicht eine 10.000 Mann starke Nationalgarde installiert wurde, und „The Police (Amendment) Law", Law No. 21 of 1964 vom 4. Juni 1964, gehörten zu den Gesetzen, die in direktem Zusammenhang mit den Ereignissen von 1963/64 stehen.

82 Vgl. dazu die Kritik durch den Sicherheitsrat der Vereinten Nationen noch am selben Tag durch die Resolution 353 (1974).

83 L. Kaikitis, S. 71 f.; P. Tzermias, S. 458 – 463.

84 Einzelheiten zur Invasion bei: P. Tzermias, S. 451 – 467; L. Kaikitis, S. 69 – 76.

85 Über die Angaben von Opfern: S. Anstötz, S. 36 f., der auch auf die divergierenden Zahlen in der Literatur hinweist.

86 Resolution 353 des Sicherheitsrates vom 20. Juli 1974.

trags ein. Ohne die betroffenen Länder genau zu bezeichnen, wurde der Abzug sowohl des den Putsch unterstützenden griechischen Militärs als auch der türkischen Truppen gefordert. Dagegen stützte sich der Sicherheitsrat in Resolution 353 konsequent und direkt auf Resolution 186 und forderte die Respektierung der Souveränität, der Unabhängigkeit und der territorialen Einheit Zyperns. Der Sitz der Republik Zypern bei den Vereinten Nationen wurde infolgedessen auch durch die Teilung nicht vakant, bis er wieder verfassungsgemäß besetzt werden konnte. Die Zyperntürken sprachen sich in der Folgezeit hingegen in einem Referendum mit über 94 % der Stimmen für eine von ihnen ausgearbeitete Verfassung eines neuen türkisch-zypriotischen Föderativstaates aus, der am 13. Februar 1975 proklamiert worden war.[87]

Die Vereinten Nationen haben sich seit der Invasion in ihren zahlreichen Resolutionen [88] und Initiativen vergeblich darum bemüht, die Verantwortlichen der beiden Volksgruppen in direkten und indirekten Gesprächen zu hinreichenden Kompromissen zur Lösung des Konflikts zu bewegen.[89] Genau das Gegenteil erreichten sie mit einer Resolution der Generalversammlung von 1983, die von den türkischen Zyprioten als von den Zyperngriechen initiierte Provokation aufgefasst wurde.[90] Sie bildete den Anlass, wenig später im Nordteil die Türkische Republik Nordzypern (*TRNZ*) auszurufen.[91] Entsprechend den vorherigen Resolutionen 186 (1964) und 353 (1974) wurde dieser Akt vom Sicherheitsrat mit Resolution 541 umgehend verurteilt.[92] Dieser Resolution zufolge und in Übereinstimmung mit den Verträgen von 1960 durfte nur die Republik Zypern anerkannt werden.[93]

---

87 Vgl. dazu Resolution 367 (1975) des Sicherheitsrates vom 12.3.1975.

88 Alleine die Hälfte aller vom Sicherheitsrat 1974 verabschiedeten Resolutionen betraf Zypern.

89 Vgl. für eine Übersicht zu der großen Zahl fruchtloser Vermittlungsbemühungen und Initiativen, insbesondere sämtliche UN-Resolutionen: Varvaroussis, Deutschland und die Zypernfrage – Die UN- und EU-Vermittlung, München 1995.

90 Resolution 253 (XXXVII) der Generalversammlung vom 13. Mai 1983; in Paragraph 2 ist u.A. die Rede von „the right of the Republic of Cyprus and its people to full and effective sovereignty and control over the territory of Cyprus“, verbunden mit der Aufforderung der Unterstützung der Regierung der Republik Zypern bei der Wahrnehmung dieser Rechte, damit die Flüchtlinge von 1974 wieder in ihr Eigentum zurückkehren könnten.

91 Necatigil, S. 190 ff.; Wolfe, S. 236 f.

92 Resolution 541 des Sicherheitsrates vom 18. November 1983, wiederholt durch Resolution 550 von 1984.

93 Die „Türkische Republik Nordzypern“ (TRNZ) ist daher bis heute nur von der Türkei anerkannt worden. Sowohl die EWG in einer Erklärung vom 16. November 1983 als auch der Europarat in Resolution (83) 13 des Ministerkomitees vom 24. November 1983 schlossen sich demgegenüber dem UN-Sicherheitsrat an.

5) Zyperns Beitritt zur EU

a) Assoziierung Zyperns mit EG und EU

Bereits zum 1. Juni 1973 trat ein Assoziierungsabkommen der damaligen EWG mit der Republik Zypern auf der Grundlage von Artikel 310 EG (ex-Artikel 238) in Kraft.[94] Je nach dem Zweck kann bei Assoziationsabkommen zwischen Entwicklungs-, Freihandels- und Beitrittsassoziierungen unterschieden werden.[95] Bei näherer Betrachtung des Abkommens mit Zypern ist festzustellen, dass Regelungen, die über eine Zollunion hinausgehen, fehlten. Genauso wenig existierte eine Option auf eine spätere Vollmitgliedschaft, die beispielsweise in entsprechenden Abkommen mit Griechenland und der Türkei vorhanden ist.[96]

Das Abkommen mit Zypern erfolgte ohnehin nur im Rahmen einer allgemeiner angelegten Mittelmeerpolitik mit Griechenland und der Türkei und sollte vorrangig die gewachsenen Handelsbeziehungen erhalten.[97] Großbritannien war als ehemalige Kolonialmacht bei weitem der wichtigste Handelspartner der Insel. Zyperns Handelsströme waren auf den britischen Markt ausgerichtet, seine Exporte profitierten dort von präferentiellen Zollsätzen. Um diese im Falle der EWG-Zugehörigkeit Großbritanniens nicht den Zollsätzen der Gemeinschaft unterwerfen zu müssen, liefen die Bemühungen Zyperns, mit der EWG eine Assoziierung einzugehen, daher weitgehend parallel mit den Anträgen Großbritanniens auf Mitgliedschaft. Ein erster Anlauf 1962 wurde mit der Ablehnung des britischen Beitritts durch Frankreich 1963 aufgegeben, ein zweiter blieb 1967 wegen des auf Zypern schwelenden Volks-gruppenkonflikts ergebnislos.[98] Schließlich trat das Abkommen 1973 fast zeitgleich mit dem Beitritt des Vereinten Königreichs zur EWG als Freihandelsassoziierung in Kraft.[99]

Nach der nur ein Jahr nach dem Inkrafttreten des Assoziierungsabkommens erfolgten Teilung kam die im Abkommen vorgesehene Entwicklung der Beziehungen freilich wieder zum Stillstand. Erst in den achtziger Jahren wurden die Beziehungen zur EU wiederbelebt und die Instrumente dafür in kleinen Schritten ausgebaut.

---

94 Unterzeichnet in Brüssel am 19.12.1972, ABl. L 133 vom 21.5.1973, S. 2 ff.
95 Zur Terminologie vgl. Schwarze – Herrnfeld, Art. 310 EG; C. Weber, AVR 1997, S. 301 ff.
96 Art. 71 im Abkommen mit Griechenland, Art. 28 im Abkommen mit der Türkei.
97 O. Bauer, in: Ashkenasi, S. 222 f.
98 O. Bauer, in: Ashkenasi, S. 222.
99 Schwarze – Herrnfeld, Art. 310, Rn. 9.

b) *Bargaining* über den Beitritt

Der Antrag der Republik Zypern auf Vollmitgliedschaft in der EG erfolgte am 4. Juli 1990 in einer Phase, in der die Gemeinschaft ihren Blick vollständig nach innen, auf die Errichtung der Europäischen Union, gerichtet hatte. Mit dieser Priorität wurden die Anträge der Republik Zypern und aller anderen Staaten [100] zunächst zurückgestellt.[101] Doch auch auf der Tagung des Europäischen Rates von Lissabon Ende Juni 1992, im Anschluss an die Unterzeichnung des EU-Vertrags am 7. Februar in Maastricht, wurde kein Zweifel daran gelassen, dass die nächste Erweiterung nur die EFTA-Staaten Finnland, Norwegen, Österreich und Schweden und die Schweiz umfassen würde, mit denen der wirtschaftlich weiter entwickelte Süden Zyperns eigentlich in einer Reihe zu nennen gewesen wäre.[102]

Unter Verweis auf eine allgemeine Beitrittsstudie der Kommission stellte der Rat in seinen Schlussfolgerungen klar, welche Gründe für die Zurückstellung des Antrags der Republik Zyperns ausschlaggebend waren: Letztlich war es neben dem Problem der Stellung von Kleinststaaten in den Organen der EU die Teilung der Insel, die seitens der EU mit der Frage eines Beitritts in einen untrennbaren Zusammenhang gestellt worden war.[103] Der Vorbehalt der Vorbereitung der internen Strukturen der EU auf die Aufnahme neuer Mitglieder, namentlich die Sitzverteilung in den Organen, darf jedoch vernachlässigt werden. Spätestens 1993 bei der EFTA-Erweiterung zeigte sich, dass sich Erweiterung und institutionelle Änderungen gegenseitig bedingen.[104]

Daraus ergibt sich, dass Zypern die Aufnahme ohne Unterstützung innerhalb der EU nicht hätte erreichen können. Diese wurde dann vor allem von Griechenland

---

100 Die Türkei hatte bereits 1987 die Mitgliedschaft beantragt, Österreich 1989, Malta 1990 und Schweden 1991. Die Anträge Finnlands und der Schweiz 1992 und Norwegens 1993 erfolgten erst nach der Unterzeichnung des Vertrags über die Gründung der Europäischen Union.

101 In diesem Sinn z.B. die Schlussfolgerungen von Maastricht vom 9. und 10.12.1991; vgl. auch Green, S.32 ff.

102 Finnland, Österreich und Schweden traten schließlich zum 1. Januar 1995 der EU bei, die Schweiz und Norwegen nicht.

103 Bericht der Kommission „Europa und die Problematik der Erweiterung", Anlage zu den Schlussfolgerungen der Tagung des Europäischen Rates der Staats- und Regierungschefs am 26. und 27. Juni in Lissabon, Rn. 16, 30 f.

104 Edwards / Mayer, in: Jahrbuch der Europäischen Integration 1993/94, S. 68; vgl. auch Lippert, Aus Politik und Zeitgeschichte, S. 7. Der Streit insbes. um die Sperrminoritäten im Rat der EU wurde für die Erweiterung um die EFTA-Staaten erst am 29.03.1994 durch den sog. „Kompromiss von Ioannina", Ratsentscheidung 94/C105/01, beigelegt; vgl. auch die Schlussfolgerungen des Europäischen Rates von Korfu 1994 zur Vorbereitung der Regierungskonferenz 1996.

und gelegentlich Italien gewährt [105] und bestand im konsequenten Ausspielen der politischen Interessen der einzelnen Mitgliedstaaten gegeneinander. Der Beitritt Zyperns muss vor allem parallel zu den Entwicklungen der jeweils anderen Beitrittskandidaten betrachtet werden. Als wegweisend stellten sich hierbei die Beschlüsse des Rates der Europäischen Union vom 6. März 1995 und des Europäischen Rates von Helsinki am 11. Dezember 1999 heraus.

aa) Vereinbarung der Zollunion EU- Türkei im März 1995

Zunächst war die Haltung der griechischen Regierung zum Beitrittsantrag die Bindung der Türkei-Politik der Gemeinschaft an die Zypernfrage, wiewohl die Außenpolitik Griechenlands stets von ihrer kritischen Haltung zur Türkei geprägt war. Die EG war ihrerseits von Beginn der Mitgliedschaft Griechenlands an um Neutralität in den griechisch-türkischen Auseinandersetzungen bemüht.[106] Allerdings war diese Position nicht durchzuhalten, insbesondere nicht aufgrund der langfristigen Konsequenzen des Militärputsches in der Türkei von 1980. In dessen Folge sah die Gemeinschaft zunächst auch hier von der Weiterverfolgung einer Zollunion ab, die 1973 zwischen der EWG und der Türkei vereinbart worden war,[107] und setzte zudem die Auszahlung der Beträge des 4. EG-Türkei-Finanzprotokolls aus. Versuche der Wiederaufnahme einer konstruktiven Politik scheiterten danach am Veto Griechenlands.[108]

In der Stellungnahme zum Beitrittsgesuch Zyperns vom 30.06.1993,[109] acht Tage nach dem Gipfel von Kopenhagen, präzisierte die Kommission ihre in der Studie von 1992 vertretene Ansicht: Ein Beitritt komme grundsätzlich in Frage, eine Integration in die Gemeinschaft setze aber eine friedliche, ausgewogene und dauerhafte Lösung der Zypernfrage voraus, um im vollem Umfang an den gemeinschaftlichen Entscheidungsprozessen teilnehmen zu können.[110] Sollte keine Lösung gefunden werden, würde eine erneute Abwägung im Januar 1995 erfol-

105 Vgl. zur Unterstützung durch Italien AdG 1990, S. 34682; FAZ vom 12. Dezember 1994, „Rom verlangt präventive Diplomatie"; sowie der italienische Außenminister L. Dini am 3.12.1998 vor dem Institut Francais des Relations Internationales in Paris.

106 Vgl. die Stellungnahme der Kommission zum Beitritt Griechenlands vom 29. Januar 1976, KOM (76) 30 endgültig, S. 2 f.: „Die Europäische Gemeinschaft hat sich in den Konflikt zwischen Griechenland und der Türkei nicht eingemischt und sollte auch in Zukunft nicht hineingezogen werden"; Axt in: Jahrbuch der Europäischen Integration 1987/88, S. 372 ff.

107 Axt, aaO.; P. Green, S. 101.

108 Vgl. Axt, aaO.; O. Bauer, in: Ashkenasi, S. 228; die Zypernfrage war auch ein Grund, weshalb der Antrag der Türkei auf Mitgliedschaft im April 1987 abgelehnt wurde, vgl. Janning in: Jahrbuch der Europäischen Integration 1986/87, S. 234.

109 Kom (93) 313 endg.

110 Ebda., Rn. 47.

gen.[111] Eine Entscheidung hatte man auf diese Weise vertagt, ohne bis zu einer Entscheidung etwaigen Druck zur Lösung des Problems von den Parteien zu nehmen.[112]

Schon am 18.04.1994 äußerte der griechische Außenminister auf einer Sitzung des Assoziationsrates EG-Zypern aber wieder die feste Überzeugung, dass der Erweiterungsprozess auch auf Zypern ausgedehnt werde.[113] In diesen Zeitraum bis 1995 fielen erste Berichte eines von der EU zu den zypriotischen Volksgruppengesprächen unter der Schirmherrschaft der UN entsandten Beobachters, der deren abermaliges Scheitern voll und ganz den Vertretern der TRNZ anlastete. Obwohl die EU auf den Gipfeln von Korfu und Essen 1994 unter der griechischen Drohung, die Erweiterungsrunde mit den EFTA-Staaten platzen zu lassen,[114] Zypern schließlich in den Erweiterungsprozess einbezog,[115] waren für Nennung konkreter Daten im Beitrittsverfahren weitere Verhandlungen notwendig.

Hierbei zahlte sich für Zypern schließlich das Interesse der Mitgliedstaaten am Ausbau der Beziehungen zur Türkei aus. Bereits am Rande des Gipfels von Essen versuchten Deutschland, Frankreich und der Kommissar für Außenbeziehungen *van der Broek* Griechenland erfolglos zur Aufgabe seiner Veto-Position bezüglich der Zollunion mit der Türkei zu bewegen.[116] Dieses Veto wiederholten die Griechen noch am 6. Februar 1995.[117] Erst auf der Sitzung der Außenminister des Europäischen Rates am 6. März 1995 erreichte Griechenland gegen Aufgabe des Vetos, und damit dieser bereits 14 Jahre andauernden Haltung, von EG und EU die Zusage, dass sechs Monate nach der anstehenden Regierungskonferenz in Amsterdam die Beitrittsverhandlungen beginnen würden.[118]

bb) Beginn der Beitrittsverhandlungen mit den MOEL 1998

Nach der Vollendung der Zollunion der EU mit der Türkei zum 1. Januar 1996 entfiel für die griechische Regierung die bisherige Vetotaktik, ohne dass die

111 Ebda., Rn. 51.

112 Vgl. auch die lapidare Feststellung der EG-Aussenminister am 03.10.1993 in Luxemburg, im Januar 1995 die Frage neu prüfen zu wollen, z.B. in AdG 1993, S. 38263. .

113 AdG 1994, S. 38976 f.

114 O. Bauer, in: Ashkenasi, S. 394; vgl. auch H.-J. Axt, in: Jahrbuch der Europäischen Integration 1994/95, S. 394.

115 Schlussfolgerungen des Europäischen Rates von Korfu am 24. und 25. Juni 1994 und von Essen am 9. und 10. Dezember 1994.

116 Athens News Agency Bulletin vom 10.12.1994

117 AdG 1995, S. 39795 f.; O. Bauer, S. 239.

118 Auf dem nachfolgenden Treffen des Europäischen Rates in Cannes bestätigt, siehe dessen Schlussfolgerungen vom 26. und 27. Juni 1995.

Zusicherung der Aufnahme der Verhandlungen Zypern eine Garantie für deren baldigen Abschluss gab. Schon der Kontrast zur zügigen Abwicklung der fast zeitgleich eingegangenen Beitrittsgesuche der EFTA-Staaten lässt die erhebliche Uneinigkeit in der Union erahnen. Zu diesem Zeitpunkt machte gleichwohl die Osterweiterung entscheidende Fortschritte.[119]

Mit dem Ziel eines friedlichen Gesamteuropas setzte die Politik der EU gegen die Zerfallserscheinungen des Ostblocks seit 1989 auf die Stabilisierung der Demokratie und der Marktwirtschaft in den Mittel- und Osteuropäischen Ländern (MOEL).[120] Bereits 1988 wurden in einer ersten Annäherung Handelsabkommen mit einigen Staaten des RGW abgeschlossen,[121] nach den Ereignissen von 1989 die Markt-öffnung gegenüber Osteuropa vorangetrieben.[122] Auf diese Handelsabkommen folgten die ersten koordinierten Assoziierungsabkommen, sog. Europa-Abkommen, mit dem Ziel einer freiwilligen Anpassung der MOE-Staaten an Kerngebiete des west-lichen Rechts.[123] Ein eventueller Beitritt, der 1993 in Kopenhagen in Verbindung mit den sog. Kopenhagener Beitrittskriterien überhaupt erst als Möglichkeit eröffnet worden und eher als langfristiger Prozess der Angleichung anzusehen war,[124] gab der Definition der Assoziierungen MOEL-EU einen neuen Inhalt.

Danach konkretisierte sich die Beitrittsperspektive rasch, zum einen wegen des rapiden Reformtempos der Staaten, zum anderen wegen der gravierenden Ereig-

---

119 Zwischen 1994 und 1996 hatten Ungarn und Polen 1994, Rumänien und die Slowakei, Lettland, Estland, Litauen sowie Bulgarien 1995, und Tschechien und Slowenien 1996 entsprechende Anträge gestellt.

120 Lippert, Aus Politik und Zeitgeschichte, II. Motive der Erweiterungspolitik, S. 7 f.; Kreile, S. 807; vgl. auch die Schlussfolgerungen von Essen vom 9.und 10.12.1994 zu den Außenbeziehungen, das Abschlussdokument der Eröffnungskonferenz zum „Pakt für Sicherheit und Stabilität in Europa“ vom 27. Mai 1994 in Paris sowie die Eröffnungsrede des französischen Premiers E. Balladur, beides abgedruckt in: EA 1994, S. D 398 – 407.

121 Nach einer gemeinsamen Erklärung über die Aufnahme offizieller Beziehungen und wirtschaftlicher Zusammenarbeit zwischen der EG und dem RGW, ABl. der EG’en L 157 vom 24. Juni 1988, mit Ungarn am 26. September 1988, ABl. L 237 vom 30. November 1988, S. 2, und mit der Tschechoslowakei am 19. Dezember 1988, ABl. L 088 vom 31. März 1989, S. 2

122 Kreile, S. 809, Lippert, Integration 13 (1990), S.111 – 125.

123 ABl der EG 1993 L 347/2 (Ungarn), 1993 L 348/2 (Polen), 1994 L 359/2 (Slowakei), 1994 L 360/2 (Tschechien), 1994 L 357/2 (Rumänien), 1994 L 358/2 (Bulgarien).

124 Gemeinsamer Presseartikel von H. Kohl und E. Balladur anlässlich der Eröffnungskonferenz zum „Pakt für Sicherheit und Stabilität in Europa“, veröffentlicht am 27. Mai 1994, abgedruckt in: Europa-Archiv 1994, S. D 407 – 409, 408. Überhaupt sei das Ziel des Pakts ein „Klima des Vertrauens“ als einer der„Schlüssel für die Aussöhnung und den Erfolg der Integration in Westeuropa“. Dessen Beschlüsse waren aber der KSZE unterstellt und dieser damit eher ein Ersatz für eine rasche EU-Mitgliedschaft in sicherheitspolitischer Hinsicht, vgl. Rede und Schlussdokument, aaO.

nisse in Jugoslawien [125] und später im Kosovo.[126] Nach der Beitrittsstrategie für die MOEL von Essen im Dezember 1994 und der Absichtserklärung des Gipfels von Madrid 1995, die Verhandlungen zeitgleich mit denen für Malta und Zypern anzusetzen, erfolgte in Luxemburg Ende 1997 mit der Entscheidung für den Verhandlungsbeginn mit diesen Staaten im Frühjahr 1998 die endgültige Weichenstellung. Nach der Regierungskonferenz von Amsterdam Mitte 1997 hielt sich die Union dann ins-gesamt für erweiterungsfähig. Zwar hatte die Kommission in der „Agenda 2000“ vom 15. Juli 1997 Überlegungen zu Reformen im Vorfeld der Osterweiterung angestellt, schloss sich dem Ziel aber an.

In Madrid hatte die Union also bereits begonnen, Zyperns Schicksal mit dem der MOEL zu verknüpfen. Sie ging außerdem nunmehr in Abkehr von ihrer ursprünglichen Haltung davon aus, dass die Beitrittsverhandlungen sogar zur Lösung des Zypernkonflikts beitragen würden.[127] Gegenüber dieser offiziellen Position der Union äußerten aber vor allem Frankreich und die Niederlande ihre Ablehnung, auch nur Beitrittsverhandlungen aufzunehmen.[128] Über die Diskussion einer zeitlichen Staffelung der Aufnahme von Verhandlungen für die noch nicht beitrittsreifen MOEL hätte Zypern damit wieder auf eine Warteposition verschoben werden können.

Griechenland erklärte daraufhin kompromisslos, dass es mit seinem Veto den gesamten Erweiterungsprozess stoppen würde, sollte dieser Fall eintreten.[129] Wenngleich man auf dem Außenministertreffen in Edinburgh am 14.03.1998 und dem Gipfel in Cardiff im Juni 1998 beschlossen hatte, Zypernfrage und Beitritt voneinander zu trennen, wiesen Frankreich, Deutschland, die Niederlande und Italien in einer gemeinsamen Erklärung vom 9. November 1998 erneut auf die

---

125 Einer der Auslöser des „Pakts“, vgl. die Rede von E. Balladur, S. D 398.

126 Unter dem Eindruck dieser Ereignisse beschloss die EU auch mit denjenigen MOEL Beitrittsverhandlungen aufzunehmen, die sie eigentlich noch nicht für beitrittsreif hielt.

127 Schlussfolgerungen des Europäischen Rats von Luxemburg im Dezember 1997.

128 Für Frankreich 1998 Europaminister P. Moscovici am 08. Januar vor der Nationalversammlung, am 15. vor dem französischen Senat, Aussenminister H. Vedrine am 14. Januar vor der Nationalversammlung und laut FAZ vom 16. März 1998, „Streit um Aufnahmeverhandlungen mit Zypern entschärft“ sowie am 15. März 1999 im JO sowie am 20. Juni 1999 der Präsident der Republik J. Chirac auf dem G7-G8 Gipfel in Köln. Für die Niederlande vgl. das Memorandum der Regierung an das Niederländische Parlament am 15. Juli 1997, die BRD hielt sich bedeckt, schien diese Ansicht aber ebenfalls zu teilen, vgl. Außenminister K. Kinkel laut FAZ vom 16. März 1998, „Streit um Aufnahmeverhandlungen mit Zypern entschärft“.

129 Griechische Position zur Agenda 2000 vom 8. September 1997, Pressekonferenz von Premier Simitis am 13.12.1997 in Luxemburg, Interview mit Aussenminister Pagalos am 30. April 1998; die Positionen sämtlicher Mitgliedstaaten zu allen Beitrittskandidaten können auf den Seiten des Europaparlaments abgerufen werden unter: http://www.europarl.eu.int/enlargement/archives_en.htm .

Gefahren insbesondere für die gemeinsame Außen- und Sicherheitspolitik der EU hin. Mit dem Eintritt der Erweiterung in die Phase bürokratischer Politik [130] seit dem 30. März 1998 hatte aber eine eventuelle Blockade-Haltung durch die griechische Regierung bereits wieder an Bedeutung gewonnen.[131] Im zähen *bargaining* konnten sich dann selbst die Bremser der Erweiterung aus dieser Zwickmühle nicht mehr befreien. [132]

Auf eine Formel für Zypern konnte man sich schließlich in Helsinki am 11. Dezember 1999 einigen. Der Beitritt sei grundsätzlich nicht an eine vorherige Konfliktbeilegung gebunden, andererseits würde eine politische Lösung den Beitritt erleichtern. Sollte dies aber nicht der Fall sein, würde eine Entscheidung unter Berücksichtigung „aller maßgeblichen Faktoren" getroffen.[133]

c) Übernahme des gemeinschaftlichen Besitzstandes (*Acquis Communautaire*)

Mit dem Beitrittsantrag vom 4. Juli 1990 änderte sich die Situation und damit auch die Rolle des Assoziierungsabkommens. Zunächst einmal ist der Beitrittsprozess in Artikel 49 EU verfahrensmäßig nur in Grundzügen geregelt.[134] Als Freihandelsassoziierung eigentlich nur auf eine Zollunion hin angelegt, spielte das Abkommen daher auch in diesem erweiterten Rahmen eine nicht unerhebliche Rolle bei der für den Beitritt notwendigen Rechtsangleichung. Dafür musste es im Hinblick auf einen Beitritt als neues Ziel umstrukturiert werden. Zusätzlich wurden neue, allgemeine Instrumente geschaffen. Weil sich der Beitritt nur allmählich abzeichnete, konnten sich diese Instrumente für die Integration wiederum nur schrittweise entwickeln.

Spätestens seit den Schlussfolgerungen des Europäischen Rates von Madrid 1995 lief der Erweiterungsprozess Zypern betreffend gemäß Artikel 49 EU über weite Strecken parallel zu dem der Mittel- und Osteuropäischen Ländern (*MOEL*).[135]

---

130 Lippert, Jahrbuch der Europäischen Integration 1997/98, S. 38.

131 Vgl. oben Fn. 110, die Erklärung des Außenministers am 30. April 1998.

132 Vgl. Lippert, Aus Politik und Zeitgeschichte, S. 8; ausführlich F. Schimmelpfennig, International Organization 2001, S. 47 – 80, die angesichts der politisch-normativen Argumentation gegenüber den MOEL von einer rhetorischen Falle sprechen.

133 Damit hatte man sich dafür entschieden, sich notfalls doch auf eine Art „Deutschland-Regime" einzulassen, vgl. zu den Alternativen H.-J. Axt, Jahrbuch der Europäischen Integration 1993/94, S. 391.

134 Zum Beitrittsverfahren näher Grabitz/Hilf – Vedder, Art. 49 EUV, Rn. 25 ff.; Schwarze – Herrnfeld, Art. 49 EUV, Rn. 7 ff.

135 Der Rat „ersucht die Kommission ferner, mit der Erarbeitung eines Gesamtdokuments über die Erweiterung zu beginnen. Dieses Verfahren garantiert die Gleichbehandlung aller beitrittswilligen Länder...Der Europäische Rat ist bestrebt zu erreichen, dass die Anfangsphase

Bei Zypern gliederte sich der Prozess in eine Einleitungsphase mit dem Antrag 1990, der anschließend folgenden vorläufigen Stellungnahme der Kommission vom Juni 1993 sowie den Ratsbeschluss über die Eröffnung von Beitrittsverhandlungen Ende März 1998, eine Verhandlungsphase [136] mit *Screening*, Austausch von Positionspapieren und Verhandlungen über Anpassungen der Verträge und Übergangsfristen und schließlich in die Abschlussphase. Für Zypern und Malta wurde durch die Beschlüsse des Gipfels von Luxemburg 1997 zudem eine von der für die MOEL abweichende Beitrittsstrategie vereinbart.

aa) Beitrittspartnerschaften

Die für Zypern im März 2000 beschlossene erste Beitrittspartnerschaft [137] ist auch allgemein das Hauptinstrument des Beitrittsprozesses. Mit der Aufnahme der Beitrittsverhandlungen zum 30. März 1998 bedurfte es eines zwingenden Elements, um die Übernahme des Acquis Communautaire zu gewährleisten und lange Übergangsfristen zu vermeiden. Notwendig waren damit Werkzeuge, die über den Rahmen der Assoziierung als begrenzte rechtliche bilaterale Basis oder über eine politische und finanzielle Unterstützung hinausgingen. Außerdem sollten alle Formen der Unterstützung in einem einzigen Gesamtrahmen gebündelt werden.[138] Zu diesem Zweck und auf Grundlage der *Agenda 2000*, dem Strategiepapier der Kommission vom Juli 1997, [139] beschloss der Rat von Luxemburg vor allem die Beitrittspartnerschaften als noch intensivere Maßnahmen.[140]

Auf Grundlage der Verordnung 622/98 legte der Rat, zwar nach Konsultation jedes Beitrittskandidaten, aber durch einseitig von der Union gefällten Beschluss, die Prinzipien, Prioritäten und Zwischenziele der Beitrittspartnerschaft für jedes

---

der Verhandlungen mit dem Beginn der Verhandlungen mit Zypern .... zusammenfällt", Schlussfolgerungen des Rats von Madrid.

136 Eine Verfahrensregelung für die Beitrittsverhandlungen ist in einem Ratsbeschluss vom 09.06.1970 niedergelegt, vgl. EA 1970, D 350.

137 Beschluss des Rates 2000/248/EG vom 20.03.2000 über die Grundsätze, Prioritäten, Zwischenziele und Bedingungen der Beitrittspartnerschaft mit der Republik Zypern, ABl. Nr. L 078 vom 29.03.2000.

138 Grabitz/Hilf – Vedder, Art. 49 EUV, Rn. 60.

139 Agenda 2000 – Teil 1: Eine stärkere und erweiterte Union – Teil 2: Die Erweiterung der Union – eine Herausforderung?, Kom (1997) 2000 endg. – Teil I, Kom (1997) 2000 endg. – Teil II.

140 Vgl. dazu insgesamt die Schlussfolgerungen des Europäischen Rates von Luxemburg am 12. und 13. Dezember 1997, Rn. 1 – 30.

einzelne Land jedes Jahr neu fest [141] – ungeachtet des Eindrucks einer gemeinsamen Übereinkunft, was der Begriff Partnerschaft nahe legt.[142]

Die Partnerschaft bestand darin, dass die EU bei der Umsetzung der oft außerhalb der Assoziierung liegenden Ratsbeschlüsse auf die parallel zu ergreifenden nationalen Maßnahmen der noch nicht an EU-Recht gebundenen Länder angewiesen war. Das zwingende Element für die Übernahme des Acquis ist in der gegenseitigen Bedingung von Aufnahme in die EU und Umsetzung der Ziele der Beitrittspartnerschaften zu sehen, und erschöpft sich somit im Gegensatz zwischen den rechtlichen sowie den politischen, finanziellen und sonstigen Instrumenten.

bb) Fortschrittsberichte der Kommission

Um den Inhalt der Beitrittspartnerschaften festlegen zu können, sollten von der Kommission jährlich Fortschrittsberichte über die noch zu erfüllenden Anpassungen an die Kriterien der Artikel 49 und 6 EU erstellt werden. Das allgemein als Screening bezeichnete Verfahren, das hier ab dem 30. März 1998 aufgenommen worden war und den Beginn der Verhandlungen kennzeichnete, den substantiellen Verhandlungen zunächst aber vorgeschaltet war, ist ein fortwährender Prozess zu diesem Zweck.[143] Mit ihm wird festgestellt, welche Maßnahmen bis zum Beitritt für die Übernahme und Anwendung des Acquis noch ergriffen werden müssen. Während die Rechte und Pflichten aus den bilateralen Abkommen also sozusagen „in Stein gemeißelt" waren,[144] veränderten sich die Beitrittspartnerschaften jährlich mit den Fortschritten der Kandidaten. Einziges Druckmittel bildete die Ermächtigung zu Sanktionen durch die VO 622/98.[145]

d) Notwendigkeit eines gesonderten Protokolls zur Beitrittsakte

Am 30. März 1998 wurde der Beitrittsprozess auf der Ministertagung in Brüssel mit den Bewerberstaaten eröffnet. Gleich am nächsten Tag fanden bilaterale Kon-

---

141 VO 622/98 vom 16.03.1998, ABl. L 85 v. 20.03.1998, über die Hilfe für die beitrittswilligen Staaten im Rahmen der Heranführungsstrategie, insbesondere über die Gründung von Beitrittspartnerschaften, ergänzt durch VO 555/2000 vom 13.03.2000, ABl. L 68 vom 16.03.2000, über die Durchführung von Maßnahmen im Rahmen der Heranführungsstrategie für die Republik Zypern und die Republik Malta.

142 So Inglis, CMLR 2000, S. 1186.

143 Zum „Screening" siehe Lippert, Jahrbuch der Europäischen Integration 1997/98, S. 40 f. und Inglis, CMLR 2000, S. 1185.

144 Inglis, CMLR 2000, S. 1185.

145 Art. 4 der VO.

ferenzen mit den Regierungen einer ersten Gruppe von Staaten statt [146], vom 3. April an auf Arbeitsebene, zunächst in Form des Screenings zur Durchsicht des in 31 Kapitel aufgeteilten Acquis Communautaire.[147] Am 10. November 1998 wurden die Verhandlungen über notwendige Anpassungen, zeitliche Abweichungen oder Übergangsregelungen vom Acquis auf Ministerebene aufgenommen. Regelungen der Assoziierungsabkommen, die sich mit den – rechtlich nicht bindenden – Vorgaben der Beitrittspartnerschaften überschnitten, wurden im Zuge der Rechtsangleichung gegenstandslos.[148]

Angesichts der zügigen Abarbeitung der Verhandlungskapitel mit den Kandidaten und nach der turnusmäßigen Vertragsrevision in Nizza 2000 wurde das Ziel von Helsinki, ab Ende 2002 neue Mitgliedstaaten aufzunehmen, um diese bereits an den Wahlen zum Europäischen Parlament 2004 teilnehmen zu lassen, als realistischer Rahmen bezeichnet.[149] Bereits in ihrem fünften und letzten Fortschrittsbericht vom 9. Oktober 2002 konnte die Kommission die allgemeine Beitrittsfähigkeit Zyperns feststellen.[150]

Beinahe 10 Jahre nach der Eröffnung einer Beitrittsperspektive wurde am 12. und 13. Dezember 2002 – erneut in Kopenhagen [151] – dem Endergebnis der Verhandlungen formell zugestimmt und die Aufnahme zum 1. Mai 2004 beschlossen.[152] Nicht in der Beitrittspartnerschaft angesprochen wurde hingegen die Teilung, obwohl die Insel nach dem Beitrittsvertrag vollständig beitreten und der gemeinschaftliche Besitzstand *de facto* vom türkisch-zypriotischen Norden der Insel nicht angewendet werden würde. Die Teilung wurde stets nur am Rande des formellen Anpassungsprozesses behandelt. Gerade um den sich hieraus ergebenden Problemen und den damit verbundenen Sorgen der übrigen Mitgliedstaaten der EU zu begegnen, bedurfte es daher einer besonderen rechtlichen Grundlage, mit der Rechtsklarheit für den Umgang der EU mit der Teilungssituation hergestellt

---

146 Der Rat hatte sich gegenüber dem Gruppenmodell der Kommission auf das Startlinienmodell mit allen Kandidaten außer der Türkei verständigt. Dennoch fanden zunächst nur mit einer fortgeschrittenen Gruppe sofort Verhandlungen statt.

147 Bereits vom 26. November 1993 bis ins Jahr 1995 hatten schon Beratungen zwischen Experten der zypriotischen Regierung und der Kommission auf technischem Niveau über die Rechtsharmonisierung und die Anpassung an den „Acquis" stattgefunden, allerdings „nur" in 23 Arbeitsgruppen, vgl, J. S. Joseph, Arbeitspapier, Fn. 18.

148 Inglis, CMLR 2000, S. 1208 für die MOEL.

149 Schlussfolgerungen des Europäischen Rats von Göteburg vom 15. und 16. Juni 2001.

150 Regelmäßiger Fortschrittsbericht der Kommission 2002, Kom (2002) 700 final, S. 139, sämtliche Fortschrittsberichte und Beitrittspartnerschaften sind i. Ü. auf den Seiten der Kommission im Internet unter: http://europa.eu.int/comm/enlargement abrufbar.

151 Vgl. oben S. 43.

152 Schlussfolgerungen des Rates, Rn. 3 f. und 10, Bulletin der EU vom 16.12.2002, Zustimmung der Kommission am 19. Februar 2003 durch Kom (2003) 79 final und durch das Parlament am 9. April des Jahres.

werden könnte.[153] Letztere war auch deswegen notwendig, weil sich schon beim Warenverkehr unter dem Assoziationsabkommen, das noch vor der Teilung in Kraft getreten war, eine infolge der Teilung uneinheitliche Behandlung des nicht mehr von der Republik Zypern kontrollierten Inselnordens durch EG und Mitgliedstaaten gezeigt hatte.[154]

Je näher der vorgesehene Zeitpunkt für den Beitritt rückte, umso mehr wurde die Notwendigkeit, eine Regelung zu finden, auch eine Zeitfrage. Ende Februar 2003 sollte der Beitrittsvertrag mit den Protokollen an das Europäische Parlament übermittelt werden, und bereits für den 16. April desselben Jahres war die Unterzeichnung vorgesehen. Aufgrund der gewählten Paketlösung des geschlossenen Beitritts aller Kandidaten kam eine Verschiebung nicht in Betracht. Die besonderen Schwierigkeiten der Regelung lagen darin, dass der Beitritt zugleich auch Teil einer neuen, 1999 vom UN-Generalsekretär Annan gestarteten und von der EU eng begleiteten Initiative zur Überwindung der Teilung war. Dieser Plan, Ende 2002 vorgestellt, im Laufe der Zeit weiterentwickelt und schließlich im April 2004 einem Referendum der Zyprer unterzogen, bildete gemeinsam mit den Eckdaten des Beitritts einen engen Fahrplan.[155]

Im Angesicht eines nur schleppenden Fortgangs der Verhandlungen über den UN-Plan zeichnete sich ab Mitte 2002 in der EU ein Konsens ab, dass die zyprischen Beitrittsbedingungen sich nicht lediglich in Übergangsfristen und einem Protokoll über die britischen Militärbasen auf Zypern erschöpfen konnten.[156] In der Tat brauchte es 3 Jahre intensiver Verhandlungen, darunter alleine in der ersten Hälfte 2002 über 40 ergebnislose direkte Verhandlungen zwischen den Volksgruppenführern,[157] bis der Generalsekretär am 11. November 2002 überhaupt den ersten Entwurf seines Plans präsentieren konnte.[158] Demgegenüber hatte der Europäische Rat in Sevilla im Juni 2002 zu erkennen gegeben, dass die Beitrittsbedingungen in Zyperns Fall nur durch die wesentlichsten Rechtsprinzipien der EU eingeschränkt waren.[159]

---

153 Vgl. auch Tomuschat, The Accession of Cyprus, S. 684 ff.

154 Siehe S. 122 ff.

155 Vgl. Uebe, S. 380.

156 Uebe, S. 381.

157 Hoffmeister, S. 211.

158 Vgl. Pfirter, S.168.

159 So Hoffmeister, S. 213, über die Formulierung in § 24 der Schlussfolgerungen des Europäischen Rates von Sevilla: „*The EU would accommodate the terms of such a comprehensive settlement in the Treaty of Accesssion in line with the principles on which the EU is founded: as a Member State Cyprus would have to speak with a single voice and ensure proper application of European Union Law*".

Bezeichnenderweise schlug ein während des Europäischen Rates von Kopenhagen 2002 geplantes Geheimtreffen aller Parteien einschließlich der UN und der Volksgruppenführer fehl, um eine Lösung noch vor Schluss der Konferenz und damit auch der Beitrittsverhandlungen zu erreichen, weil der türkisch-zyprische Vertreter Denktash gar nicht erst nach Kopenhagen anreiste und sein Vertreter jegliche Unterstützung für den Plan verweigerte.[160] Um die notwendige Ergebnisoffenheit bis zuletzt wahren zu können, übermittelte die Kommission dann ein Beitrittsprotokoll in zwei Versionen zur Verabschiedung an den Rat. Grundlage beider Versionen war die Formulierung des Rates von Kopenhagen in § 11 der Schlussfolgerungen, dass

In case of a settlement, the Council, acting by unanimity on the basis of proposals by the Commission, shall decide upon adaptions of the terms concerning the accession of Cyprus to the EU with regard to the Turkish Cypriot community.

Version A, die den Fall einer rechtzeitigen Einigung der Volksgruppen auf den UN-Plan vor der Finalisierung der Verträge abbildete, enthielt im Übrigen lediglich Blankett-Normen, da diese in Abstimmung mit dem Plan formuliert werden sollten. Bis zum dritten Entwurf des Plans („Annan III“, Anhang 2, Annex IX) waren dies fünf Artikel mit Regeln über Eigentum, die Niederlassungsfreiheit, Schutzmaßnahmen zugunsten nordzyprischer Unternehmen, Einreise von türkischen Staatsbürgern, die GASP und die Vertretung der Zyprer im Europäischen Parlament.[161]

Die besondere rechtliche Grundlage bietet nunmehr jedoch Version B in Form von Protokoll Nr. 10 zur Beitrittsakte des am 16. April 2003 in Athen feierlich unterzeichneten Beitrittsvertrags mit der Republik Zypern.[162] In dieser Version wird neben der Regelung über die Vertragsanpassung wie in Version A außerdem auch die zweite Schlussfolgerung des Rates von Kopenhagen 2002 – inhaltlich identisch - aufgegriffen, dass die Anwendung des Acquis Communautaire im Nordteil der Insel vorbehaltlich einer einstimmigen Ratsentscheidung im Falle einer völkerrechtlichen Lösung der Zypernfrage ausgesetzt wird.[163] Nachdem die türkisch-zyprischen Vertreter selbst zum letztmöglichen Zeitpunkt vor der Finalisierung des Beitrittsvertrags, noch am 10. und 11. März 2003 in Den Haag, den

160 Hoffmeister, S.211.

161 Hoffmeister, S. 213; Uebe, S. 382, Fn. 35.

162 Protokoll Nr. 10 über Zypern, ABl. EG L 236 vom 23. September 2003, S. 955, im Folgenden auch Beitrittsprotokoll genannt.

163 „*The European Council has decided that, in the absence of a settlement, the application of the acquis to the northern part of the island shall be suspended, until the Council decides unanimously otherwise, on the basis of a proposal by the Commission...*“, § 12 der Schlussfolgerungen des Rates, vgl. hiermit Art. 1 von Protokoll Nr. 10 im Anhang.

Annan-Plan rundweg abgelehnt hatten,[164] war die Möglichkeit, Beitrittsbedingungen ähnlich Version A im Konsens mit den Zyperntürken zu vereinbaren, verstellt und musste der Rechtssicherheit Vorrang gegeben werden.[165]

Bis zum Inkrafttreten des Vertrags am 1. Mai 2004 nahm die Republik Zypern durch aktive Beobachter an der Arbeit sämtlicher Institutionen der EU teil.

---

164 Hoffmeister, S. 211.

165 Entscheidender Unterschied ist die Tatsache, dass die Möglichkeit grundlegender Abweichungen vom Acquis nicht länger besteht. Nach der Unterzeichnung der Beitrittsverträge war in „Annan IV" als auch dem Entwurf des Rechtsaktes über die Anpassung der Beitrittsmodalitäten im Fall einer Lösung der Zypernfrage nur noch von Übergangsfristen die Rede, vgl. Hoffmeister, S. 214 und insbesondere auch unten, S. 115 und S. 146 ff., 148.

III. Völkerrechtliche Situation Zyperns vor dem Beitritt

Folgt man aufgrund der geschilderten Situation Resolution 541 des Sicherheitsrates, dessen Beschlüsse gemäß Artikel 25 der UN-Charta bindend sind, so darf die nach der türkischen Besetzung im Nordteil Zyperns 1983 ausgerufene Türkische Republik Nordzypern von keinem Mitgliedstaat der Vereinten Nationen anerkannt werden. Beide internationale Organisationen mit gesamteuropäischem Führungsanspruch auf ihrem Gebiet, EG/EU und Europarat, haben sich dem angeschlossen. Die Haltung der EU schlägt sich auch in der Suspendierung des gemeinschaftlichen Besitzstandes in Protokoll Nr. 10 der Beitrittsakte nieder. Folgerichtig war während der Beitrittsverhandlungen auch von Zypern und nicht von der Republik Zypern die Rede.[166]

Unumstritten ist diese Haltung freilich nicht. Die Türkei hat, schon zur Rechtfertigung der eigenen Invasion, die TRNZ als bisher einziges Land der Welt anerkannt.[167] Fraglich ist auch, ob sich staatliche Existenz selbst, nicht aber deren bloße Anerkennung, alleine an der Legitimität des betroffenen Staates festmachen lassen kann. Infolgedessen wurden für eine Rechtswidrigkeit des Beitritts der Republik Zypern zur Europäischen Union stets zwei Gründe angeführt. Einerseits haben die Türkei und die TRNZ die Rechtmäßigkeit des Beitritts der Republik Zypern zur Europäischen Union deswegen lange bestritten, weil die Republik Zypern in den drei erwähnten Resolutionen als allein berechtigte Vertreterin und die Insel Zypern als einheitliche Republik bezeichnet wird.[168] Mit der Erklärung der Eigenstaatlichkeit stellten die Zyperntürken die Vertretungsmacht der Republik Zypern aber offen in Frage. Andererseits wurde die Rechtmäßigkeit des Beitrittsgesuches von 1990 auch und besonders unter Verweis auf die Ge- und Verbote des Garantievertrags angefochten.[169]

---

166 Vgl. die betreffenden Schlussfolgerungen der Europäischen Räte und die jährlichen Fortschrittsberichte der Kommission, z.B. die auf S. 50 genannten.

167 Die Anerkennung der Türkei erfolgte auf die Erklärung der TRNZ vom 15.11.1983 am gleichen Tag wie die Resolution 541 des Sicherheitsrates, sie ist im Annex zu UN doc. A/38/602 zu finden.

168 Oben, S. 40.

169 Zu dieser Haltung insgesamt vgl. z.B. Dr. Christian Heintze im Auftrag der Türkei, Annex zu UN doc. A/52/404 – S/1997/757, und auch E. Lauterpacht in UN doc. A/44/968 – S/21463, da er die Erklärung der Unabhängigkeit durch die TRNZ für gerechtfertigt hält; ferner ein Memorandum von Rauf Denktas vom 12. Juli und 3. September 1990 an den Ministerrat der Europäischen Gemeinschaften.

1) Zypernfrage im engeren Sinn

Die eigentliche sogenannte Zypernfrage ist traditionell die Frage, ob es auf der Insel zwei verschiedene Völker, beziehungsweise Volksgruppen gibt, und des Weiteren, ob infolge der Teilung 1974 und der Unabhängigkeitserklärung von 1983 zwei zypriotische Staaten bestehen. Die von den neuen Vertretern der Zyperntürken in jüngster Zeit abgegebenen öffentlichen Beteuerungen, keine Abspaltung Nordzyperns anzustreben,[170] haben diese langjährige Debatte hingegen in ein neues Licht getaucht, bedeuten sie doch im Grunde eine Abkehr von der spätestens seit 1983 offiziell dort vertretenen Linie.

Mit der überkommenen Drei-Elemente Lehre im Völkerrecht, wonach ein unabhängiger Staat über ein Staatsvolk, ein Staatsgebiet und eine diese Merkmale zusammenfassende, effektive Staatsgewalt verfügen muss,[171] ist der erste Teil der Zypernfrage dahingehend zu beantworten, dass die türkischen Zyprioten eine eigenständige Volksgruppe bilden. Sie sind daher grundsätzlich dazu in der Lage, ein Staatsvolk zu bilden. Seit 1974 verfügen sie zudem faktisch auch über ein geschlossenes Staatsgebiet. Umstritten ist allerdings die Existenz einer eigenständigen und effektiven Staatsgewalt.[172]

a) Zweifel an der Staatlichkeit der TRNZ

aa) Auffassung des Europäischen Gerichtshofs für Menschenrechte

Der Europäische Gerichtshof für Menschenrechte (EGMR) hat mit dem Urteil in der Rechtssache „Loizidou gegen die Türkei“ in dieser Hinsicht einen scheinbar klaren Standpunkt eingenommen.[173] In letzter Konsequenz des Urteils verfügt die TRNZ über keine eigenständige Staatsgewalt, weil im Nordteil entlang der UN-Pufferzone mehrere Divisionen des türkischen Militärs stationiert sind, die für das Gericht eine Kontrolle des Nordteils der Insel durch die Türkei offensichtlich machen.[174] Alternativ bot sich dem Gericht gleichwohl die Möglichkeit, wie die ihm vorgeschaltete Kommission dies in anderen Fällen getan hat, zu befinden,

---

170 Vgl. FAZ vom 9. Februar 2005, „Zyprische Opposition spricht in Ankara vor“ und vom 29. Juni 2005, „Türkische Zyprer beharren nicht mehr auf Unabhängigkeit“, wobei am 29. Juni jedoch wieder von einer Wiedervereinigung die Rede ist, und nicht von einem Unterlassen.

171 Siehe nur Epping in: K. Ipsen, Völkerrecht, S. 55 – 58; Jellinek, Allgemeine Staatslehre, S. 183, zufolge ist der Staat „die mit ursprünglicher Herrschermacht ausgerüstete Körperschaft eines sesshaften Volkes“.

172 Vgl. nur von Laffert, S. 85 ff.

173 EGMR, *Loizidou v. Turkey*, Urteil vom 18. Dezember 1996, Rec. 1996-VI, S. 2216 ff.

174 Ebda., § 56, bestätigt im Urteil *Cyprus v. Turkey*, no. 25781/94, § 70 ff., ECHR Rec. 2001-IV.

dass sich die Kontrolle des Militärs alleine auf die Grenzregionen beschränke, oder die Verantwortung der Türkei ganz auszuschließen.[175]

Allerdings beschränkt sich die Feststellung des Gerichts auf den Begriff der Jurisdiktion gemäß Artikel 1 EMRK, auf die Hoheitsgewalt der Konventionsstaaten gegenüber allen ihnen unterstehenden Personen. Dem Gerichtshof ging es ausdrücklich um die Wahrung der Effektivität der Konvention. Er prüfte daher nur, ob eine der Vertragsparteien, also entweder die Republik Zypern oder die Türkei, für die Einhaltung der Menschenrechte im Gebiet nördlich der „Grünen Linie" verantwortlich waren.[176] Mit der Verweigerung des Zugangs der griechischen Zyprer zu ihrem Grundbesitz in Nordzypern bereits durch die an der Grenze stationierten Truppen hatte die Türkei jedoch schon selbst aktiv in die von der Konvention garantierten Rechte eingegriffen.[177] Die Verantwortung der Türkei für die Wiederherstellung der Kontrolle der Griechischzyprer über ihr Eigentum wurde daher vom Gericht insofern über die Grenzgebiete an der Pufferzone hinaus auf den gesamten Nordteil ausgedehnt.[178] Auf sonstige Gewährleistungspflichten für Akte der Behörden der TRNZ kam es hingegen nicht mehr an und damit auch nicht auf die effektive Herrschaftsgewalt oder deren Rechtmäßigkeit.[179] In diesem Rahmen ist die Verwaltungsorganisation der TRNZ im Sinne von Artikel 1 EMRK als von der Herrschaftsgewalt der Türkei abhängig anzusehen.[180] Eine zu verallgemeinernde Aussage hat der EGMR jedoch nicht getroffen.

Anders formuliert ging es in der Rechtsprechung des EGMR nicht um die Frage der Staatlichkeit schlechthin, sondern lediglich um staatliche Verantwortung gegenüber seinem Machtbereich und seinem manifesten Machtanspruch ausgesetzten Individuen. Um diese Verantwortung und folglich die eigene Zuständigkeit effektiv begründen zu können, genügte es, die aktuellen Fähigkeiten oder den Zustand der TRNZ umrissweise zu beschreiben. Andererseits bringt das Loizidou-Urteil auf diesem Wege zum Ausdruck, dass die türkischen Zyprer auch daran zu hindern sind, einen eigenen Staatswillen zum Ausdruck bringen, soweit dies mit den Verpflichtungen der Türkei aus der EMRK kollidiert und sie diesen nachzukommen hat.[181] Demzufolge hätte die Türkei bereits die Unabhängigkeitserklä-

175 *Loizidou v. Turkey*, aaO., § 51, Absatz 1.

176 *Cyprus v. Turkey*, aaO., § 78 ff.

177 *Loizidou v. Turkey*, aaO., § 57.

178 *Loizidou v. Turkey*, aaO., § 56, Absatz 1.

179 *Loizidou v. Turkey*, aaO., § 56; eine in beschränktem Maß weitergehende Verurteilung der Türkei erfolgte indessen im nachfolgenden Fall *Cyprus v. Turkey*, aaO.

180 *Loizidou v. Turkey*, aaO., § 52.

181 Vgl. *Loizidou v. Turkey*, aaO. § 56, Absatz 2, soweit die Türkei die Verantwortung trägt, tut sie dieses somit auch für Politik und Maßnahmen der TRNZ. Im Umkehrschluss müsste allerdings ein Abzug des Militärs von der Grenze eine neue Bewertung der Herrschaftsgewalt über die Insel erforderlich machen.

rung der Zyperntürken 1983 verhindern müssen, als es ihr wiederum unter Einhaltung der Menschenrechte der EMRK möglich gewesen wäre.[182] Dennoch ist klarzustellen, dass die Rechtsprechung des EGMR alleine Indizwirkung hat.[183]

bb) „Marionettenregime“

Noch einen Schritt weiter geht die Annahme, die Vertreter der Zyperntürken seien nicht mehr als ein von der Türkei eingesetztes Marionettenregime.[184] Bei dieser aus der Politik entlehnten Bezeichnung geht es letztendlich um den Vorwurf der Fremdbeherrschung und der Verschleierung internationaler Verantwortlichkeit. Dementsprechend variabel ist die Anwendbarkeit auf nicht nur juristische oder politische, sondern auch wirtschaftliche Abhängigkeiten von zudem sehr unterschiedlicher Intensität.[185] Soweit man sie indes juristisch gebrauchen will, muss man auf mehrere deutlich einschränkende Voraussetzungen zurückgreifen [186] und sich die historisch bestimmten Vorbilder vor Augen führen.[187] Als gemeinsamer Bezugs- und Ausgangspunkt gegenüber einer rechtlich nur schwer

182 Im Ergebnis erkennt der EGMR der TRNZ in der Tat also jeglichen internationalen Status ab, wie im Übrigen auch der EuGH in seinem Bereich, vgl. Crawford/Hafner/Pellet, Opinion 1997, § 3.

183 Um so mehr, als der EGMR sich alleine auf die Präsenz ausländischer Truppen kaum stützen konnte, denn dann fehlte jedem derart betroffenen Staat, z.B. auch der damaligen DDR mit den mehreren 100.000 auf ihrem Gebiet stationierten Rotarmisten, die Staatsqualität; Zweifel findet man in der Tat z.B. bei Zuleeg, Grundvertrag und EWG-Protokoll, EuR 1973, S. 216 f. Für die somit vorauszusetzende qualifizierte Rechtswidrigkeit der Anwesenheit fremder Truppen ist der EGMR daher auf Verweisungen auf Entscheidungen und Resolutionen anderer Organe und Institutionen wie den eigenen Ministerrat oder den Sicherheitsrat der UN angewiesen, vgl. die Eingangsfeststellungen im Loizidou-Urteil.

184 So z.B. von Laffert, S. 106 ff. m.w.N.; Filos, ZaöRV (59) 1999, S. 198.

185 Als Bsp. von „puppet-states“ galten die Mandschurei, siehe sogleich in der nächsten Fn., oder auch die Satellitenstaaten des *Dritten Reichs*, Crawford, S. 63 f., gelegentlich werden auch die früheren Homelands in Südafrika genannt, so bei Seidl-Hohenfeldern, Rn. 636.

186 Entsprechend Crawford, S. 64 f., dass der Staat unter Verletzung des völkerrechtlichen Gewaltverbots entstanden ist, keine Unterstützung der Mehrheit seiner Bevölkerung genießt, dass wichtige Positionen von Staatsbürgern des dominierenden Staates besetzt sind, und dass wichtige Entscheidungen von diesem Staat entschieden oder dirigiert werden, für eine restriktive Handhabung auch Anstötz, S. 58 f., bzw. eine Beschränkung auf Extremfälle Seidl-Hohenveldern, Rn. 636. Hillgruber interessiert der Begriff dagegen alleine unter dem Aspekt der Anerkennung, vgl. dort mit besonders ausführlichem Blick auf den Fall Mandschukuo, S. 359 – 393.

187 Als Prototyp wird grundsätzlich das 1931 von Japan besetzte und 1932 sich scheinbar unabhängig erklärende Mandschukuo genannt. Die Japaner zwangen deren Einwohner seinerzeit, staatliche Ämter zu besetzten, die Minister der sog. Mandschurei hatten sich bei Entscheidungen außerdem direkten Rat aus Tokio zu holen, und Japan sah unfreundliche Akte gegen die Mandschurei als unmittelbar gegen sich gerichtet an, Salmon, S. 78.

greifbaren allgemeinen Lebensfähigkeit eines Staates bildet sich dann das Merkmal der effektiven Staatsgewalt heraus. Gerade vor dem Hintergrund der jüngsten Ereignisse ergeben sich daraus aber mehr neue Fragen, als durch die Bezeichnung der TRNZ als Marionettenregime beantwortet würden. Vielmehr lässt sich mit einer gewissen Berechtigung fragen, ob nicht tatsächlich eine eigenständige Staatsgewalt der türkischen Zyprioten anzunehmen ist.

Der Ausgang der letzten Wahlen und des Referendums hat ein Wahlverhalten der Zyperntürken aufgezeigt, das nicht anders als unabhängig beschrieben werden kann. Diese Tatsache besteht trotz pro-türkischer Propaganda und türkischen Siedlern vom Festland, einer besonders ausgeprägten Präsenz des türkischen Geheimdiensts – des sogenannten „tiefen Staats" in der Türkei – und einer Polizei, die dem türkischen Oberbefehlshaber auf der Insel und nicht der Regierung der TRNZ untersteht.[188] Ungeachtet solcher Schwierigkeiten unterliegt es keinen Zweifeln, dass die Bewohner im Norden seit 1983 „ihre" Regierung selbständig wählen können und dies auch wahrnehmen.[189] Besonders in jüngerer Zeit stellt sich das Verhalten der Türkei daher vielfach als Aufrechterhaltung der Wirtschaft denn als Kontrolle des Regimes in Nordzypern dar.

Auf der anderen Seite knüpfen die Äußerungen der Repräsentanten der TRNZ an einen gemeinsamen Staat auf Zypern an. Umso mehr ergibt sich im Rahmen der aktuellen Ereignisse alleine das Bedürfnis, eine (Neu-)Bewertung der rechtlichen Aspekte vorzunehmen und zu fragen, ob sich an den völkerrechtlichen Ursachen etwas verändert hat, nach denen der Nordteil Zyperns nicht als eigenständiger Staat angesehen wird. Soweit eine Charakterisierung als Marionettenregime daher nicht bereits abgelehnt werden muss, ist auf den weiteren Verlauf dieser Arbeit zu verweisen.

b) Voraussetzungen für eine Anerkennung der TRNZ

Lässt man die Legalität oder die Legitimität einer Staatsgründung vorerst beiseite, so ist festzustellen, dass die internationale Gemeinschaft in der Praxis nicht immer einheitlich verfahren ist, wenn es um die Anerkennung der Existenz effektiver Staatsgewalt geht.[190] Dieser Staatenpraxis und insbesondere den eige-

---

188 Kadritzke, in: Le Monde Diplomatique vom Mai 2004.

189 Vgl. die dezidierte Darstellung der Wahlergebnisse von Präsidentschafts- und Parlamentswahlen zwischen 1985 und 1990 bei J. Choisi, S. 381 ff., u.a. auch die Wahlbeteiligung.

190 Im Gegenteil folgt die Praxis insoweit auch keinen Theorien, sondern ihren eigenen Regeln, Hillgruber, S. 411. Vgl. auch die Nachweise bei von Laffert, S. 99 ff.; Dahm/Delbrück/Wolfrum, § 20 I, S. 198 über die Staatenpraxis seit der sogenannten Estrada-Doktrin. Jüngste

nen Bemühungen der TRNZ folgend, steht alleine die Frage ihrer Anerkennung im Vordergrund [191] und zwangsläufig damit verbunden der Streit, ob die Anerkennung für die rechtliche Existenz eines Staates von konstitutiver oder rein deklaratorischer Bedeutung ist.[192]

Die Anerkennung selbst ist die einseitige, nicht empfangsbedürftige Willenserklärung, mit der der anerkennende Staat sich völkerrechtlich verpflichtet, den anerkannten Staat als Subjekt des Völkerrechts zu behandeln.[193] Je nach theoretischer Ausgangslage folgt hieraus, ob die nicht anerkannte Staatsgewalt rechtlich existent ist oder nicht.[194]

aa) Konstitutive Theorie

Sollte die völkerrechtliche Existenz des Staates, und damit die Zuordnung von Rechten und Pflichten, konstitutiv von einer verbindlichen Erklärung des anerkennenden Staates abhängen, so ist die TRNZ nach allgemeiner Ansicht kein Staat. Ihr Gebiet ist demnach Teil des Territoriums der Republik Zypern und die Staatsangehörigkeit bestimmt sich immer noch nach dem Recht der Republik.

Beispiele einer verfrühten Anerkennung, trotz fehlender effektiver Staatsgewalt, bietet der Zerfall Jugoslawiens, Kimminich, S. 111 f.

191 Ebenso im Fall der beiden deutschen Staaten bis zum Abschluss des Vertrags über die Grundlagen der Beziehungen zwischen der Bundesrepublik Deutschland und der DDR vom 21. Dezember 1972, BGBl 1973 II, S. 421 ff. Der von der Bundesregierung von Beginn an erhobene Alleinvertretungsanspruch für das deutsche Volk, vgl. die Regierungserklärung von Konrad Adenauer vom 21. Oktober 1949, BT-Sten.Ber I/308 (D), ging vom Fortbestand des Deutschen Reichs aus und musste den Widerspruch der DDR hervorrufen; näher zu den dazu vertretenen Theorien Schweitzer, Staatsrecht III, Rn. 628 ff. Der Grundlagenvertrag diente dann dazu, das Verhalten beider Staaten zueinander zu regeln: Die Bundesrepublik gab den völkerrechtlichen Alleinvertretungsanspruch auf, dem Tenor in BVerfGE 36, 15 vom 31. Juli 1973 entsprechend aber auf der Basis des Fortbestandes des Deutschen Reichs und ohne die DDR als einen ihr gegenüber ausländischen Staat anzuerkennen. Ein dem Grundlagenvertrag vergleichbarer *waiver*, infolgedessen die übrigen EWG-Mitgliedstaaten die DDR anerkennen durften, siehe Fn. 525 unten, wäre hier jedoch nicht zuletzt wegen des ebenfalls noch zu behandelnden Annan-Plans unpraktikabel: Im Fall Deutschlands war die Teilung weitestgehend akzeptiert und dessen Billigung notwendig, um die Beziehungen der EWG zum gesamten RGW normalisieren zu können. Ein global vergleichbarer Nutzen ist hier nicht ersichtlich, das EU/UN-Konzept dagegen erfolgreich. Abzulehnen ist daher der ältere Vorschlag von Laffert, S. 161 ff., im Ergebnis aber zutreffend die Analyse von Anstötz, S. 71 ff. Die Völkergemeinschaft hatte im Fall Deutschlands auf einen entsprechenden *waiver* gewartet.

192 Zum Streit vgl. Crawford, S. 15 ff.; Dahm/Delbrück/Wolfrum, § 19; mit Bezug zum Thema von Laffert, S. 95 ff und 128 ff.; Anstötz, S. 58 ff.

193 Dahm/Delbrück/Wolfrum, § 19, S. 186; Kimminich/Hobe, S. 108; Gloria in: K. Ipsen, § 22, Rn. 3.

194 Dahm/Delbrück/Wolfrum, § 19, S. 190.

Diskutabel wäre lediglich die Anerkennung interner Rechtsakte der TRNZ, so dass die konstitutive Wirkung einer Anerkennung auf den Staatsverkehr im engeren Sinne, die Diplomatie und den Abschluss internationaler Verträge begrenzt würde.[195]

Die Entscheidung über eine Anerkennung soll darum ein konstitutiver Akt sein, weil das Völkerrecht nur auf diese Weise den eigenen Geltungsanspruch überhaupt realisieren kann. Alleine dadurch kann es die notwendige Rechtssicherheit des völkerrechtlichen Verkehrs gegenüber einer bloßen Herrschaft durch die normative Kraft des Faktischen herstellen.[196] Im Kern der Entscheidung steht darum auch zwangsläufig die Frage nach der dauerhaften Fähigkeit und dem Willen zu völkerrechtskonformem Verhalten. Die völkerrechtliche Zuverlässigkeit ist das entscheidende materielle Kriterium für Staatlichkeit im völkerrechtlichen Sinne.[197] Die Effektivität der Staatsgewalt ist deshalb zwar unabdingbare Voraussetzung für die Achtung und Durchsetzung des Völkerrechts, aber eben nur dies und abhängig vom beständigen Willen jedes Staates, dies auch zu befolgen.[198]

Nach dieser Ansicht könnten sich für den Beitritt der Republik Zypern nur dann Schwierigkeiten ergeben, wenn Zypern später einmal nicht als einheitlicher Staat betrachtet werden dürfte, sei es auch nur vorübergehend im Rahmen einer Lösung des Konflikts und weiterhin vollständig bestehender Mitgliedschaft in der EU. Offen wäre je nach Inhalt einer abschließenden Lösung, ob die Grundlage des Protokolls Nr. 10 noch haltbar ist, dass Zypern bereits vollständig beigetreten ist. Jedenfalls wäre der Inhalt des Protokolls aber hinfällig, und die Verträge müssten entsprechend angepasst werden. Nach dem bisherigen Stand ergeben sich hier aber keine größeren Hindernisse für den Beitritt.

---

195 Vgl. die Nachweise bei Dahm/Delbrück/Wolfrum, S. 190.

196 Zum Ganzen Hillgruber im VI. Kapitel, insbesondere S. 722 ff., auch wenn er den Streit S. 411 f. etwas relativiert wissen will.

197 Dies lässt sich aufgrund der Universalität der UN im Übrigen auch aus Art. 4 UNC ableiten, der die Voraussetzungen für eine Aufnahme in die Vereinten Nationen aufstellt und funktional weitgehend das bloß bilaterale Rechtswirkungen entfaltende Institut der Anerkennung ersetzt hat, Hillgruber, ebenda.

198 Ein gesicherter Anspruch eines Neustaates auf Anerkennung besteht wegen Art. 4 UNC nicht. Auf der anderen Seite engt Art. 4 UNC die Ermessensspielräume der Mitgliedstaaten in ihrer Entscheidung aber dergestalt ein, dass diese nur von seinen materiellen Kriterien abhängig gemacht werden kann. Im Bereich des ius cogens werden diese Voraussetzungen dann zum Evidenztest für die Anerkennungsfähigkeit, insbesondere das Gewaltverbot, die Pflicht zur friedlichen Streitbeilegung und das Selbstbestimmungsrecht der Völker, so Hillgruber, S. 724 und 601. Im Fall der TRNZ versagt dieser Test jedoch, so dass er sich S. 749 ff. auf die im Rahmen dieser Arbeit noch zu erörternden Gründungsverträge zu stützen sucht.

bb) Deklaratorische Theorie

Im Falle bloß deklaratorischer Wirkung hätte die Anerkennung grundsätzlich keinen Einfluss auf den Grundsatz der Effektivität, da ihr hiernach keine rechtsgestaltende Wirkung zukommt.[199] Dieser Ansicht zur Folge wäre es willkürlich, die rechtliche Existenz eines faktisch vorhandenen sozialen Verbandes, der alle Merkmale eines Staates mitbringt, von einer rein subjektiven Willenserklärung eines jeden Staates abhängig zu machen.[200] Selbst wenn die Geltung innerstaatlicher Rechtsakte nicht in Abrede gestellt wird, so bliebe bedenklich, dass in diesem Fall nur die Staaten, die sich gegenseitig anerkannt haben, im Verhältnis zueinander rechtlichen Bindungen, zum Beispiel der internationalen Friedensordnung, unterworfen sind.[201]

Gegen eine konstitutive Anerkennung spräche außerdem, dass eine Anerkennung praktisch nur in den wenigen Fällen eine Rolle spielt, in denen überhaupt Zweifel an der Völkerrechtssubjektivität bestehen, und somit nur zur Klarstellung dient.[202] Einigkeit besteht zwischen den Theorien immerhin darin, dass die Anerkennung infolge der Aufnahme diplomatischer Beziehungen zwischen den beiden jeweiligen Staaten weitestgehend die Quelle internationaler Handlungsfähigkeit eines Staates ist. Unter anderem hieraus wird das Interesse der TRNZ an diesem Akt deutlich.

Diese Aussage wirft jedoch auch ein besonderes Licht auf die ausdrückliche, aber alleinige Anerkennung der Türkischen Republik Nordzypern durch die Türkei. Gerade in unklaren, beziehungsweise umstrittenen Situationen könnte einer Anerkennung auf diese Weise eine stabilisierende und in dieser Hinsicht bewusst ausgenutzte konstitutive Funktion zukommen.[203] Dann beträfe eine Anerkennung nicht nur die Herstellung der Handlungsfähigkeit, sondern auch erst die verbindliche Ausstattung mit allen Rechten und Pflichten eines Staates.[204]

Demnach ist eine notwendige stabile Lage aber nicht das eigentliche Problem der TRNZ. Als größtes Hindernis auf diesem Weg kann sich vielmehr die Frage erweisen, ob sich die Situation darüber hinaus noch so hinreichend verfestigt hat,

---

199 Dahm/Delbrück/Wolfrum, § 55, S. 361.

200 Dahm/Delbrück/Wolfrum, § 19 IV; Crawford, S. 18.

201 Dahm/Delbrück/Wolfrum und Crawford, aaO.

202 Kimminich, S. 106; Gloria in: K. Ipsen, § 22, Rn. 2; Crawford, S. 15; an dieser Konsequenz orientiert sich auch die Staatenpraxis seit der sog. *Estrada*-Doktrin, vgl. die Nachweise bei Dahm/Delbrück/Wolfrum, § 20 II, S. 198.

203 Vgl. dazu Heintze in: K. Ipsen, § 29, Rn. 14.

204 Vgl. Dahm/Delbrück/Wolfrum, § 13 III, S. 132.

dass sich der Staat auch endgültig durchgesetzt hat.[205] Erst seine endgültig hinzunehmende Existenz kann das Völkerrecht auch nach der deklaratorischen Ansicht dazu zwingen, dessen Staatsgewalt als mit den gewöhnlichen Rechten und Pflichten eines Staates ausgestattet wahrzunehmen.[206] Eine frühzeitige Anerkennung ist demgegenüber ein Eingriff in die inneren Angelegenheiten eines anderen Staates und als solche eine deliktische Handlung.[207] So muss zum Beispiel gerade im Fall einer Loslösung der Kampf des Mutterstaates realistisch betrachtet hoffnungslos sein.[208] In der unterschiedlichen Beurteilung solcher Situationen, die sich über große Zeiträume erstrecken können, kommt der internationalen Gemeinschaft Ermessen zu.[209]

Obwohl sich die Teilungssituation in Zypern also schon seit über 30 Jahren hinzieht, würden sich nach der deklaratorischen Theorie erst dann Konsequenzen für den Beitrittsantrag der Republik Zypern ergeben, wenn die Völkerrechtsgemeinschaft gezwungen wäre, von der TRNZ als definitiv existierendem Völkerrechtssubjekt Notiz zu nehmen.

c) Keine Endgültigkeit der Situation

Auch aus den Eingangs erwähnten Äußerungen des türkischzypriotischen Volksgruppenführers Talat folgt,[210] dass es keinen eigenständigen türkischzyprischen Staat gibt. Zwar bilden die Zyperntürken eine kulturell eigenständige Volksgruppe, und die TRNZ verfügt über einen voll ausgebildeten Verwaltungsapparat und ein – wenn auch nicht unumstrittenes – eigenes Gebiet. Aber am unbedingten Willen, dieses Gebilde auf eine eigene, dauerhafte und unabhängige staatliche Grundlage zu stellen, bestehen erhebliche Zweifel. Wenn die türkischzyprische Gewalt daher in der Lage ist, Entscheidungen zu fällen und mit gewisser Autorität

205 Vgl. Dahm/Delbrück/Wolfrum, § 19 V; bei Seidl-Hohenfeldern, Rn. 622 f., in Form der Dauerhaftigkeit und direkter Jellinek, Allgemeine Staatslehre, S. 178 ff., entsprechend, der gleichbleibende Formen staatlicher Institutionen durch die Verbindung der Staatsbürger durch konstante, innerlich kohärente Zwecke fordert, wodurch „die Vorstellung ihrer Einheit im Zeitenwechsel hervorgerufen wird“.

206 Dahm/Delbrück/Wolfrum, § 20 II, S. 199. Damit ist der Streit in der Tat weitestgehend auf ein akademisches Niveau reduziert.

207 Gloria in: K. Ipsen, § 22, Rn. 34; Dahm/Delbrück/Wolfrum, § 20 II, S. 200; Kimminich/Hobe, S. 108, 111.

208 Gloria in: K. Ipsen, § 22, Rn. 33; Dahm/Delbrück/Wolfrum, aaO.

209 Dahm/Delbrück/Wolfrum, aaO., S. 201; demnach lässt sich auch die deklaratorische Theorie nicht in Reinform durchhalten, daher des öfteren deren Abmilderungen, vgl. z.B. Seidl-Hohenveldern, Rn. 645. Auf die Möglichkeit langer Zeiträume weist im Übrigen auch Necatigil, S. 329 hin.

210 Oben, S. 56.

durchzusetzen, so reicht dies nicht dafür aus, von Akten einer eigenen, von der Republik Zypern notwendigerweise verschiedenen, souveränen Staatsgewalt zu sprechen.[211] Auf die Ansichten von dritter Seite, in diesem Fall selbst die der Griechischzyprer, kann es nach deklaratorischer Ansicht hierbei nicht ankommen.[212] Doch geht es den Türkischzyprern in ihren Abgrenzungsbemühungen gegenüber den Griechischzyprern weniger um eine definitive Teilung der Insel als um handfeste Sicherheitsgarantien und Beteiligungsrechte.

Die wiederholten Äußerungen des gewählten Vertreters der Türkischzyprer Talat bilden dabei keinen neueren Präzedenzfall, sondern fügen sich ohne Schwierigkeiten in das Gesamtbild ein.[213] Die öffentlichen Bemühungen der türkischen Zyprer waren bis 1983 ohnehin nicht auf staatliche Unabhängigkeit gerichtet.[214] Eine kritische Auseinandersetzung mit den Motiven der Unabhängigkeitserklärung von 1983 ist demgemäß angezeigt.[215] Seitdem fanden immer wieder von den Volksgruppen ausgehende Lösungsinitiativen mit den *guten Diensten* des Generalsekretärs der Vereinten Nationen statt, die auf die Einheit der Insel abzielten. So basierten beispielsweise die Bemühungen von 1984 und die Vermittlertätigkeit des seinerzeitigen Generalsekretärs, Pérez de Cuellar, gerade auf der Initiative der Zyprer selbst.[216] Der mögliche Einwand, dass viele dieser Initiativen zumindest indirekt auf internationalem Druck beruhen, trägt hingegen nicht. Von keiner der beiden Seiten wurde die Frage, ob der zyprische Staat untergegangen sei, zur Grundvoraussetzung für interkommunale Verhandlungen erhoben, sondern lediglich die Bedingung gestellt, dass die Volksgruppen gleichberechtigt an diesen Verhand-

---

211 Entsprechend Jellinek, Allgemeine Staatslehre, S. 180 geht es folglich um die Entscheidung, ob der türkischzyprische Verband ursprüngliche oder abgeleitete Herrschermacht für sich in Anspruch nimmt. Soweit er selbständige Herrschermacht besitzt, ist er allerdings selbst Staat, vgl. Jellinek, aaO., weshalb die TRNZ regelmäßig auch als *de facto*-Regime eingestuft wird, so von Laffert, S. 112 ff.; siehe ferner auch unten Fn. 351 für weitere Nachweise.

212 Auf Fragen der Legalität angesichts der UN-Resolutionen und der Gründungsverträge wird an anderer Stelle zurückzukommen sein.

213 Zweifelhaft wirkt ferner die nach 1983 jahrelang praktizierte Methode der türkischzyprischen Verwaltung, bei Warenexporten offizielle Stempel im Namen der „Republik Zypern" zu verwenden. Ebenso die Tatsache, dass Nachfragen von EU-Behörden an türkischzyprische Behörden zwar nach Nordzypern zu schicken, jedoch an die Behörden in Nicosia zu adressieren waren, wie Talmon S. 732 f. ausführlich beschreibt.

214 Zum Beispiel Necatigil, S. 190, Wolfe, S. 236 f.

215 Wolfe und Necatigil, aaO. zufolge versteht sich die Erklärung mehr als Reaktion auf die von den griechischen Zyprern initiierte UN-Resolution 253 (XXXVII) der Generalversammlung vom 13. Mai 1983, in der der Abzug aller türkischen Truppen gefordert wird; dies sei als Verrat an den interkommunalen Gesprächen aufgefasst worden.

216 Einen Überblick über die Lösungsbemühungen bis 1994 gibt Varvaroussis, Deutschland und die Zypernfrage, die UN- und EU-Vermittlung; ebenso S. 100 ff. dieser Arbeit, gerade dieser fortlaufende Prozess ist auch für Necatigil, S. 329 f. einer der Gründe, weshalb die Staatenwelt eine unabhängige TRNZ nicht anerkennt.

lungen teilnehmen konnten und sich nicht etwa Regierung und Renegaten gegenüberstehen würden.

Dass die Teilung unterhalb der völkerrechtlichen Ebene später weithin Anklang fand, lag vor allem daran, dass in den neunziger Jahren die seit 1983 unternommenen Bemühungen um Fortschritte stagnierten und Zweifel am fortwährenden Sinn der Bemühungen aufkommen ließen. Besonders die Verhandlungen über die Vorschläge von UN-Generalsekretär Annan zwischen 2002 und 2004 zeigen aber, dass die Teilung noch keineswegs einer abschließenden Bewertung unterzogen werden kann. Der Plan wurde anhand der Vorstellungen der Zyprer ausgearbeitet und konnte frei von Einmischung diskutiert werden, da sich der Generalsekretär an seine Rolle als Anbieter guter Dienste zu halten hatte.[217] Von den Zyperntürken wurde diese Lösung sodann in einem auf ganz Zypern abgehaltenen, repräsentativen Referendum gebilligt. Alleine das griechisch-zypriotische „Nein" im Referendum war umso überraschender, weil es jahrelangen Behauptungen ihrer Präsidenten entgegensteht, dass alleine die Zyperntürken eine Lösung blockierten. Dennoch hatte die gerade wegen ihrer proeuropäischen Haltung gewählte Regierung der TRNZ ihre Ansichten auch nach dem für sie auf diese Weise enttäuschenden Referendum bekräftigt.[218]

Definitiv an der gegenwärtigen staats- und völkerrechtlichen Lage ist somit ihre nach wie vor bestehende Offenheit [219] sowie ein ausgeprägter binnenrechtlicher Charakter, der zugleich auf internationaler Ebene stark politisiert ist. Eine Anerkennung der TRNZ wäre deshalb, ohne dass es auf einen Theorienstreit ankäme, wenigstens als verfrüht zu bezeichnen und würde überdies dem Bedürfnis der Staatengemeinschaft nach Rechtssicherheit zuwiderlaufen.[220] Zu denken ist daher an andere staatsrechtliche Konstruktionen als an vollständige völkerrechtliche Souveränität. Unter den bisher behandelten Voraussetzungen war die Regierung

---

217 Dazu ausführlich S. 101 f.

218 Vgl. die Haltung des türkisch-zyprischen Regierungschefs Talat laut FAZ vom 21. Mai 2004, „Ratlosigkeit bei den Neinsagern", derzufolge dieser am Annan-Modell weiterhin festhält. Im Übrigen ging sowohl die Regierung Talats als Sieger aus vorgezogenen Neuwahlen Anfang 2005 hervor als auch er selber aus den Präsidentschaftswahlen am 17. April 2005, wobei er die Gelegenheit erneut mit einem Bekenntnis zur Einheit Zyperns verband, FAZ vom 19. April 2005, „Talat reicht Papadopoulos die Hand – ‚Es geht um den EU-Beitritt Zyperns'".

219 Ganz besonders, seitdem sich die Türkei mit ihrer Einflussnahme auf die türkischzypriotische Innenpolitik merklich zurückhält.

220 Wegen der grundsätzlichen Fähigkeit der Türkischzyprer, einen eigenen Staat zu gründen, ist gleichwohl zu betonen, dass eine Anerkennung und alle daraus folgenden staats- und völkerrechtlichen Konsequenzen nach wie vor im Raum stehen.

der Republik Zypern nicht daran gehindert, den Beitritt der gesamten Insel zum 1. Mai 2004 zu vollenden.[221]

2) *Exkurs*: Legalität der Staatsgewalt der TRNZ

Der Anerkennungsakt ist nach der deklaratorischen Ansicht nur die Folge der Staatswerdung. Wenn aber schon die Nichtanerkennung eine Existenz der TRNZ hiernach auf Dauer nicht verhindert, kann es auf die Legalität ihrer Entstehung nicht ankommen. Nach dem bisher gefundenen Ergebnis erübrigen sich weitere Ausführungen im Grunde erst recht. Andererseits spielen Inhalt und Reichweite von Garantievertrag und Verfassung der Republik Zypern in der Erörterung dieses Problems aber doch eine zentrale Rolle, weil beide hier in ihrer eigentlichen, existentiellen Funktion betroffen sind. Als möglicher Ansatz zur Erörterung der Legalität des Beitritts zur Europäischen Union ist die nunmehr hypothetische Legalität der Staatswerdung der TRNZ als Präzedenz beachtlich. Bei ihr sind sodann der Zeitunterschied zwischen der Invasion und der Ausrufung und die unterschiedlichen Akteure zu berücksichtigen, auch wenn die Ausrufung der TRNZ von 1983 ohne die militärische Intervention von 1974 nicht möglich gewesen wäre. Eine getrennte Untersuchung beider Ereignisse bietet sich entsprechend an.

a) Keine Dismembration der Republik Zypern

Für die Existenz einer unabhängigen TRNZ kämen grundsätzlich zwei Ereignisse in Betracht. Entweder hätte eine erfolgreiche und völkerrechtlich legale Sezession oder sogar ein vollständiges Erlöschen – die Dismembration beziehungsweise Dissolution [222] – der Republik stattgefunden. Bei der Dismembration zerfällt der alte Gesamtstaat und neue Staaten entstehen auf seinem Gebiet, so dass er als Völkerrechtssubjekt untergeht.[223] Sie müsste im Falle Zyperns bis 1974 zu verorten sein, da alle erheblichen Akte in diesem Zeitraum stattgefunden haben und die Invasion alleine als externe Ursache gelten kann. Die erst Jahre später erfolgte Ausrufung der TRNZ wäre dann höchstens noch ein Akt der Neugründung, eine

221 Anders im Fall der beiden deutschen Staaten. Die BRD war von den Alliierten niemals dazu ermächtigt worden, für die DDR zu sprechen, Tomuschat, The Accession of Cyprus, S. 684 f.; ders., EWG und DDR, S. 300 ff., 305; Zuleeg, Grundvertrag und EWG-Protokoll, S. 216. Der Umkehrschluss aus der Nichtanerkennung der DDR durch die westlichen Staaten lässt sich nicht ziehen, dem stand nicht zuletzt das Besatzungsrecht entgegen.

222 Bei Wahrnehmung des Selbstbestimmungsrechts, Heintze in: K. Ipsen, Völkerrecht, § 29, Rn. 8; in diesem Sinne für die TRNZ: Heinze, Kurzgutachten, B I 1, der von einer „Sezession" beider Volksgruppen ausgeht.

223 Heintze, in: K. Ipsen (Hrsg.), Völkerrecht, ebenda.

Herausbildung einer neuen Staatsgewalt auf staatsfreiem Gebiet.[224] Erwägungen über die Rechtmäßigkeit der Gründung würden sich in diesem Fall auch erübrigen.

Die Unterscheidung zwischen Sezession und Dismembration betrifft also primär Fragen der Rechtsnachfolge.[225] Zweifel am Erlöschen des zyprischen Staatsverbandes bestehen jedoch schon hinsichtlich der Feststellung eines bestimmten Zeitpunkts.[226] In der Sache wird zwar auf einen Verfassungsbruch durch Abschaffung der Volksgruppenrechte der türkischen Zyprioten verwiesen und damit noch weitergehend die Aufhebung der materiellen Grundlage, der „Identität" der Verfassung behauptet.[227] Alleine aus der Staatsform eines Völkerrechtssubjektes, seiner bestimmten rechtlichen Verfassung, ergibt sich allerdings nicht dessen völkerrechtliche Identität. Wenigstens bis 1974, tatsächlich wohl auch bis 1983, stellt sich die Frage der Völkerrechtspersönlichkeit Zyperns oder eines eventuellen Nachfolgers anstelle Zyperns gar nicht.[228] Im Einklang mit den teilweise bereits im ersten Teil dieser Arbeit behandelten UN-Resolutionen, die bis heute fortwährend seine Souveränität und Unabhängigkeit sowie die territoriale Einheit bekräftigen, ist damit aber von einer auch weiterhin bestehenden staatlichen Identität auszugehen und verbietet sich die Annahme seiner Auflösung.

In der angeführten Kritik kann es sich nur um das Urteil über die Legitimität oder Legalität der zyprischen Regierung handeln. Dies hindert nicht die Anerkennung ihrer Regierung [229] noch steht es im Zusammenhang mit der Kontinuität eines der Verfassungslage übergeordneten Völkerrechtssubjekts.[230] Mangels geschlossener Siedlungsgebiete, sondern einer Verstreuung über die gesamte Insel, wären überdies weder die türkischzyprische noch die griechischzyprische Volksgruppe faktisch dazu in der Lage gewesen, neue, der Republik nachfolgende Völkerrechtssubjekte an deren Stelle zu setzen. Dies war erst nach der Trennung der Bevölkerung durch die – inselexternen – türkischen Invasionstruppen möglich, das heißt nach dem letzten möglichen Zeitpunkt einer möglichen Dissolution. So lässt sich einzig der Versuch der türkischen Zyprer, 1983 einen eigenen Staat zu gründen,

---

224 Verdross/Simma, § 959, dadurch wird diese Konstruktion für die Zyperntürken über die daraus folgende weitgehende rechtliche Ungebundenheit allerdings auch besonders interessant.

225 Dördelmann, Kapitel I, S. 13.

226 Heinze, aaO. Stellt allgemein auf die Ereignisse zwischen 1963 und 1974 ab, andere auf den gescheiterten Sampson-Putsch, der allerdings nur eine Sezession seitens der Zyperntürken bewirkt haben könnte.

227 Heinze, aaO.

228 Siehe auch oben, bei Fn. 214.

229 Dementsprechend wurde die Regierung der Republik Zypern in den Resolutionen des Sicherheitsrates seit 1963 verantwortlich für Recht und Ordnung gemacht.

230 Vgl. Kimminich/Hobe, S. 110.

nachweisen. Die Loslösung eines bloßen Teilgebietes vom übrigen Staat bildet im Zweifel jedoch nur den Fall einer Sezession.[231]

b) Wirkungen der Sezessionserklärung von 1983

Eine Sezession ist die Neuschaffung eines Staates durch Abtrennung eines Teilgebiets von einem im Übrigen weiter existierenden Staat und steht im Widerspruch zu dessen territorialer Integrität.[232] Anders als nach einer Auflösung des Staates spielt die Rechtmäßigkeit der Neugründung bei einer Sezession eine Rolle, da sich aus der ungebrochenen Existenz des alten und dem Verhältnis zum neuen Subjekt rechtliche Konsequenzen ergeben. Ferner findet sich für die Republik Zypern schon in der Verfassung in Artikel 185 und Artikel 181 in Verbindung mit dem Garantievertrag ein verfassungsrechtliches als auch im Garantievertrag selbst ein völkervertragliches Sezessionsverbot.[233]

Im Unterschied zur Verfassung, die auch die zyperntürkische Volksgruppe verpflichtet, ist an den Garantievertrag die Republik insgesamt gebunden.[234] Die Bindung der türkisch-zyprischen Volksgruppe als Teil der Republik an diese beiden Rechtsakte ist jedoch durchaus diskutabel, weil die Volksgruppen als solche durch die bereits erwähnten Notstandsgesetze nach 1963 keine Rolle mehr spielten. Die türkisch-zyprische Volksgruppe wurde so von der Teilhabe an der Herrschaftsgewalt ausgeschlossen und gegenüber dem Volksgruppenstatus zur bloßen Minderheit herabgestuft.

Trotzdem wird man ein verfassungsrechtliches Sezessionsrecht an Garantievertrag und Verfassung orientieren müssen. Deren Sinn und Zweck war es schließlich, solche Ereignisse um der Erhaltung des Staates willen zu vermeiden. Die Antwort auf einen eventuellen Verfassungsbruch durfte daher ganz besonders im Falle Zyperns nicht einfach die Aufkündigung des Staates durch die Sezession der in ihren Rechten verletzten Volksgruppe sein, sondern nur die Einleitung von Gegenmaßnahmen im Rahmen von Vertrag und Verfassung. Auf die von den Garan-

231 Dahm/Delbrück/Wolfrum, § 15 I, S. 152, desgleichen hält der ebenfalls relevante Wille der Völkerrechtsgemeinschaft, wie er in allen Resolutionen seit Res. 186 (1964) des Sicherheitsrates vom 4. März 1964 zum Ausdruck kommt, z.B. auch Res. 541 vom 18. November 1983, die Verantwortung der Republik für „law and order“ aufrecht.

232 Heintze in: K. Ipsen, § 29, Rn. 8 f..

233 Über die Verpflichtung zur Unabhängigkeit und territorialen Integrität sowie dem Verbot jeder Aktivität, die zur Teilung führen könnte in Artikel I.

234 Rumpf, Zur Verfassungslage Zyperns, S. 21 f., insoweit ungenau, als dass er alleine die Garantiemächte gebunden sieht. Allerdings übersieht er, dass das Sezessionsverbot sich nicht nur aus Artikel II des Garantievertrags ergibt, der in der Tat nur die Garantiemächte verpflichtet.

tiemächten und der Republik ergriffenen Maßnahmen wird daher im weiteren Verlauf des Abschnitts zurückzukommen sein. Grundsätzlich gibt es in diesem Rahmen indes kein Sezessionsrecht für die Zyperntürken.

Daneben muss eine Sezession insbesondere auch nach den Maßstäben des allgemeinen Völkerrechts rechtmäßig gewesen sein. Die Sezession geht notwendigerweise nicht vom gesamten Staatsvolk des betroffenen Staates, sondern in der Regel von einem Teil desselben, einem Volk im ethnischen Sinne, aus.[235] Dies sind beide großen zypriotischen Volksgruppen. Das Recht auf Sezession ist gleichwohl ein Ausnahme-,[236] beziehungsweise ein Notwehrrecht,[237] das enge Bezüge zur Dekolonisierung aufweist.[238] Als Ausdruck des Rechts auf Selbstbestimmung der Völker gemäß Artikel 1 Nr. 2 UNC bekommt es vor allem dann Bedeutung, wenn einem Volk sein Recht auf Teilhabe an der Staatsgewalt verweigert wird.[239] Durch die Entstehung Zyperns im Rahmen der Dekolonisierung hat ein Selbstbestimmungsrecht der Zyprer jedoch insgesamt keine Bedeutung mehr.[240]

Inhaltlich erfasst das Selbstbestimmungsrecht der Völker andererseits nicht nur einen Anspruch auf volle Unabhängigkeit, sondern auch denjenigen auf eine bestimmte Rechtslage zwischen Volk und Regierung innerhalb eines Staates.[241] Relevant wird dieser zweite Aspekt unter der Bestandsgarantie für die Gleichstellung beider Volksgruppen gemäß Artikel 182 Absatz 1 in Verbindung mit Annex III der Verfassung. Auch hieraus ist der Verfassungsrang des Garantievertrags über Artikel 181 der Verfassung zu erklären, der die Republik Zypern zu Respekt vor der Verfassung in ihrer Form von 1960 verpflichtet und die rechtliche Gleichstellung von griechischen und türkischen Zyprern in ihrer Bedeutung herausstellt.

Fast alle Elemente der Grundstruktur, welche die Rechte der türkischen Zyprioten als Volksgruppe garantieren, sind jedoch durch die nur unter griechisch-zyprischer Beteiligung erlassene Notstandsgesetzgebung nach 1963 außer Kraft gesetzt worden. Dass dieses „Verfassungsrecht, das sich nicht im Text der Verfas-

235 Heintze, in: K. Ipsen, aaO.; Dördelmann, Kapitel I, S. 12.

236 Nach der Friendly Relations Declaration der Generalversammlung der UN darf es die nationale Einheit nur beinträchtigen, wenn die Regierung nach Rasse, Glauben oder Hautfarbe unterschiedlich behandelt, Res. 2625 (XXV) vom 24. Oktober 1970, Der Grundsatz der Gleichberechtigung und Selbstbestimmung der Völker, Abs. 7.

237 Heintze in: K. Ipsen, § 29, Rn. 10.

238 Rumpf, Zur Verfassungslage Zyperns, S. 22, vgl. auch Heintze, aaO., Rn. 9 ff.; nach Tomuschat, The Accession of Cyprus, S. 676, ist es sogar gerade die Behandlung Zyperns, die gegen ein generelles Sezessionsrecht spricht.

239 Vgl. Kimminich/Hobe, S. 118 ff.

240 Rumpf, Zur Verfassungslage Zyperns, S. 22.

241 Verdross/Simma, § 513; näher dazu Heintze in: K. Ipsen, § 30.

sung von 1960 niederschlug“ [242] nicht mit der Verfassung im Einklang steht, bedarf keiner weiteren Erklärung. Neben der Sezessionserklärung steht folglich auch dieses Recht im Widerspruch zu Verfassung und Garantievertrag.

Es wird jedoch eine Diskussion um eine eventuelle Rechtfertigung der Notstandsgesetzgebung geführt, in der das Urteil *„The Attorney-General of the Republic vs. Mustafa Ibrahim and others“* vom 10. November 1964 einen zentralen Platz einnimmt. Außerdem wurde die Integrität des Verfassungstextes selbst von den Notstandsgesetzen respektiert und falls nötig durch den urteilenden *Supreme Court of Cyprus* streng verteidigt.[243] Das Urteil im Fall *Mustafa Ibrahim* bildet den Präzedenzfall, der die Grundsätze für die Anwendung des Staatsnotstandes im Common Law Zyperns festlegt und mit dem die fragliche Gesetzgebung bestätigt wurde.[244] Es nennt für eine mögliche Rechtfertigung von Notstandsgesetzen mehrere restriktive Voraussetzungen, unter denen der durch die außerordentliche Situation begrenzte provisorische Charakter hervorzuheben ist.[245]

Demnach kommt bereits alleine die Ausdehnung des legislativen Provisoriums bis 1974 und im Weiteren bis heute einer Abschaffung der Volksgruppenrechte gleich. Zudem hatte das – nicht verfassungsgemäße – Gericht in dem Urteil auch über die Legalität der eigenen Existenz zu urteilen, weshalb bis zu einer Lösung des Konflikts Zweifel an der Autorität des Urteils bleiben.[246] Und auch sonst kann es die Notstandsgesetzgebung nicht rechtfertigen. Die Verfassung ermächtigt in Artikel 183 die Republik explizit zu Notstandsregelungen durch die Exekutive, jedoch nur unter der Voraussetzung des Zusammenwirkens beider Volksgruppen im Ministerrat und unter ausdrücklicher Vetobefugnis beider Präsidenten.[247] Im Übrigen bleibt die Garantie für die Verfassung nach Garantievertrag und Artikel

---

242 Rumpf, Zur Verfassungslage Zyperns, S. 22.

243 Besonders eingehend zur “doctrine of necessity” Evangelides, Constitutional rights, S. 351 ff., der zudem S. 221 ff. ausführlichen Nachweis über die Überwachung der Verfassung durch die Rechtsprechung führt und darauf hinweist, dass die Zypernfrage besonders im Bereich der Grundrechte zu unauflöslichen Konflikten für die Gerichte führt.

244 Sog. „doctrine of necessity“, CLR 1964, S. 195 ff., st. Rspr; vgl. auch Neophytou Kourtellos in: Introduction to Cyprus Law, S. 40 mwN. Darüber hinaus wird das Urteil aufgrund der Struktur des common law auch in anderen Staaten oft herangezogen.

245 U.A. Richter Josephides, CLR 1964, S. 195 ff., 265 und Richter Triantafyllides, aaO., S. 242.

246 Genau diesen Punkt greift Necatigil, S. 60 ff. auf.

247 Die mit den Gesetzen gerade übergangen und später ausgeschaltet worden sind. Daher fragwürdig die Begründung von Richter Triantafyllides, CLR 1964, S. 216 ff., demzufolge aus dem Verhältnis von Art. 182 iVm Annex III zu Art. 179 (Bindung der Verfassungsorgane an die Verfassung) und 61 (Legislativbefugnisse beim Parlament) Rechte für unvorhergesehene Fälle fließen.

181 aber Sache der Garantiemächte.[248] Zeitlich von vorneherein unbestimmte und damit unbegrenzte Gesetze entgegen der Hierarchie dürften allenfalls subsidiär für den Fall der Unfähigkeit der Garantiemächte erwogen werden.

Die Garantiemächte waren ihrerseits der Pflicht aus Artikel II des Garantievertrags, das Auseinanderbrechen der Republik zu verhindern, durch Abhaltung einer Drei-Mächte-Konferenz im Januar 1964 und die Aufstellung einer zunächst britischen Friedenstruppe gemäß Artikel IV Garantievertrag und deren spätere Ergänzung um UN-Kontingente durchaus nachgekommen. Die weitere praktische, aber verfassungskonforme Konfliktbewältigung wäre nach dem damaligen Blauhelmkonzept als bloßer Puffer zwischen den Streitparteien sodann Aufgabe der Zyprer selbst gewesen. Ebenso entspricht diese Aufgabe Artikel I des Garantievertrags. Die Schwierigkeit, die vom Garantievertrag vorausgesetzte Integrität und Funktion der Verfassung mit völkerrechtskonformen Mitteln wiederherzustellen, ergab sich schließlich nicht alleine aus der Verantwortung der griechisch-zyprischen Führung für die Gewaltausbrüche seit 1963. Sie ist besonders aus dem Fehlen eines einheitlichen Siedlungsgebietes der Zyperntürken auch nach der Flucht in Enklaven im gleichen Zeitraum heraus zu erklären. Schon aus diesem Grunde wäre aber bis 1974 eine Sezessionserklärung als ebenso gravierender Verstoß gegen das Völkerrecht zu beurteilen und trotz der Verstöße gegen die Verfassung mit dem Selbstbestimmungsrecht nicht zu rechtfertigen gewesen.

Aber auch nach Notstandsgesetzgebung und Invasion sind die türkischen Zyprioten vollwertige Staatsbürger der Republik Zypern geblieben und als solche mit einem kolonisierten Volk nicht zu vergleichen.[249] Unabhängig davon, dass sie die ihnen aus dem Status als Volksgruppe zustehenden Rechte nicht wahrnehmen können, sind sie individuell den griechischen Zyprioten in der Verfassung gleichgestellt.[250] Unter den vorgenannten Gesichtspunkten wäre die Rechtmäßigkeit der Notstandsgesetze somit zu vertiefen. Eine Sezession nach völkerrechtlichen Maßstäben ist auf diese Weise aber nicht zu rechtfertigen.

---

248 Tzermias, S. 225 stellt zutreffend fest, dass sich die Republik bezüglich der *Basic Structure* in der Nähe klassischer Schutzverhältnisse wie Protektorat und Protektion bewegt; ähnlich auch Rumpf, Zur Verfassungslage Zyperns, S. 3.

249 Rumpf, Zur Verfassungslage Zyperns, S. 23.

250 Gegenwärtig besinnen sich die türkischen Zyprer wieder aktiver auf ihre Rechte als Staatsbürger der Republik. 33.000 türkische Zyprioten haben seit der Grenzöffnung Ende April 2003 bis Mai 2004 einen Pass der Republik Zypern beantragt und erhalten, FAZ vom 21. Mai 2004, „Ratlosigkeit bei den Neinsagern“. Ebenso sind vor den Gerichten der Republik verschiedene Fälle auf Restitution des nach 1974 verlorenen Eigentums anhängig, u.A. ein anderer Fall „Mustafa Ibrahim“, vgl. The Cyprus Weekly vom 15. Oktober 2004, „Now another Mustafa wants his property back“.

c) Invasion von 1974

Auf der anderen Seite widersprach die faktische Herabstufung der Zyperntürken zur Minderheit, das heißt, sogar ohne wenigstens diesen Status in der Verfassung zu verankern, deren fundamentalem Bedürfnis nach Sicherheitsgarantien, gerade nach den Erfahrungen der fünfziger und Mitte der sechziger Jahre. Zwar führt diese Betrachtungsweise nicht zu einer legalen Sezession der Türkischzyprer. Indes könnte so möglicherweise die Invasion anlässlich des griechischen Putschversuches von 1974 als legitimer Einsatz der Türkei gemäß der Charta der Vereinten Nationen und dem Garantievertrag im Besonderen einzuordnen sein.

Artikel IV des Garantievertrags gibt den drei Garantiemächten der Republik Zypern gegenüber, wie bereits angesprochen, ein Eingriffsrecht. Dieses bereitet jedoch wegen seiner potentiellen Reichweite Schwierigkeiten. Insbesondere wirft es Fragen zum Gewaltverbot der Vereinten Nationen auf, denn das Interventionsrecht lässt die Mittel für einen solchen Eingriff unbestimmt. Das Ziel desselben definiert es dafür aber umso genauer. Artikel IV spricht von:

„the right to take action with the sole aim of reestablishing the state of affairs created by the present Treaty."

Damit wird direkt auf Artikel II (oder auch auf Artikel I) des Vertrags verwiesen, der die Garantiemächte auf die Unabhängigkeit, territoriale Integrität, Sicherheit sowie auf die Basic Articles der Verfassung von 1960, das ist die Basic Structure von London und Zürich, verpflichtet. Das Verhältnis des Eingriffsrechts zum Gewaltverbot gemäß Artikel 2 Nr. 4 der UN-Charta ist nicht unumstritten. Immerhin ist der Garantievertrag über Artikel 103 der Charta diesem aber eindeutig untergeordnet. Entsprechend der Handhabung des Gewaltverbotes sind hierbei nichtsdestotrotz restriktiv auszulegende Ausnahmen in Form einer Zustimmung des betroffenen Staates zulässig, da in diesem Fall die Hoheit des Staates nicht berührt ist und somit keine Gewalt im Sinne der Charta gegen ihn ausgeübt wird.[251]

Dann können allerdings auch keine durchgreifenden Bedenken gegen die durch den Garantievertrag erfolgte Einwilligung bestehen, da diese hinreichend präzise auf das gemäß Artikel II des Vertrags Notwendige begrenzt wird.[252] Soweit über

251 Anstötz, S. 54 f.

252 Eine Begrenzung, die sich ferner in den – im nächsten Abschnitt näher behandelten – Umständen der Entstehung *und* dem Charakter des Vertrages sowie den oben S. 36 f. geschilderten Überlegungen zeigt, und nicht nur in einer generellen Vermutung besteht, dass eine solche Einwilligung wegen der Bedeutung für die Souveränität eines Landes restriktiv auszulegen ist, aA aber Anstötz, S. 54 f. Nicht zuletzt spricht auch die Aufgabenteilung zwischen externer Verteidigung Zyperns durch den Allianzvertrag und die Verteidigung der Verfas-

ihn auch die Anwendung militärischer Mittel zulässig ist, sind diese ausdrücklich im Sinne der Souveränität Zyperns gemäß allen drei Gründungsverträgen einzusetzen.[253] Des Weiteren verbieten das „gemeinsame Interesse“ und der „Wunsch zur Kooperation“ aus der Präambel in Verbindung mit Artikel IV des Vertrags jede unmittelbare unilaterale Intervention und gewähren rechtlichen Schutz vor übereilten Maßnahmen. Die begrenzende Wirkung des Vertrags liegt also nicht in den enumerativ genannten Zielen alleine, sondern ebenso in der Art und Weise von deren praktischer Durchsetzung im Krisenfall.

Überhaupt ist damit der Schluss zu ziehen, dass der Einsatz von Gewalt regelmäßig völkerrechtlich illegal ist.[254] Nur wenige Szenarien sind hiervon auszunehmen, die jedoch allesamt genau jene Situationen betreffen, die zu den bürgerkriegsähnlichen Zuständen geführt haben, mithin etwa solche, die dem Schutz der Volksgruppenrechte dienen.

In einer solchen Lage, welche auf der einen Seite die Zyprioten nicht friedlich untereinander lösen konnten und wollten, in der andererseits Türken und Griechen schon aus nationalem Interesse nicht tatenlos bleiben würden, war es politisch notwendig, Griechenland und die Türkei auch beide offiziell an einer Konfliktlösung zu beteiligen. Durch die indirekte Verpflichtung zu Verhandlungen bestand die Möglichkeit, noch einmal die Vertragsziele vor Augen zu führen, und die Bereitschaft zum Einsatz von Gewalt entweder zu hemmen oder im Rahmen der Ziele zu kanalisieren. In dieser Auslegung als gewaltbegrenzender völkerrechtlicher-Vertrag spricht nichts gegen dessen Vereinbarkeit mit dem Gewaltverbot, ohne gleichzeitig das gesamte Zypernarrangement von 1959 anzuzweifeln, das an der Schaffung einer stabilen Situation orientiert war. Dementsprechend wurde der Vertrag auch während der gesamten sechziger Jahre, bis zur Teilung, leidlich erfolgreich angewendet, so dass Griechen und Türken eine offizielle militärische Intervention im Bewusstsein von deren Unzulässigkeit verwehrt blieb.

Schlussendlich zeigt sich hier eine gewisse Interpendenz von Interventionsrecht und Gewaltverbot. Einerseits bilden die Ziele des Garantievertrags eine konkrete

---

sung durch den TG für eine klar definierte Eingriffsermächtigung, siehe auch die Überlegungen in FO 371/174747 – C 1015/800, „Interpretation of treaties on right of UK to use troops to intervene in Cyprus“ vom 11. Februar 1964.

253 Gemäß Artikel III TG auch für den Schutz der Sovereign Base Areas Großbritanniens. Unter Verweisung auf S. 36 dieser Arbeit ist der britische Gedanke an regionale Bündnisse gemäß Kapitel VIII der Charta aber besonders hervorzuheben, in dessen Rahmen Gewalt kaum als unzulässig anzusehen sein dürfte.

254 Der Begriff der Gewaltanwendung als „letztes Mittel“ erscheint in diesem Kontext jedoch allzu missverständlich, besonders wenn er als „Recht zum letzten Mittel“ verstanden wird. Im Übrigen kam laut Tzermias, S. 227 mwN ein vertrauliches Gutachten der Rechtsabteilung des UN-Generalsekretariats vom 12. Mai 1959 bereits zu vergleichbaren Schlüssen.

Grenze innerhalb des Gewaltverbots, jenseits welcher eine Gewaltanwendung nicht mehr im rechtlichen Interesse der Republik Zypern sein kann. Andererseits eignet sich die Anwendung von Gewalt grundsätzlich eher dazu, die Souveränität Zyperns zu beeinträchtigen, und ist daher illegal.

Unter diesen Voraussetzungen ist die Teilung infolge der türkischen Invasion gerade mit den Pflichten für die Garantiemächte aus Artikel II nicht mehr zu vereinbaren. Zwar ist die erste, auf einen Sektor um Kyrenia beschränkte Phase der militärischen Operation unter den gegebenen Umständen als rechtmäßig ansehen. Der Türkei kann nicht abgesprochen werden, dass dieses Vorgehen im Rahmen der Eingriffsrechte notwendig war, um die Türkischzyprioten zu schützen. Anschließend jedoch ein Drittel der Insel dauerhaft als Rückzugsgebiet für weniger als ein Fünftel der Bevölkerung zu besetzen, entbehrt jeder Rechtfertigung durch den Garantievertrag.[255] Durch den direkten Widerspruch zu den dort eingegangenen Verpflichtungen liegt ein Verstoß gegen das Gewaltverbot vor. Irreführend ist auch der Hinweis, die Herstellung des verfassungsgemäßen Zustandes sei angesichts der Ereignisse in der Zwischenzeit utopisch.[256] In diesem Falle hätte überhaupt kein Eingriffsrecht bestanden.

Ein Verstoß gegen das völkerrechtliche Gewaltverbot löst nach allgemeinem Völkerrecht die Verpflichtung *erga omnes* zur Nichtanerkennung der so geschaffenen Situation aus.[257] Über die Untrennbarkeit der Invasion von den nachfolgenden Ereignissen ist die Verantwortung der Türkei für den Akt der Ausrufung der TRNZ festzustellen und im Interesse der Souveränität der Republik Zypern auch eine Zementierung dieser Situation durch eine etwaige Anerkennung der TRNZ verboten.[258] Vor diesem Hintergrund ist die Unabhängigkeitserklärung der Türkischzyprer also nicht zu rechtfertigen. Auch die Illegalität der Invasion trägt zu diesem Ergebnis bei.

---

255 Selbst unter der Voraussetzung, dass eine erhebliche Anzahl von Zyperngriechen erst lange nach der Invasion in den Süden übersiedelten, als sich die Lage wieder etwas beruhigt hatte. Dies mag im Übrigen auch eine Erklärung für die Ansiedlung von Siedlern aus der Türkei sein. Die Dauer der Präsenz der Armee ist allerdings ein hiervon zu unterscheidender Punkt.

256 So aber Sir Anthony Kershaw, ehem. Ausschussvorsitzender des Ausschusses für auswärtige Angelegenheiten des britischen Unterhauses, in einer Rede am 23. Oktober 1990.

257 Dies ist Ergebnis der sog. *Stimson*-Doktrin aus dem völkerrechtlichen Gewaltverbot, eingehend dazu Dahm/Delbrück/Wolfrum, § 55 IV und Hillgruber, S. 368 ff. in Bezug auf deren Ursprung.

258 Vgl. Rumpf, Zur Verfassungslage Zyperns, S. 21 und bei der Rechtsprechung des EGMR, oben, S. 56 ff.

3) Zulässigkeit des zyprischen EU-Beitritts im Lichte des Garantievertrags

a) Gewillkürte Problematik der zyprischen Verfassungsstruktur und die EU

Artikel 6 der Wiener Vertragsrechtskonvention von 1969 besagt, dass „*Every state possesses capacity to conclude treaties*".[259] Entweder versteht man darunter alleine die Vertragsschlussfähigkeit als Aspekt der Handlungsfähigkeit. Nach anderer – besonders im angelsächsischen Raum vertretenen – Ansicht untergliedert sich die Vertragsschlussfähigkeit hingegen in einen Rechtsfähigkeitsaspekt, die Fähigkeit Partei von Verträgen zu sein, und in einen Handlungsfähigkeitsaspekt, die Fähigkeit, Verträge ausschließlich durch eigene Handlungen abzuschließen.[260] In beiden Fällen bedarf es aber einer besonderen Begründung, wenn ein Staat entgegen der klaren Formulierung der Norm keine Vertragsschlussfähigkeit besitzen soll.

Obschon von griechischzyprischer Seite oftmals der Vorwurf erhoben worden ist, durch die Gründungsverträge von 1959 und 1960 sei die Republik Zypern insgesamt nicht mehr als ein Quasi-Protektorat,[261] können aufgrund der Unabhängigwerdung Zyperns Zweifel an der Vertragsschlussfähigkeit eigentlich nicht bestehen.[262] Im Allgemeinen wurden selbst Protektorate als völkerrechtsfähige Staaten angesehen, die lediglich darin beschränkt waren, Verträge nicht durch ausschließlich eigene Willenserklärungen eingehen zu können.[263] Großbritannien war dagegen mit seinen Versuchen gerade kein Erfolg beschieden, die Souveränität Zyperns mit dem Radcliffe- und dem MacMillan-Plan von 1956 und 1958 in diesen Materien wesentlich zu beschneiden oder sogar ganz auszuschließen.[264]

Im Detail sind durch den Garantievertrag aber so weit reichende Beschränkungen gegen Zypern in Kraft gesetzt worden, dass man doch nicht umhin kommt, zunächst der Frage genauer nachzugehen, wie effektiv diese sich auf die Handlungs- oder sogar Parteifähigkeit auswirken. Unklarheit bestand lange Zeit auch über das Verhältnis der Gründungsverträge zum EG-Vertrag. Im Gegenteil suggeriert die Art und Weise, in der die Republik an die Verträge gebunden wurde, sogar ein

259 Wiener Übereinkommen über das Recht der Verträge vom 23. Mai 1969, UNTS 1155 (1980), 331.

260 Geiger, S. 13.

261 Mehr oder weniger direkt in diese Richtung weist Tzermias, S. 221. Dahm/Delbrück/Wolfrum I/1, § 24 III 2 spricht allgemein von Quasi-Protektoraten, wenn zwar kein direktes Schutz- oder Vormundschaftsverhältnis besteht, einem anderen Staat aber durch Verträge so weitgehende Rechte gewährt werden, dass der Unterstaat nicht mehr über seine innere und auswärtige Politik entscheiden kann.

262 Kritisch Tzermias, S. 223.

263 R. Geiger, S. 47 ff.; Dahm/Delbrück/Wolfrum I/1, §§ 2 I 1, 24 III 1.

264 Siehe oben, S. 19 f.

erhöhtes, gewissermaßen organisches Maß an Unfreiheit. Man mag die Beschränkbarkeit der Vertragsschlussfähigkeit von Staaten außerhalb von Abhängigkeitsverhältnissen im engeren Sinn, das heißt bei den heutzutage nicht mehr existenten Protektoraten oder bei anderen nicht-souveränen Völkerrechtssubjekten, also bezweifeln.[265] Wenn man solche Schranken für einen souveränen Staat aber zulassen will, ergibt sich im Rahmen von Zyperns Beitritt zur EU die Möglichkeit einer Kollision mit dem Vertrag über die Europäische Gemeinschaft und besteht für die Gründungsverträge erst recht Erklärungsbedarf.[266]

Soweit die Zuständigkeiten zwischen der EG und den Nationalstaaten nicht mehr nur konkurrieren, sondern sich bereits in ausschließliche Kompetenzen zugunsten der Gemeinschaft verfestigt haben, ist es nämlich seitens des Gemeinschaftsrechts beabsichtigt, dass der Kompetenzverlust *erga omnes*-, also Drittwirkung, einschließt.[267] Über das Postulat vom Vorrang des Gemeinschaftsrechts ist es den EG-Organen zudem nicht nur möglich, den Mitgliedstaaten die gemeinschaftsrechtliche Zuständigkeit entgegenzuhalten, wenn bereits Gemeinschaftsrecht in Ausübung einer Zuständigkeit gesetzt worden ist, die preemptive Wirkung tritt bereits unabhängig vom Gebrauch der exklusiven Befugnisse ein.[268] Das Gemeinschaftsrecht soll sich also in jedem Fall auch gegen zyprisches Recht durchsetzen. Eben dort besteht der mögliche Konflikt und tritt die Anschlussfrage auf, ob über den Garantievertrag, wonach die Republik Zypern ihre Unabhängigkeit zu bewahren und ihre Verfassung in Form ihrer Grundstruktur zu respektieren hat, nicht sogar das genaue Gegenteil bewirkt werden sollte.

---

265 Dies stellt z.B. Geiger S. 49 ff. mit Blick auf die entsprechenden Diskussionen in der ILC um den Wortlaut der WVK fest; siehe dort auch S. 130 ff.

266 Auch die deutschen Staaten unterlagen zahlreichen Souveränitätsbeschränkungen; erst durch den sog. „Zwei-Plus-Vier-Vertrag", dem Vertrag über die abschließende Regelung in bezug auf Deutschland vom 12. September 1990, BGBl 1990 II, S. 1317, erhielt die Bundesrepublik über die formelle Beendigung des Besatzungsregimes die volle Souveränität von den alliierten Siegermächten des 2. Weltkriegs zurück. Bis dahin galten z.B. auch die Rechtsgrundlagen für den sog. Interzonenhandel: Nach Gesetz Nr. 53 der amerikanischen und britischen Militärregierung vom 18. September 1949 und Verordnung Nr. 235 des Hohen Kommissars der Französischen Republik, BAnz Nr. 2 vom 27. September 1949, war jeglicher Handel zwischen den Besatzungszonen verboten. Insbesondere über die 1. Durchführungsverordnung zu Gesetz Nr. 53 erhielt die Bundesrepublik Deutschland aber die Befugnis, Genehmigungen zu erteilen, die ab 1969 unter bestimmten Voraussetzungen für ganze Warengruppen abgegeben werden konnten, zum Ganzen Scharpf, EWG und DDR, S. 7 ff. Vergleichbare Probleme mit der EWG, wie sie hier mit Zypern aufscheinen, bestanden aber nicht, da der Situation der Bundesrepublik Deutschland als Gründungsmitglied von Anfang an Rechnung getragen werden konnte, zu den anderweitigen Problemen jedoch im Verlauf dieser Arbeit.

267 Die Diskussion über die Drittwirkung setzt sich hier unter den speziell auf das Thema der *supranationalen* Organisationen zugeschnittenen *Kompetenztheorie* einerseits und der *Vertragskollisionstheorie* andererseits fort, vgl. Geiger, S. 184 ff.

268 Geiger, S. 112 f.; Simon, Rz. 76.

In der Tat ist über die Zulässigkeit des Beitritts im Rahmen des Garantievertrags in der Vergangenheit intensiv diskutiert worden. Besonders seitens der Türkei, dem Quasi-Mandatar der TRNZ vor den Vereinten Nationen, wurde eine zu den übrigen Staaten gegenläufige Meinung vertreten. Seit der Kampagne für die Wiedervereinigung der Insel anlässlich des sogenannten Annan-Plans wird der Beitritt Zyperns zur EU nun jedoch offensichtlich nicht mehr als problematisch aufgefasst. In dem in der Diskussion über die betreffende Klausel oft vernachlässigten Kontext zu Entstehungsgeschichte und Rechtsnatur des Garantievertrages wird aber deutlich, dass der Beitritt Zyperns nicht einfach politisch durchgesetzt wurde, sondern auch rechtlich begründet ist.

b) Prozess der Inkraftsetzung von Verfassung und Gründungsverträgen

Zum Teil rührt die schwierige Bestimmung der Gestaltungsfreiheit der Verfassung bereits von Widersprüchen zwischen dem Abkommen von London und Zürich und den definitiven Gründungsverträgen her. Vom Wortlaut der Abkommen jedoch gesondert zu betrachten ist wiederum die Frage nach der normativen Kraft der Verträge, auf die noch zurückzukommen ist.[269] Gemäß Punkt 26 der Grundstruktur der Zürich-Londoner Vereinbarung sollte die Republik erst mit der Unterzeichnung der drei Gründungsverträge entstehen, deren originäre Vertragspartei sie doch bereits war. Auch die Erklärung der britischen Regierung in Annex D Abschnitt D steht im scheinbaren Widerspruch zu Punkt 26. Anders als dort wurde das Inkraftsetzen der Verfassung von der Unabhängigwerdung getrennt. Die Souveränität sollte aber auch hier erst mit der Unterzeichnung der Verträge auf die Republik übertragen werden.[270]

Hieraus lassen sich verschiedene Konstruktionen ableiten, inwiefern die Übernahme der Grundstruktur sichergestellt wurde, ohne dass das Abkommen von London oder später die Gründungsverträge als Abkommen zulasten Dritter verstanden werden mussten.[271] Der Republik Zypern aber für das Londoner Abkommen, dessen Parteien die zyprischen Vertreter immerhin waren, bereits selber eingeschränkte Parteifähigkeit zu verleihen und sie damit zu verpflichten, die Grundstruktur im weiteren Verlauf der Unabhängigwerdung zu übernehmen, war schon aufgrund der Natur des Abkommens nicht möglich.

---

269 Siehe unten, S. 81 ff.

270 Nach Punkt 26 musste demgegenüber nur die Republik – nicht unbedingt auch die Verfassung – binnen drei Monaten nach der Unterzeichnung der Verträge geschaffen werden (devra être constitué/ established).

271 Vgl. die Regelung in Art. 34 WVK, die Verträge zulasten Dritter nicht kennt und seit Mitte der fünfziger Jahre Gegenstand der Diskussionen der ILC um den Inhalt der zukünftigen WVK war mit Tzermias, S. 189 f.

Tatsächlich waren mit dem Zypernarrangement von London und Zürich 1959 wenigstens die drei späteren Garantiemächte Adressaten einer einvernehmlichen Regelung, nicht aber die Republik Zypern. Die Regelung beinhaltete neben der Pflicht zur künftigen Errichtung eines unabhängigen Zyperns und einer Art vorvertraglichen Pflicht, dies durch die definitiven Verträge zu vollziehen, auch die detaillierte Ausarbeitung der Art und Weise, in der dies zu geschehen hatte. Großbritannien war also bereits mit dem – unverzüglichen – Inkrafttreten des Zypernarrangements gegenüber Griechenland und der Türkei echte Verpflichtungen eingegangen.[272] Eine vollumfängliche Überlassung der Souveränität gegenüber der Republik Zypern wäre hiernach nur noch unter Verletzung der (Mitwirkungs-) Rechte der Türkei und Griechenlands möglich gewesen. Im Verhältnis zu diesen beiden ist die definitive Regelung durch die beiden Verträge 1960 jedoch nur noch als Erfüllung anzusehen und hat seitdem keinen aktiven Inhalt mehr.[273]

Ein Blick auf Artikel 195 der Verfassung Zyperns bestätigt, dass die Republik Zypern in keiner Weise am Londoner Abkommen beteiligt war. Danach waren die Präsidenten alleine befugt, die Gründungsverträge zu unterzeichnen und so in Kraft zu setzen. Auf das Abkommen wurde mit keinem Wort Bezug genommen, so dass die Vertreter Zyperns nach dem Willen aller Beteiligten zum Zeitpunkt des Abschlusses des Abkommens wohl nicht als Organe einer unfertigen Staatsgewalt gehandelt hatten.[274] Allerdings handelten die zyprischen Vertreter dort angesichts der theoretisch noch gegebenen Alternativen von Enosis und Taksim auch ganz offensichtlich im ausschließlich eigenen Interesse und nicht in dem des zukünftigen Gesamtstaates.

Ausgeschlossen werden kann auch die sich aus dem Selbstbestimmungsrecht der Völker herleitende Identitätstheorie. Ihr zufolge sind nicht die Staaten, sondern die auf dem Staatsgebiet ansässigen Völker die Träger der Rechte und Pflichten aus Verträgen.[275] Indessen wären die Zyprer dann bereits durch die Unterschriften der Volksgruppenvertreter 1959 in London in einer Weise gebunden gewesen, die weitere Verträge, wie sie später abgeschlossen worden sind, unsinnig erscheinen ließe. Möglich wäre die Konstruktion einer konkludent begründeten, beschränkten völkerrechtlichen Vertragsschließungsbefugnis der neuen Staatsgewalt wenigstens in dem der vollständigen Souveränität unmittelbar vorausgehenden Übergangssta-

272 Tzermias, S. 159 f.; abgesehen davon bestanden aber noch die eigenen strategischen Interessen Großbritanniens.

273 Durch den Verlust seiner ursprünglichen Funktion als *pactum de constituendo* bzw. *contrahendo* spielt das Abkommen daher einzig als Auslegungsmittel gemäß Artikel 180 der Verfassung und der Präambel des Gründungsvertrages noch eine Rolle, nicht aber etwa über Art. 8 des Gründungsvertrags.

274 Tzermias, S. 164.

275 Dahm/Delbrück/Wolfrum, § 16 II 1; Tzermias, S. 168.

dium.[276] Durch diese Rechtsstellung hätte die Republik Zypern dann unmittelbar vor ihrer Geburt Gründungs- und Garantievertrag abschließen können.[277] Umgekehrt konnten Verträge und Republik dadurch unmittelbar nach der Unterzeichnung zeitgleich in entstanden sein.[278] Allerdings fehlen Hinweise auf die Richtigkeit dieser Annahme.[279]

Der Erklärung, wie die Regelung zwischen drei Staaten zum Zeitpunkt des Londoner Abkommens auf den internationalen Status des zukünftigen Zyperns durchzuschlagen vermochte, liegt deshalb eine Fiktion zugrunde. Staaten können nach überkommener Ansicht die Vertreter von Volksgruppen zwar ermächtigen und verpflichten, allerdings eben nicht den noch ungeborenen Staat, da es sich hierbei um eine *res inter alios acta* handeln würde. Die Übertragung der Souveränität von Großbritannien auf Zypern und die ersten eigenen Willenserklärungen der Republik Zypern, die den Abschluss von Gründungs- und Garantievertrag besiegelten, dürften folglich in ein und demselben Zeitpunkt zusammengefallen sein. Damit hätte sich Großbritannien versichert, dass der Abschluss für Zypern nicht nur eine völkerrechtliche Pflicht dargestellt hätte, sondern dass vom Beginn der völkerrechtlichen Existenz Zyperns an nur ein Rahmen für die Entstehung freigegeben worden wäre, in dem der Abschluss der Verträge für die Vertreter Zyperns zwingend gewesen wäre.[280] Folglich wären die Erfüllungsverträge praktisch zur Existenzbedingung der Republik Zypern geworden.

c) Geltung des Garantievertrags

An der ursprünglichen Wirksamkeit des Garantievertrags können wenig Zweifel bestehen. Die Einzelheiten brauchen an dieser Stelle nicht wiederholt zu werden, da dies bereits an anderer Stelle und oft ausführlich geschehen ist.[281] Zwei Punkte sollen jedoch kurz angesprochen werden. Ein Verstoß gegen eine Norm des *ius cogens* wird durch den Garantievertrag nicht bewirkt. Von solchen völkerrechtlichen Normen darf nicht abgewichen werden, wie es Artikel 53 WVK heute all-

---

276 Vgl. Dahm/Delbrück/Wolfrum, § 12 V mwN aus der Staatenpraxis.

277 Die Kompetenz wäre indessen nicht bereits im Londoner Abkommen konkludent begründet und später im Zeitpunkt der definitiven Regelung ausgeübt worden. Dem stünde der auf dem Effektivitätsprinzip beruhende Staatsbegriff entgegen, Tzermias, S. 168.

278 Dahm/Delbrück/Wolfrum, § 12 V.

279 Die Theorie dient zudem eher der Übernahme von Altverträgen, um den Problemen der Staatensukzession und des „clean slate" zu entgehen. Im Fall Zyperns wurde dem indessen bereits durch Artikel 8 des Gründungsvertrags Rechnung getragen.

280 Tzermias, S. 198 f.

281 Siehe Mendelson, Opinion, §§ 78 ff. und 91 ff. Die ferner von Necatigil, oben bei Fn. 63, ebenda, erwähnten Streitigkeiten anlässlich von Resolution 186 von 1964 blieben ebenso ohne Konsequenzen.

gemein verbindlich formuliert, und Verstöße ziehen gegebenenfalls Nichtigkeit nach sich. Dies beträfe das oben bereits behandelte Verhältnis von Artikel IV des Garantievertrags zum Gewaltverbot. Letzteres gehört zwar unstreitig zur Kategorie des *ius cogens*, ein Verstoß ist dort jedoch schon nicht festgestellt worden und alleine aus der Existenz des Vertrags auch nicht abzuleiten.[282] Der andere Angriffspunkt betrifft die damals besonders in sozialistischen Ländern vertretene Theorie der ungleichen Verträge, die hier nach den bisherigen Ausführungen anwendbar sein könnte.[283] Ihr zufolge sind Verträge nichtig oder kündbar, die einer Vertragspartei durch militärischen, wirtschaftlichen oder politischen Druck aufgezwungen worden sind. Allerdings hat sich diese Behauptung gegenüber dem Grundsatz *pacta sunt servanda* nie durchsetzen können.

Fernerhin wäre noch eine nachträgliche Beendigung denkbar, doch ist eine Kündigung, wie sie 1964 durch Präsident Makarios III. einseitig und vorübergehend für den Allianzvertrag geltend gemacht worden ist, für den Garantievertrag nie erfolgt. Dem Vertragszweck entsprechend ist ein derartiges Kündigungsrecht ohnehin nicht vorgesehen und wäre eine Kündigung folglich unwirksam, zumal völkerrechtlich eine Vertragsverletzung von nur einer der anderen Parteien, hier der Türkei, im Rahmen multilateraler Verträge grundsätzlich auch nicht auf ein Kündigungsrecht für den Vertrag hinausläuft.[284] Schließlich gehen aber auch im Übrigen sämtliche Vertragsparteien und der UN-Sicherheitsrat von der fortgesetzten Rechtskraft des Vertrages aus.[285]

Selbst die Frage, ob der Beitritt zur EU im Lichte des Garantievertrags unrechtmäßig sei, wurde von den Parteien unter der Prämisse der Wirksamkeit des Garantievertrages diskutiert, ging es doch in diesem zwischen der Türkei auf der einen und der Republik Zypern auf der anderen Seite vor den Vereinten Nationen lange ausgetragenen Disput einzig um die Frage über den Inhalt des Vertrages.[286] Die Türkei beendete die Diskussion schließlich durch ihre Unterstützung des Referendums im Rahmen des sogenannten Annan-Planes Ende April 2004, das den Beitritt eines vereinten Zypern zur EU zum 1. Mai 2004 ermöglichen sollte. Zu-

282 Zu einem anderen Ergebnis müsste jedoch Tzermias, S. 221 kommen.

283 So dann auch Tornaritis, S. 58 ff.

284 Vgl. beispielsweise Artikel 65 WVK heute oder Seidl-Hohenveldern, Rn. 422; zu den verschiedenen über die Jahre vorgetragenen Gründen Anstötz, S. 62 ff.; Mendelson, Opinion, §§ 84 ff.

285 Vgl. nur Res. 541 (1983) oder Res. 774 (1992) vom 26. August 1992 iVm UN doc. S/24472, § 54, Mendelson,Opinion, § 87 ff.

286 Am prägnantesten die Debatte zwischen den gerade angesprochenen Gutachten von M. Mendelson, Annex zu UN doc. A/56/541 – S/2001/953 auf der einen Seite und den beiden von J. Crawford, A. Pellet und G. Hafner, Annex zu UN doc. A/52/481 – S/1997/805 und A/56/723 – S/2001/1222.

mindest was den EU-Beitritt angeht, stellte sie durch diesen *waiver* als bis dato alleinige Opponentin klar, dass der Vertrag dem nicht mehr entgegenstehen solle.

d) Normative Kraft des Garantievertrags

Gründungs- und Garantievertrag werden beide häufig als Statusverträge bezeichnet,[287] gelegentlich aber auch als Servitut.[288] Abgesehen von einer Benennung der Vertragsklauseln und deren tatsächlichen Auswirkungen im Einzelnen [289] wird aber auf eine rechtliche Würdigung, etwa ob die Verträge eine Behandlung nach den Regeln über den Vertragskonflikt zulassen oder bereits auf die Fähigkeit zur Abgabe der Vertragserklärung einwirken, regelmäßig verzichtet. Gerade die beiden genannten Rechtsinstitute müssten jedoch deutliche Auswirkungen auf die Rechtsfolgen von Verstößen haben.

aa) Statusverträge und Servituten im Völkerrecht

Statusverträge sind beziehungsweise sollen völkerrechtliche Verträge sein, die aus Gründen des allgemeinen Interesses die Rechtsstellung eines Staates oder Gebietes als eine für alle, das heißt auch für Dritte verbindliche Ordnung festlegen, also nicht nur allgemeine Handlungspflichten bestimmen, sondern eine unmittelbare territoriale Regelung errichten.[290] Ihr Zweck besteht darin, dass nicht erst im Kollisionsfall nach den Regeln des Vertragskonflikts vorzugehen, sondern dass bereits die dem Status widersprechende Vertragserklärung untersagt ist.[291] Statusverträge gehören damit zur Gruppe der sogenannten *objective regimes*, das heißt zu denjenigen in der Regel multilateralen Regelungsverträgen, die der Durchsetzung eines internationalen öffentlichen Interesses dienen und für die eine *erga omnes*-Wirkung behauptet wird.[292] Dass im Fall der Republik Zypern nicht nur allgemein höherrangige völkerrechtliche Interessen von Belang gewesen sind, würde an einer Einordnung des Garantievertrags als Statusvertrag nichts ändern, da die Staatenpraxis – nicht nur in diesem Fall – zeigt, dass es für ein *objective regime* auch ausreichen kann, wenn es einzig im Interesse von Staaten in der Re-

---

287 So z.B. von Laffert, S. 74, der zwar vom statusvertraglichen Charakter ausgeht, aber schon ungenau vom „Zypernabkommen" spricht; allgemein kritisch zu der Einordnung Klein, Statusverträge, S. 124, Fn. 3.

288 Unklar aber Tzermias, S. 219.

289 Z.B. bei Tzermias, S. 217 ff.

290 Klein, Statusverträge, S. 22 ff.; Verdross/Simma, § 769; Dupuy, S. 271; Subedi, S. 167.

291 Vgl. Geiger, S. 63 f.

292 Vgl. Dahm/Delbrück/Wolfrum, I/3, § 152 II, III; Subedi, S. 167 ff.; Kimminich/Hobe, S. 176.

gion [293] oder zumindest unter Beteiligung der Staaten, die die territoriale Kompetenz innehaben, gewollt ist.[294]

Ganz besonders die Annahme eines allgemeinen Statuscharakters würde die Beschränkungen des Garantievertrages jedoch erheblich über die bestehende Interventionsbefugnis zur Korrektur der inneren Verfassungsstruktur ausweiten. Zypern würde nicht nur im Rahmen der vertraglichen Gebote der Unabhängigkeit und Einheit die Vertragsschlusskompetenz fehlen, die Kompetenz käme infolge des Wortlauts auch nicht anderen Völkerrechtssubjekten zu.[295] Als für alle unmittelbar verbindliche Ordnung wäre Zypern damit im Anwendungsbereich des Garantievertrags nicht einmal parteifähig und damit folglich absolut handlungsunfähig. Jedes Vertragswerk, das damit in Konflikt stünde, müsste nichtig sein,[296] und in diesem Fall auch der EU-Beitritt. Wäre der Beitritt hingegen rechtmäßig, würde sich, da beide Verträge nun zumindest als Abkommen mit intendierter Drittwirkung einzustufen wären, die Frage nach der Auflösung von Kollisionsfällen vor allem dort stellen, wo Zypern nach dem Garantievertrag nicht rechtsfähig ist, nach dem EU-Beitritt dieselben nicht existenten Kompetenzen aber von der EU wahrgenommen würden.

Die Antwort auf diese Frage ließe sich unterschiedlich beantworten. Entsprechend Artikel 30 Absatz 5 WVK über die Anwendung auf einander folgender Verträge über denselben Gegenstand könnte man beide Verträge wirksam sein lassen. Eine zweite Möglichkeit läge in der Zulassung begrenzter Ausnahmen von der Statuswirkung, eine dritte in der Erachtung *erga omnes* wirkender Verträge als allgemein zulässig.[297] Auf jeden Fall stellte sich durch das veränderte Verhalten der Türkei auch die Frage nach der Abänderbarkeit von Statusverträgen.[298]

Servituten oder auch Dienstbarkeiten sind dagegen einem oder mehreren anderen Völkerrechtssubjekten eingeräumte Hoheitsrechte für ein bestimmtes beziehungsweise das Gebiet des verpflichteten Staates. Soweit sie Hoheitsrechte übernehmen, sind die aus dem Servitut berechtigten Völkerrechtssubjekte international für das betroffene Gebiet verantwortlich. Auch Servituten sind als aktive, passive, positive oder negative Gebietsrechte aber mit dem Gebiet als solchem verbunden und begründen ein *erga omnes* wirkendes Rechtsverhältnis. Anders als bei Status-

293 Subedi, S. 192 mit konkreten Nachweisen S. 174 ff.

294 Simma § 768; vgl. auch Dahm/Delbrück/Wolfrum, I/3, § 152 III 2 und Klein, Statusverträge, S. 81 ff.

295 Klein, Statusverträge, S. 281 ff., insbesondere S. 283, wo er allerdings in Fn. 164 alleine ein Anschlussverbot davon ausdrücklich erfasst sieht.

296 Vgl. Klein, Statusverträge, S. 282 f.

297 Vgl. zum Meinungsstand Klein im zweiten Kapitel; Dahm/Delbrück/Wolfrum § 152 II; Verdross/Simma, §§ 767 ff.; Subedi, S. 189 ff.

298 Generell dafür Klein, Statusverträge, S. 283 f.

verträgen geht es bei Servituten allerdings um eine bloße Verschiebung der Zuständigkeit in den Kompetenzbereich von dritten Staaten. Es entsteht ein Rechtsverhältnis zwischen den beteiligten Staaten und im Verhältnis zu dritten.[299]

Im Rahmen von Servituten käme den Gründungsverträgen Drittwirkung also zu, soweit die Republik Zypern mit ihnen über eigene Hoheitsrechte verfügt hätte. Dieses liegt weniger an den Verträgen selber, sondern vielmehr an der durch allgemeines Völkerrecht allgemein verbindlichen Rechtsfolge dinglicher Rechtsänderungen.[300] Der wesentliche Unterschied zwischen Servitut und Statusvertrag besteht somit in der Absicht der Vertragsparteien, und zwar darin, ob der Vertrag primär nur auf ein Vertragsverhältnis *inter partes* gerichtet ist mit Wirkung für Dritte – dann handelte es sich um Servituten, oder ob er sich auch selbst unmittelbar an Dritte wendet – dann bestünde mit dem Garantievertrag ein Statusvertrag.

bb) Statuswirkungen des Garantievertrags

Ob mit den Verträgen eine über die Errichtung des zyprischen Staates und die Interessen der Vertragsparteien hinausgehende, auch statusrechtliche Ordnungsbehauptung gegenüber Drittstaaten besteht, dürfte von vorneherein zweifelhaft sein.[301] Für diese Ordnungsbehauptung spricht, dass mit der definitiven Regelung vom 16. August 1960 mehr als der endgültige Nachweis des Vorhandenseins aller Merkmale eines Staates erbracht werden sollte.[302] Weil sie eben nicht mehr die Gründung Zyperns herbeiführten, betrafen sie primär die Anerkennung des bestehenden „Status“ der Republik vor allem durch Griechenland und die Türkei – und auch Großbritannien – auf der einen, und durch die Republik Zypern selbst auf der anderen Seite.[303] Daneben ist die Existenz der Republik Zypern als einziger zyprischer Staat aufgrund der Gründungsverträge auch von Dritten zu respektieren: Grundlage der Sicherheitsratsresolution 541 (1983), mit welcher der Sezessionsversuch der Türkischzyprer verurteilt wurde, waren unter anderem auch Gründungs- und Garantievertrag. Grundlage der Sicherheitsratsresolution 353 (1974) infolge der türkischen Invasion war die „Notwendigkeit der Wiederherstellung der Verfassungsstruktur der Republik Zypern, wie sie durch internationale Abkom-

299 Zum Ganzen Dahm/Delbrück/Wolfrum, § 50.

300 Vgl. Dahm/Delbrück/Wolfrum, § 152 II 1 a mwN.

301 Klein, Statusverträge, S. 124, Fn. 3.

302 Das Gesetz, mit dem sich die britische Staatsgewalt als alleiniger Träger der Souveränität über Zypern zurückgezogen und die ursprüngliche Gründung der Republik ermöglicht hatte, wäre dafür völlig ausreichend gewesen, Tzermias, S. 160.

303 Vgl. Tzermias, S. 218 f.

men etabliert und garantiert worden ist“.[304] Die Resolutionen richteten sich an alle Staaten, die Souveränität, Unabhängigkeit und territoriale Integrität der Republik zu respektieren und somit von entgegengesetzten Schritten wie einer Anerkennung der TRNZ Abstand zu nehmen.

Eine ganze Reihe von gewichtigen Gründen spricht jedoch gegen eine Einordnung der Gründungsverträge als Statusverträge mit Wirkung über die Gründung der Republik hinaus, geschweige denn für eine Begründung von Servituten. Zuvorderst steht der Wortlaut von Artikel IV Garantievertrag selbst, demzufolge die Garantiemächte nicht den garantierten Status wiederherstellen müssen, sondern lediglich über Maßnahmen („representations or measures necessary“) zur Einhaltung der Vertragsbestimmungen gemeinsam beraten müssen. Die einzigen Maßnahmen, die somit zu ergreifen sind, sind diejenigen, auf die sich die Garantiemächte einigen können und ergeben sich aus der alleinigen Pflicht, sich untereinander zu beraten.[305] Da es sich aber um einen bilateralen Vertrag zwischen der Republik Zypern einerseits und Griechenland, der Türkei und Großbritannien andererseits handelt,[306] läge wenigstens eine rigorose Pflichtenstellung der drei Garanten untereinander in der Natur der Sache, um dem Statusvertrag ein notwendiges Maß an Effektivität zu sichern.[307] Zugleich verbietet die Auslegung des Vertrags und mehr noch die restriktive Auslegung von Eingriffsbefugnissen gegenüber souveränen Staaten am Gewaltverbot der UN-Charta, die garantierte Situation unmittelbar oder unilateral wiederherzustellen.

Aus britischer Sicht heraus ist die gewünschte Stabilität der Verträge außerdem nicht über die Heraufstufung zu einem Statusvertrag oder den Transfer von souveränen Rechten erreicht worden. Vielmehr genügte die äußerst wirksame Kombination von absolutem Verfassungsverbot mit multilateraler völkerrechtlicher Absicherung.[308] Daneben lassen sich aber keinerlei Hinweise finden, dass eine solche Überhöhung überhaupt gewollt war, etwa durch Erwähnung vergleichbarer völkerrechtlicher Verträge in diesem Zusammenhang. Dies ist umso erheblicher, als

304 Resolution 353. In gewisser Weise war dies auch eine Abkehr von Resolution 186 von 1964, da hier nunmehr nicht bloß von unterschiedlichen Positionen im Verhältnis zu den Verträgen die Rede war, sondern diese als Grundlage anerkannt worden waren.

305 Sir Francis Vallat in der Note vom 14. Februar 1964, FO 371/174747 – C 1015/800.

306 Vallat, ebenda.

307 Alleine die bisher regelmäßige Uneinigkeit, ob ein Verstoß besteht und was er bewirken soll, musste jede klare Sanktion durch die UN z.B. verhindern. Umgekehrt kommt die Ausgestaltung als mehr oder minder opportunes Recht Großbritannien entgegen, da sie wenigstens zum Teil Interventionen Griechenlands und der Türkei auch verhindern dürfte.

308 Von dieser Kombination geht die „Note on the power under the constitution to terminate treaties, including the Treaty of Establishment, the Treaty of Guarantee and the Treaty of Military Alliance" der Legal Adviser des Commonwealth Relations Office vom 10. Januar 1964, FO 371/174745 – C 1015/144 aus.

die Kombination verschiedener Rechtsebenen dem britischen Interesse, die Voraussetzungen für die Erhaltung der Sovereign Base Areas zu sichern, Genüge tat, ohne das Rechtskonstrukt mit weiteren rechtlichen Streitfragen zu belasten. Da aber bereits eine ganze Reihe von britischen Plänen gescheitert war, sich Souveränitätsrechte über die gesamte Insel zu sichern, wäre das Gleiche für ein Verfassungssystem mit Statuscharakter zu erwarten gewesen, zumal die Griechischzyprer bereits die aktuelle Verfassung bis heute als aufgezwungen betrachten.

e) Zyperns Beitritt im Rahmen des Unionsverbots gemäß Artikel I Absatz 2 TG

Offen geblieben ist die Frage, ob ein Beitritt Zyperns zur Europäischen Union trotzdem überhaupt zulässig war. Im selben Zeitraum, in dem Zweifel an der politischen Beitrittsfähigkeit Zyperns offenbar wurden, wurde im Zusammenhang mit einigen Verfassungsbestimmungen über Artikel I Absatz 2 des Garantievertrags auch Kritik an dessen Rechtmäßigkeit erhoben.[309] Im Einzelnen verpflichtet Artikel I Absatz 2 TG Zypern,

„not to participate, in whole or in part, in any political or economic union with any State whatsoever. It accordingly declares prohibited any activity likely to promote, directly or indirectly, either union with any other State or partition of the Island."

Dies kommt auch über die direkte Erwähnung in Absatz 1 zum Ausdruck.[310] Dass die EU als „*union*" nicht zu den verbotenen Staatenverbindungen zählt, ist also Voraussetzung. Entgegen der Gewohnheit, völkerrechtliche Verträge im Ganzen und unter Berücksichtigung ihrer Natur und ihres Zweckes zu untersuchen,[311] ist von den Kritikern der Rechtmäßigkeit dabei eine in sich dennoch schlüssige Analyse der einzelnen zentralen Begriffe vorgenommen worden. Von diesem methodischen Ansatz ausgehend, soll daher analysiert werden, ob solche Zweifel Bestand haben können.

309 Vgl. die in Fn. 286 erwähnte Debatte, siehe auch Chrysostomides, S. 471 ff. und Filos, S. 200 ff.

310 „Territorial integrity" und „independence".

311 Vallat mit Note vom 14. Februar 1964, FO 371/174747 – C 1015/800; Tomuschat, The Accession of Cyprus, S. 679

aa) State

Bei der Auslegung des Unionsverbots dürfte dem Wortlaut nach ein einziger Staat gemeint sein.[312] Dieses Anschlussverbot besteht nach dem Wortlaut zwar generell und gilt – wie erwähnt – unabhängig von einer Union mit Griechenland: „*any State whatsoever*". Aus historischer Perspektive liegt demgegenüber die Verwendung des Singulars, ein Verbot einer Union mit Griechenland, nahe. Im Englischen kann der Begriff aber genauso für den Plural stehen,[313] sofern der Kontext dies hergibt.[314]

Das Wortgefüge des Absatzes, der Zusammenhang im engeren Sinne, macht zunächst nur deutlich, dass nicht nur ein Verbot für einen Anschluss besteht, sondern über Satz 2 auch für irgendeine Aktivität in diese Richtung. Der in beiden Sätzen vorkommende Begriff „*State*" wird dabei in Satz 2 in einen Zusammenhang mit dem Begriffspaar „*union*" und „*partition*" gestellt („*either*"). In Satz 1 geschieht dies nur mit dem Begriff „*union*", dafür aber ergänzt durch die Worte „*in whole or in part*". Artikel I bietet, wie auch der gesamte Vertrag, das Bild eines eng zusammenhängenden Komplexes.[315] Dementsprechend ist es die Ausrichtung dieser beiden Begriffspaare, mit der die Satzstruktur des Absatzes dominiert wird. Satz 2 kann insofern als Präzisierung von Satz 1 („*accordingly*") verstanden werden. Auch dies spricht dafür, dass Artikel I TG im Hinblick auf das bekannte, genau bestimmte Ziel formuliert worden ist.

Kritik an dieser Auslegung erfolgte im Zusammenhang mit der Verfassung Zyperns, zumal im Garantievertrag in Artikel 1 Absatz 1 ausdrücklich auf sie Bezug genommen wird.[316] Artikel 50 Absatz 1 a der Verfassung gewährt dem Präsidenten und dem Vize-Präsidenten ein destruktives Vetorecht bei allen Gesetzen, die eine Teilnahme an internationalen Organisationen oder Bündnispakten zum Gegenstand haben, in denen nicht zugleich Griechenland und die Türkei Mitglied sind, was bei der EU nicht der Fall ist: [317]

---

312 Die Auslegung von Verträgen erfolgt gewöhnlich entsprechend Artikel 31 WVK.

313 So Mendelson, Opinion, Rn. 106, Further Opinion, Rn. 13.

314 Joint Opinion 2001, Rn. 7 b.

315 So finden die Begriffe aus Absatz 1 „integrity" und „independence" in Absatz 2 der umgekehrten Formulierung entsprechend ihr Pendant in den Verboten über „union" und „partition". Tomuschat, The Accession of Cyprus, S. 679, spricht wegen der Zusammenhänge auch von der Bewahrung der Einheit des Textes.

316 Art. 31 Abs. 1 WVK erlaubt zur Auslegung auch den Rückgriff auf den Zusammenhang im weiteren Sinne.

317 Art. 50 der Verfassung setzte zudem Art. 8 des Zypernarrangements um, die als travaux préparatoires iSd WVK verstanden werden dürfen.

„1. The President and the Vice-President of the Republic, separately or conjointly, shall have the right of final veto on any law or decision of the House of Representatives or any part thereof concerning –

(a) foreign affairs, except the participation of the Republic in international organisations and pacts of alliance in which the Kingdom of Greece and the Republic of Turkey both participate."

Zu berücksichtigen ist, dass im Falle einer Teilung der Insel die jeweilige Volksgruppe die Vereinigung mit dem Mutterland hätte suchen können (auch als *double Enosis* bezeichnet). Dies ist eine der Varianten, die die Regelungen 1960 unbedingt vermeiden sollten. Für das Verständnis des Begriffes „*State*" in Artikel I Absatz 2 TG bringt dies jedoch keine Klärung, denn über den bekannten Konflikt hinaus vermag dieses Beispiel keinen Bezug herzustellen. Dafür ist wenigstens die Zusammenschau mit dem Begriff „*union*" notwendig.

bb) union

Schon der erkennbare Wille in Satz 2 ein Umgehungsverbot zu installieren („*likely to promote, directly or indirectly*") kann theoretisch bereits jegliche Union, in der Griechenland Mitglied ist, unter das Verbot fallen lassen.[318] Die isolierte Auslegung von „*any State*" ist daher von untergeordneter Bedeutung, selbst wenn keine vernünftigen Zweifel bestehen können, wer mit „*State*" gemeint ist.

Die Bezeichnung einer Union hat im völkerrechtlichen Sprachgebrauch keine einheitliche Bedeutung, sondern umfasst von der *Universal Postal Union* (Weltpostverein) über die Europäische Union bis hin zur Sowjetunion mehr oder weniger alle Dichtegrade des Einheits-, beziehungsweise Verbindungsgedankens.[319] Gemäß der Behauptung der Befürworter eines Beitritts ist dabei unabhängig von Zyperns Fall grundsätzlich zwischen einer politischen und wirtschaftlichen Union zweier Staaten und der bloßen Mitgliedschaft in internationalen Organisationen *von* Staaten zu unterscheiden.[320] Durch den unmittelbaren Gegensatz von „*union with any other State*" und „*partition of the Island*" im Garantievertrag liegt diese Auslegung im Bereich des Möglichen, aber auch hier bedarf es wegen der erwähnten Kritik einer weiteren Betrachtung im Kontext der Verfassung.

---

318 Mendelson, Further Opinion, Rn.26: Der Garantievertrag ist „not couched in terms of domination".

319 Joint Opinion 1997, Rn. 12.

320 Joint Opinion 1997, ebenda.

Artikel 169 und 50 berühren beide die Kompetenz für Verträge mit internationalen Organisationen, Artikel 50 die Mitgliedschaft, Artikel 169 Absatz 1 die Zusammenarbeit.[321] Sie sprechen aber kein absolutes Verbot aus und weisen somit darauf hin, dass Zypern durchaus dazu befugt war, Verträge mit internationalen Organisationen abzuschließen oder Teil dieser Organisationen zu sein. Auch Artikel 185 der Verfassung gibt ein derartiges Verbot nicht her, sondern wiederholt mehr oder weniger den Wortlaut des Artikels I Absatz 2 TG. Andererseits betont er noch stärker als Artikel I TG insgesamt den Zusammenhang mit der Einheit der Republik als Ziel, was aber nicht unbedingt gegen die Mitgliedschaft in internationalen Organisationen spricht.[322] Das Verbot des Garantievertrags ist indessen ein unbedingtes und dauerhaftes, das höchstens im Wege der Zustimmung aller Parteien entsprechend der Mechanismen bei multilateralen Verträgen formell aufgehoben werden kann.[323] Eine demgemäß unzulässige Bedingung läge hingegen in der direkten Verbindung von Artikel I Absatz 2 des Garantievertrags mit der Schlussfolgerung aus Artikel 50 Absatz 1 a der Verfassung, das auch internationale Organisationen umfassende Verbot gelte nicht, wenn entweder sowohl Griechenland als auch die Türkei Mitglieder der internationalen Organisation seien oder einer der beiden Präsidenten von seinem Recht zum Veto keinen Gebrauch mache.[324] In diesem Fall wäre die Republik wiederum weitgehend von der Unterstützung des Beitritts durch die Türkei abhängig gewesen.[325]

Aber selbst wenn dies dem Anliegen des Garantievertrags prinzipiell gerecht würde, hätte es die widersinnige Konsequenz, dass die internationalen Pflichten der Garantiemächte vom internen Nicht-Gebrauch des Vetorechts der Präsidenten abhängen würden. So wären die Präsidenten durch ihr Schweigen, das heißt einen (negativen) Verzicht auf ihre interne Handlungsbefugnis in der Lage, die von den Garantiemächten gewollten Souveränitätsbeschränkungen der Republik zu umge-

---

321 Zum Wortlaut von Art. 50 siehe den vorigen Abschnitt, Art. 169 lautet in seinen relevanten Passagen: „*Subject to the provisions of Article 50 and paragraph 3 of Article 57- (1) every international agreement with a foreign State or any International Organisation relating to commercial matters, economic cooperation (including payments and credit) and modus vivendi shall be concluded under a decision of the Council of Ministers; (2) any other treaty, convention or international agreement shall be negotiated and signed under a decision of the Council of Ministers and shall only be operative and binding on the Republic when approved by a law made by the House of Representatives whereupon it shall be concluded*". Art. 169 gehört zum Abschnitt „Verschiedenes".

322 "1. The territory of the Republic is one and indivisible. 2. The integral or partial union of Cyprus with any other State or the separatist independence is excluded.", diese Norm, die Nr. 22 der Basic Structure von 1959 entspricht, führt Mendelson, Opinion, Rn. 107 als Beleg seiner Sichtweise auf.

323 Vgl. die Joint Opinion von 1997, Rn. 7; Mendelson, Further Opinion, Rn. 32 f.

324 Joint Opinion von 2001, Rn. 7c; dafür aber Mendelson, Further Opinion, Rn. 17.

325 Vgl. Tomuschat, The Accession of Cyprus, S. 679.

hen.[326] Denn auch wenn den Präsidenten nur ein Vetorecht zukommt, und das Initiativrecht bei den anderen Organen der Republik liegt, dem Council of Ministers und zum Teil auch dem House of Representatives: [327] Die Bedeutung einer Statusgarantie, gegebenenfalls keine Rücksicht auf die Fähigkeit der Regierung Zyperns zur Willensbildung nehmen zu müssen, würde halbwegs ins Gegenteil verkehrt, wenn so die verpflichtete Regierung bei internem Konsens über die Selbstauflösung – wie auch immer er zustande gekommen sein mag – keine Rücksicht mehr auf die Garantien zu nehmen bräuchte.

Schließlich ist für die Auslegung des Anschlussverbotes gemäß den Regeln der WVK auch auf die Haltung der beteiligten Staaten zur Assoziierung Zyperns mit der EU hinzuweisen, zu einer Zeit, zu der auch Griechenland noch kein Mitglied der EG war. Keine der Garantiemächte sah die Notwendigkeit, den Vorwurf eines Verstoßes gegen Artikel I Absatz 2 des Garantievertrags zu erheben.[328]

cc) Travaux préparatoires zum Garantievertrag

Endgültige Klarheit, dass auch im Rahmen des Anschlussverbots des Garantievertrages ein Beitritt zulässig sei, lässt sich durch die vorbereitenden Arbeiten zum Vertrag gewinnen. Im Gespräch im *London Committee on Cyprus* über die Bedeutung von Artikel I Absatz 2 wurde dem griechisch-zypriotischen Vertreter sowohl von griechischer als auch von türkischer Seite Ende 1959 ausdrücklich versichert, dass inter- beziehungsweise multinationale Organisationen mit dieser Regelung gerade nicht gemeint seien:

„MR ROSSIDES replied affirmatively. He then asked the meaning of Article 1 paragraph 2. He presumed it referred to union with Greece or Turkey, but it see-

---

326 Mendelson geht wohl davon aus, dass sich Beschränkungen in internationalen Verträgen oft nicht isoliert finden, sondern Teil eines Regelungskomplexes sind, wo dem negativen Verbot häufig auch eine positive Regelung gegenübersteht, wie der beschränkte Staat in an sich verbotene Verträge mit Dritten dennoch mit einbezogen werden kann, vgl. Geiger, S. 67. So antwortete z.B. der griechische Außenminister Averoff gemäß den minutes aus „Record of a meeting after dinner at 1 Carlton Gardens on February 11, 1959", FO 371/144639 – RGC 1073/28 zu den vorbereitenden Treffen für die Londoner Konferenz dem britischen Sekretär, „that in theory the Republic of Cyprus would be free to conduct foreign policy, but in practice the mechanism of the veto would ensure that foreign policy was conducted only in agreement with Greece and Turkey". Averoff spricht jedoch ausschließlich von praktischen Auswirkungen des Vetos, nicht rechtlichen.

327 So auch die erwähnte "Note on the power under the Constitution to terminate treaties", FO 371/174745 – C 1015/144.

328 Zur nachfolgenden Praxis vgl. die Joint Opinion 1997, Rn. 17.

med rather sweeping, as he supposed that Cyprus could for instance join an economic organisation or the Commonwealth.

SIR KNOX HELM observed that that was coming near to re-examining the wording of the Treaty, and that it was perhaps better not to start to try to interpret the various Articles.

M. ROUMOS said he thought they could all assure Mr. Rossides and put on record that it was certainly not intended that Cyprus should be precluded from membership of the Free Trade Area or multilateral organisations. What was meant was that Cyprus should not be politically united with Greece or Turkey, or even economically in the narrow sense of customs union; but that could not really be said in a Treaty.

M. BAYULKEN confirmed that the wording did not refer to any international organisations, such as F.A.O., G.A.T.T., etc.

MR. ROSSIDES thanked M. Roumos and M. Bayulken for their explanation, and then said that he must reply to Sir Knox Helm's remark that he was trying to open discussion of the Treaty. When starting, he had said that he did not dispute it, and had asked for elucidation ... His Delegation had received a constructive reply from the Greeks and Turks and had thought it proper to raise the issue." [329]

Fast gleich lautend sind die Aufzeichnungen eines Gespräches zwischen den Außenministern der drei Garantiemächte bereits während der Londoner Konferenz ein halbes Jahr zuvor:

„The Secretary of State ... turned to the Zürich documents beginning with the Treaty of Guarantee. Was the second paragraph of Article 1 intended to preclude Cypriot membership of all international associations, as for example the Free Trade Area if that ever came into existence.

M. Zorlu explained that the paragraph was intended to prohibit partition and Enosis (either with Greece or with any other country). M. Averoff agreed; he explained that the wording was specifically designed to exclude possible Greek devices in the direction of Enosis, such as a personal union of Cyprus and Greece under the Greek crown. M. Zorlu and M. Averoff both made it clear that there

---

329 London Joint Committee on Cyprus, Corrected Minutes of the 26th Meeting of the Committee of Deputies, LC (MD), 19 October 1959, FO 371/144653. Das Komitee war für die Finalisierung der verschiedenen Texte in Übereinstimmung mit den Regelungen von Zürich und London verantwortlich. Daher sind die Minutes inhaltlich oft identisch mit den bereits dort geführten Gesprächen.

would be no objection to Cypriot membership of international associations of which both Greece and Turkey were members; e.g., the Postal Union, and any Free Trade Area. Nor did they exclude either Commonwealth membership for Cyprus or membership of the Sterling Area. They would, indeed, welcome Commonwealth membership .... Article 1 of the Treaty of Guarantee could be amended if necessary to make clear neither Commonwealth nor Sterling Area membership were excluded. But the final decision on such membership would ... rest with the Cypriots themselves." [330]

Die Begriffe „*union*" und „*State*" im Garantievertrag beinhalten demnach also kein derart weites Verbot, dass der Beitritt zu internationalen Organisationen verhindert werden sollte oder dass man Artikel 50 der Verfassung als Bedingung verstehen könnte. Der Begriff „*State*" ist zumindest in diesem Zusammenhang im Singular benutzt worden, um den Unterschied einer „*union*" mit einzelnen Staaten einerseits, seien es Griechenland und/oder die Türkei, und mulitlateralen Organisationen andererseits zu verdeutlichen.[331] Das Ziel von Artikel I Absatz 2 TG besteht einzig darin, den Verzicht der Volksgruppen sowohl auf die Ziele der Enosis als auch einer Taksim gegenüber allen Eventualitäten abzusichern.[332] Damit sind die Argumente der Beitrittsgegner, insbesondere auch deren Methode die Norm Wort für Wort zu analysieren, aber bereits an dieser Stelle wenigstens zum Teil widerlegt und es bleibt dabei, dass es im Wesentlichen nur auf die Natur der EU selbst im Verhältnis zum Garantievertrag ankommt.

f) Europäische Union und Garantievertrag

Unter den bisher festgestellten Bedingungen für die Mitgliedschaft Zyperns in der Europäischen Union zeichnet sich damit das weitere Verhältnis zwischen den beiden Vertragswerken nach einem Beitritt bereits ab. Im Rahmen der travaux préparatoires ergibt sich, dass die Ziele des Garantievertrags bereits sehr restriktiv gesteckt worden sind. Auch wenn der Beitritt zu Internationalen Organisationen gemäß dem Garantievertrag nur dann untersagt ist, wenn die Spaltung der Republik Zypern oder die Verwirklichung der *megali idea*, der Vereinigung mit Griechenland, droht, stellt sich aber die Frage, in welches Verhältnis dieses Verbot zum Beitritt zur EU und zu möglichen Kollisionen ganz konkret zu setzen ist.

---

330 Record of a meeting held at the Foreign Office at 4 p.m. on Thursday, February 12, 1959, FO 371/144639 – RGC 1073/28.

331 Tomuschat, The Accession of Cyprus, S. 679; Joint Opinion von 2001, Rn. 5a – d.

332 Wenn aber *"the relevant words in their natural and ordinary meaning make sense in their context, that is an end of the matter."*, IGH Advisory Opinion on the Competence of the General Assembly for the Admission of a State to the United Nations, ICJ-Reports 1950, S. 8.

Nach den Vorstellungen der an der Ausarbeitung beteiligten Vertreter der drei Staaten und der beiden Volksgruppen sollte die Mitgliedschaft in einer Freihandelsorganisation durch das Vertragswerk nicht behindert werden. Britischen Vorstellungen zufolge bestand die einzige weitere Beschränkung, die sich mittelbar aus der NATO-Mitgliedschaft aller drei Garantiemächte ergab, darin, dass Zypern im westlichen Lager verbleiben sollte.[333] Im Ergebnis war also auch die damalige EWG, die als EG auch heute noch den Kernbestand der EU ausmacht, damit angesprochen. Ihre Wandlung und die ihr immanente Dynamik,[334] die sich unter anderem aus der Zyperns Unabhängigkeit zeitlich nachfolgenden Rechtsprechung des EuGH ergeben hat,[335] waren damals freilich nicht im Geringsten absehbar. Die Europäische Gemeinschaft hat sich von einer anfänglich einfachen Freihandelszone erst planmäßig zu einer Zollunion weiterentwickelt,[336] sodann aber über den Gemeinsamen Markt mit der Errichtung der Europäischen Union gemäß Artikel 3 EG einen einzigen, geschlossenen Binnenmarkt ins Blickfeld genommen.

Im Kern hat sich die EG trotz aller Veränderungen und Griechenlands Mitgliedschaft jedoch nicht in dem Maße verändert, dass Gefahren im Sinne der vom Garantievertrag verbotenen Ziele drohen würden. Offensichtlich hat Griechenland als einziger Mitgliedstaat ein echtes nationales Interesse an der Republik Zypern und wird die Republik auch weiterhin diplomatisch unterstützen. Schließlich wurde Zyperns Mitgliedschaft in der EU von Griechenland erheblich forciert. Echte Einflussnahme auf das Schicksal der Insel ist den Griechen jedoch im weitesten Sinne versagt. In der vom scharfen wirtschaftlichen Wettbewerb bestimmten EG ist es Griechenland gegenüber den übrigen Mitgliedstaaten praktisch nicht möglich, sich rechtliche Vorteile zu verschaffen. Bereits aus der Grundsystematik von Union und Gemeinschaft ergibt sich deshalb, dass die Gefahr, dass Zypern hierdurch seine Eigenständigkeit verlieren könnte, nicht besteht.[337] Dass gerade einige

---

333 "Basis for discussions: Draft articles of treaty", FO 371/144639 – RGC 1073/14. Dies wurde freilich im Vorfeld der London-Züricher Konferenz geäußert, wie auch der Gedanke, dass Zypern, wenn es der Wunsch der Griechen und Türken sei, nicht Mitglied der UN oder anderer internationaler Organisationen werden dürfe – womit übrigens wieder eine Annäherung an den Macmillan- Plan von griechischer und türkischer Seite erfolgt wäre. Dieser Punkt setzte sich dann aber anders als ersterer offensichtlich nicht durch.

334 Näher dazu Pescatore, in: RTDE 1981, S. 617 ff.

335 EuGH – van Gend en Loos, Urteil vom 5. Februar 1963, Rs. 26/62, Slg. 1963, S. 1 und EuGH – Costa/ENEL, Urteil vom 15. Juli 1964, Rs. 6/64, Slg. 1964, S. 1251 beispielsweise, als die beiden Marksteine der Rechtsprechung des Gerichthofes.

336 Vgl. die Ex-Art. 18 ff. EWG vor dem Inkrafttreten des Vertrages von Amsterdam.

337 Richtig ist insoweit nur, dass der TG nicht auf die Dominanz eines Staates abstellt, vgl. Mendelson, Further Opinion, Rn. 26, dagegen stellt er auf die Einheit der Insel und deren Unabhängigkeit ab; auf die Mitgliedschaft der Türkei kommt es schon nach dem Garantievertrag nicht an.

Griechen die Enosis durch den Beitritt Zyperns zur EU als verwirklicht ansehen,[338] ist rechtlich bedeutungslos. Die Eigenständigkeit Zyperns ist durch das Ziel freier marktwirtschaftlicher Konkurrenz, das von den Mitgliedstaaten gegeneinander und durch den EuGH zu überwachen ist, sogar effektiver geschützt denn als Nicht-Mitgliedstaat.

Zu Bedenken sind dabei besonders auch die beiden folgenden Punkte: Zum einen, dass zwischen dem zu übernehmenden rechtlichen gemeinschaftlichen Besitzstand, dem Acquis Communautaire, einerseits und auf der anderen Seite einer *communauté acquise* zu unterscheiden bleibt. Alleine zu letzterer ist Zypern beigetreten[339] und hat den weiteren Verlauf der Integration wegen der notwendigen Einstimmigkeit bei Vertragsänderungen selbst in der Hand – wie die beiden Garantiemächte Griechenland und Großbritannien auch. Die der EU und der Gemeinschaft eigene Dynamik konnte somit keinen Einfluss auf das letztlich erzielte Ergebnis haben.

Zum anderen sind aufgrund der vorgenannten strukturellen Grundlagen für die Gemeinschaft die Voraussetzungen für ein Beitrittsverbot auch als *„economic union“* im Sinne des Garantievertrags nicht erfüllt. Dabei gilt es insbesondere auch zu berücksichtigen, dass sich die Wirtschaftspolitik selbst im Rahmen des EG immer noch unter der Kontrolle der Mitgliedstaaten befindet und von der Europäischen Gemeinschaft lediglich koordiniert wird.[340] Mit den Bereichen der EU, die sich außerhalb der EG befinden, lässt sich dagegen ein Verbot weder in Richtung einer wirtschaftlichen noch einer politischen Union begründen.[341] Hier gilt es zu berücksichtigen, dass der Beitritt praktisch zwar nur zum Gesamtgebilde der EU möglich ist. Doch besteht weiterhin ein klarer vertraglicher Unterschied zwischen den supranationalen Elementen der wirtschaftsorientierten EG (Titel II) und den intergouvernementalen Elementen der gemeinsamen Außen- und Sicherheitspolitik und der justiziellen Zusammenarbeit (Titel V und VI), die bewusst nicht in die Zuständigkeit der Gemeinschaft eingegliedert worden sind.[342] Der bisherige

338 Vgl. FAZ vom 30. März 2004, „Wachstum, Modernisierung, Stabilität“. Tassopoulos, S. 241, formuliert es sogar so, dass durch den Beitritt die Enosis als Thema obsolet geworden sei.

339 Curti Gialdino, CMLR 1995, S. 1092 bezeichnet den Acquis daher allgemein als „Schnappschuss“ der Situation im Zeitpunkt des Beitritts, S. 1090 ff. Insgesamt zur dynamischen Entwicklung; grundlegend Pescatore, aaO., Fn. 334.

340 Art. 99 ff. EG, auf die Hoffmeister, S. 208, besonders hinweist.

341 Der Vergleich zum Österreichisch-Deutschen Zollunionsfall vor dem Ständigen Internationalen Gerichtshof 1931, zitiert in der Joint Opinion 1997, Rn. 16 und bei Mendelson, Further Opinion, Rn. 27 beträfe diesen gesamten Punkt. Weder geht es aber um einen rechtlichen Anschluss wie im Fall Österreichs seinerzeit, noch um einen mittelbaren durch wirtschaftlich einseitige Dominanz.

342 Entscheidung des Bundesverfassungsgerichts vom 12.10.1993, BVerfGE 89, S. 155 ff., S. 176.

Unionsvertrag begründet somit lediglich einen Staatenverbund der staatlich organisierten Völker Europas und keinen sich auf ein europäisches Staatsvolk stützenden Staat.[343] Wenn auch durchsetzt mit supranationalen Elementen, ist daher der Charakter einer multinationalen Organisation bestimmend, die von souverän bleibenden Staaten ermächtigt und gesteuert wird.[344]

Die Verfassungshomogenität der EU ist mithin eine insgesamt horizontale zwischen den souverän verfassten Mitgliedstaaten gegliederte, und keine hierarchische, einheitlich geschaffene.[345] Der Stand der „Einheit der Völker Europas" entspricht also nicht jener Qualität, auf die der Garantievertrag abzielt, so dass selbst die Mitgliedschaft Griechenlands bei gleichzeitiger Nichtmitgliedschaft der Türkei bedeutungslos ist. Ohne dass auf das Unionsrecht im Einzelnen einzugehen wäre, ist der Beitritt Zyperns zum Unionsvertrag daher in jeder Hinsicht rechtmäßig.

4) Vertretungsmacht (Repräsentationsmacht) der Regierung der Republik Zypern

Der Garantievertrag selbst behandelt keine Fragen der internationalen Kompetenz, sondern allein solche der Aufrechterhaltung einer bestimmten Form innerer Ordnung. So benennt Artikel I Absatz 1 TG die Pflicht zum Respekt vor der eigenen Verfassung, an die sich im äußersten Fall die Folgen aus Artikel IV TG anschließen. Die Bindung Zyperns an internationale Verträge mit Dritten kann über diese Norm folglich nicht in Zweifel gezogen werden. Dies könnte höchstens über Artikel 46 WVK in Verbindung mit der Verfassung selbst geschehen.

Insgesamt ist der Beitritt unter dem Aspekt der Verfassung weniger relevant als unter den Pflichten des Garantievertrags. Dies liegt vor allem an Artikel 27 und 46 WVK. Gültigkeit und Erfüllung eines Vertrages hängen danach grundsätzlich nicht von internen Regelungen ab. Die negative Formulierung in Artikel 46 betont dazu noch den Ausnahmecharakter der Ungültigkeit im Fall mangelnder Zuständigkeit. Nachdem aber die Regierungen der Republik Zypern international als deren legitime Vertretung angesehen werden, kann dem Beitritt nur wenig entgegengesetzt werden. Die einzige Möglichkeit bestünde im Nachweis der Verletzung innerstaatlicher Vorschriften von grundlegender Bedeutung gemäß Artikel 46 WVK.

---

343 BVerfGE, aaO., S. 188.

344 BVerfGE, aaO., S. 186, zum ganzen auch den Tenor, S. 156, Nr. 8; Ähnliches lässt sich auch in der französischen Verfassung in Art. 88-1 finden und wird sich auch nicht durch den geplanten Verfassungsvertrag ändern.

345 Vgl. Heintzen EuR 1997, S. 6.

a) Artikel 50 der Verfassung von 1960

Die Versuche, den Beitritt der Republik Zypern zu verhindern, wurden vorrangig auf Artikel 50 der Verfassung gestützt, denn das präsidentielle Veto darf sich auf alle internationalen Organisationen erstrecken, in denen Griechenland und die Türkei nicht beide Mitglieder sind. Neben den bereits zitierten Passagen von Artikel 50 ist dabei noch jener Abschnitt in Artikel 50 Absatz 3 relevant, demzufolge das Veto der Präsidenten innerhalb von 15 Tagen nach der Übermittlung des Gesetzes ausgeübt werden muss. Innerhalb der Präsidialdemokratie Zyperns beschreibt Artikel 50 die wesentlichen Befugnisse, mit denen die Rechte der Volksgruppen gewahrt werden sollen. Artikel 182 in Verbindung mit Annex III der Verfassung schließt eine Abänderung der Grundstruktur, zu der auch Artike 50 gehört, aus.[346] Es fällt daher nicht schwer, diese Vorschrift als von grundlegender Bedeutung zu qualifizieren.

Anders steht es um die Offenkundigkeit einer Verletzung. Das Vetorecht ist mit dem Amt des ordnungsgemäß gewählten türkischzyprischen Vizepräsidenten der Republik Zypern verbunden, einer Voraussetzung also, die der Präsident einer Türkischen Republik Nordzypern nicht erfüllen kann. Er bezieht seine Legitimation zwar auch durch die potenziell wahlberechtigten Zyperntürken, jedoch nicht durch die Wähler der türkisch-zypriotischen Volksgruppe der Republik Zypern und kann die dem Vize-Präsidenten zustehenden Befugnisse somit nicht in Anspruch nehmen. Ein wirksames Veto gegen den Beitrittsvertrag konnte gar nicht eingelegt werden. Für die Geltendmachung eines offenkundigen Mangels wäre nach Artikel 46 WVK ferner dessen Behauptung seitens der Vertreter der Republik Zypern notwendig gewesen, die nicht erfolgt ist. Folglich liegt kein offenkundiger Rechtsbruch unter den engen Voraussetzungen der WVK vor. Faktisch hätte die Geltendmachung des Vetorechts nur bei Mitwirkung der türkischen Zyprioten unter der Autorität der Verfassung von 1960 erfolgen können. Die Frage nach der Verantwortung für die Vakanz türkisch-zypriotischer Posten und die umstrittene defence of necessity dürfte in diesem engen Rahmen kaum noch unter das Offensichtlichkeitskriterium fallen, da sie die gewollte Beschränkung der WVK ad absurdum führen würde.[347]

---

346 Art. 182 Nr. 1 lautet: „*1. The Articles or parts of Articles of this Constitution set out in Annex III hereto which have been incorporated from the Zurich Agreement dated 11th February, 1959, are the basic Articles of this Constitution and cannot, in any way, be amended, whether by way of variation, addition or repeal.*“

347 Vgl. Mendelsons Frage, Further Opinion Rn. 37 f., welche Rolle denn die Schuld am „Ruhen“ bestimmter Verfassungsartikel seit 1964 spielt, und damit an der Abwesenheit des Vizepräsidenten. Nach interner Klärung dieser Frage könnte ggf. ein Verstoß gegen Art. 50 festzustellen sein, dies würde aber an den Verpflichtungen Zyperns nichts mehr ändern.

Auch die Garantiemächte Griechenland und Großbritannien haben in der Entscheidung über den Beitritt Zyperns gemäß Artikel 49 Absatz 1 EU kein Veto eingelegt. Stünde nach einer endgültigen Beantwortung dieser Frage tatsächlich eine Verletzung von Artikel 50 der Verfassung fest, so wäre zu überlegen, ob ihnen ein Verstoß gegen ihre Pflichten aus Artikel II des Garantievertrags vorgeworfen werden könnte, da sie sich hierdurch zum Erhalt der Grundstruktur der Verfassung Zyperns verpflichtet haben. Davon bliebe der Beitrittsvertrag gleichwohl unberührt, so dass an dieser Stelle hierauf nicht einzugehen ist.[348]

b) Artikel 170 der Verfassung von 1960

Artikel 170 ist bereits keine Zuständigkeitsnorm im Sinne von Artikel 46 WVK, sondern hat ausschließlich eine Gleichstellung der Garantiemächte zum Ziel:

„The republic shall, by agreement on appropriate terms accord most-favoured-nation treatment to the United Kingdom of Greece, the Republic of Turkey and the United Kingdom of Great Britain and Northern Ireland for all agreements whatever their nature should be."

Eine Verletzung dieser Gleichstellungsnorm wäre bei entsprechendem Verständnis von Artikel 182 in Verbindung mit Annex III gegebenenfalls ein indirekter Verstoß gegen Artikel I des Garantievertrags. Bei korrekter Auslegung zeigt sich aber, dass es sich bei Artikel 170 eben nicht um einen strengen Gleichheitssatz handelt. Der Beitritt zur EU löst auch sonst keinerlei Verpflichtungen Zyperns in diesem Zusammenhang aus: Erstens wäre die Pflicht nur eine relative, die in einem Abschluss eines Vertrags mit der Türkei als Nichtmitgliedsstaat und eben wörtlich nur zu angemessenen Bedingungen bestünde. Zweitens verlangt das Gebot der Meistbegünstigung als von der Verfassung Zyperns lediglich übernommener Ausdruck des Völkerrechts gemäß Artikel 24 Absatz 5 GATT nicht dessen Übertragung auf Drittstaaten.[349]

---

348 Tomuschat, The Accession of Cyprus, S. 681, fügt dem hinzu, dass die gegenwärtige Verweigerung der Kooperation seitens der TRNZ diese vom Argument des Bruchs von Art. 50 ausschließt, ähnlich auch Chrysostomides, S. 475.

349 The General Agreement on Tariffs and Trade (GATT 1947), UNTS 55 (1950) 187, ersetzt durch die WTO im Agreement Establishing the World Trade Organisation, UNTS 1867 (1995) 3 vom 15. April 1994; im bilateralen Handelsabkommen zwischen Zypern und der Türkei vom 9. November 1963, COG 288 – 21. November 1963, S. 472, verzichtete Letztere zudem ausdrücklich auf Meistbegünstigung: "The above most-favoured-nation treatment shall not apply: ... (c) to privileges, exemptions from taxes (fees), preferences or concessions which each of the Contracting countries has granted or will grant in the future to other countries on account of a present or future participate on, entry or association by them to a customs union, a free trade area or an economic community."

Einzige Bedingung ist ein Verbot der Schlechterstellung des Drittstaates durch die neue gegenüber der vorherigen Rechtslage zwischen den Mitgliedstaaten einer Zollunion beziehungsweise Freihandelszone und diesem. Dies wäre aber in der Folge des Beitritts zwischen der EU und der Türkei auszuhandeln. Durch eine Pflicht zur Übertragung der Begünstigungen aus der Mitgliedschaft auf die Türkei würde ihr hingegen ermöglicht, die Vorteile der EU zu genießen, ohne auch die Pflichten einer Mitgliedschaft übernehmen zu müssen.[350] Ein Verstoß besteht alleine durch den Beitritt also nicht.

5) Keine Vetopflicht der Garantiemächte

Schließlich bleibt noch die Frage, ob die Garantiemächte eine Verletzung des Garantievertrags zu verantworten haben. Die Republik Zypern konnte der Europäischen Union letztendlich nur unter Anwendung der verfassungswidrigen Notstandsgesetzgebung beitreten. Demgemäß könnte über die Garantie der Grundstruktur der Verfassung aus Artikel II TG eine Pflicht Griechenlands und Großbritanniens bestanden haben, die Ratifikation des Beitrittsvertrages durch Ausübung ihres Vetorechtes als Maßnahme im Sinne von Artikel IV TG zu verhindern.

Es ist bereits darauf hingewiesen worden, dass der Garantievertrag eine Zielverpflichtung darstellt. Die Interventionsrechte konzentrieren sich auf die Erhaltung der Struktur der Republik, nennen dafür jedoch keine präzise Definition oder Mittel, wie dies zu geschehen hat. Dementsprechend sind die Garantiemächte in der Wahl ihrer Mittel frei, so dass vor allem die Zyprioten aus Artikel I TG verpflichtet werden. Denn über Artikel II wird die Eingriffsbefugnis zwar zur Pflicht der Garantiemächte, als multilateraler Vertrag setzt er aber das Zusammenwirken aller beteiligten Parteien zu seiner Realisierung auch außerhalb von Artikel IV voraus.

Die Priorität der Europäischen Union war es lange Zeit, durch die Beitrittsperspektive eine alleine bei den Türkischzyprern vermutete Blockadehaltung zu beenden, was letztlich mit Hilfe des Annan-Plans auch gelungen ist. Gleichzeitig rückten die Vertragsbestimmungen dadurch in die Nähe eines Statuscharakters, indem der gegenwärtige Zustand von der Staatenwelt und insbesondere von Griechenland und Großbritannien nach wie vor als Provisorium begriffen wird. Die auf diese Weise erfolgte Rückverweisung auf die lokale Konfliktebene kann mithin nicht als eine Verletzung der Pflichten des Garantievertrags angesehen werden.

---

350 Tomuschat, The Accession of Cyprus, S. 683.

6) Beitritt Zyperns als einheitlicher Staat

Zypern, obwohl geteilt, ist der Europäischen Union *de iure* als einheitliche Republik beigetreten. Weder besteht ein verlässlicher Wille der Zyperntürken, einen Staat zu bilden, der dem internationalen Bedürfnis nach Rechtssicherheit genüge täte, noch wäre deren Staatsgründung mit dem zwingend zu beachtenden Gewaltverbot zu rechtfertigen. Nicht der Garantievertrag oder auch die Verfassung der Republik Zypern stehen auf der anderen Seite einem Beitritt zur EU entgegen.

Gleichwohl darf nicht verkannt werden, dass die Problematik über die Notstandsgesetzgebung weiterhin besteht und sich ohne eine grundlegende Lösung des Konfliktes nicht beseitigen lassen wird. Ebenso besteht innerhalb Zyperns neben der anerkannten Regierung der Republik gegebenenfalls die Regierung der TRNZ als *de facto*-Regierung und die TRNZ insgesamt als stabiles *de facto*-Regime.[351]

351 Vgl. zu den Voraussetzungen Frowein, Das de facto-Regime im Völkerrecht.; ferner Dahm/Delbrück/Wolfrum, §§ 19 III – V, 111 III und für Zypern und die TRNZ von Laffert, S. 112 ff. Prägnanter aber Hillgruber, S. 759 f. Demnach müsste die TRNZ, die selbst über keinen völkerrechtlichen Status verfügt, über eine Verpflichtung der Republik Zypern zur Achtung der Grünen Linie geschützt sein. In den Resolutionen des Sicherheitsrates ist diese jedoch mit keinem einzigen Wort erwähnt und begründet sich die Formulierung in der maßgeblichen UN-Resolution 186 (1964) „*to refrain from any action likely to worsen the situation ... or to endanger international peace*" ausschließlich aus der Gefahr von Interventionen der Türkei, aber besteht nicht wegen der Zyperntürken. Freilich ist eine Gefährdung des internationalen Friedens immer schon wegen der Schutzmachtstellung der Türkei für die Zyperntürken immanent.

IV. Perspektiven staatlicher Neuordnung und ihre Auswirkungen auf den Beitritt – der sog. Annan-Plan [352]

Am 24. April 2004 wurde nach vielen vergeblichen Anläufen der Staatengemeinschaft und zum ersten Mal in der Geschichte Zyperns ein repräsentatives Referendum [353] über eine Verfassung für ein vereintes und unabhängiges Zypern abgehalten.[354] In Umkehrung der lange geltenden diplomatischen Feststellung, dass es die zyperntürkische Seite sei, die das Ende des Konfliktes blockiere, stimmten jedoch 75, 83 % der Zyperngriechen gegen den von Generalsekretär Annan ausgearbeiteten Plan, während 64, 91 % der Zyperntürken ihn befürworteten.[355] Infolgedessen ist es zu der Konstellation gekommen, dass die griechisch-zypriotisch regierte Republik der EU in vollem Umfang beigetreten ist. Demgegenüber sind für den türkisch-zypriotischen Nordteil trotz ihres Votums und aufgrund des besagten, schon vor dem Referendum beschlossenen Protokolls Nr. 10 sämtliche darin enthaltenen Restriktionen zum Tragen gekommen, die sie von den Entscheidungsprozessen der EU ausschließen.

Einer Sonderregelung im Beitrittswerk hätte es angesichts der dreißigjährigen Teilung in jedem Fall bedurft.[356] Ein Protokoll zum Beitrittsvertrag Zyperns zur EU war daher auch bereits Bestandteil des ursprünglichen Vorschlags von Generalsekretär Kofi Annan Ende 2002 [357] und ist auf intensive Abstimmung zwischen UN und EU während des gesamten Zeitraumes bis zum Beitritt zurückzuführen.[358]

Durch die internen Entscheidungsprozesse der EU, denen zufolge bereits am 28. Februar 2003 der voraussichtliche Beitrittsvertrag inklusive seiner Protokolle an das Europäische Parlament weitergeleitet werden musste, waren zunächst zwei alternative Protokolle vorgesehen, je nachdem, ob ein vereintes Zypern beitreten

---

352 Der gesamte Plan kann im Internet abgerufen werden unter: http://www.cyprus-un-plan.org/ .

353 Das Referendum, das 1950 in den griechisch-orthodoxen Kirchen abgehalten wurde, vgl. oben Fn. 11, betraf zwar die Mehrheit der Bevölkerung, aber eben nicht die türkisch-muslimische Bevölkerung.

354 Die erste Erwähnung einer möglichen Volksbefragung findet sich bereits im Bericht des von den Vereinten Nationen eingesetzten Schlichters Galo Plaza an den Generalsekretär vom 26. März 1965, UN doc. S/6253, S. 66.

355 FAZ vom 26. April 2004, „Griechische Zyprer stimmen gegen Wiedervereinigung", nach Kadritzke in: Le Monde Diplomatique vom Mai 2004, „Ein donnerndes Ochi" stimmten, wenn man die türkischen Siedler herausrechnet, sogar 75 % der türkischen Zyprioten für den Plan.

356 Vgl. dazu Abschnitt V 3 und 4 dieser Arbeit.

357 Pernthaler, S. 22 f.; Uebe, S. 382 f.

358 Vgl. nur Uebe, S. 381.

würde, oder nicht.[359] Infolge der abrupten Beendigung der Verhandlungen über den Plan Annans durch die Türkischzyprer im März 2003 in Den Haag [360] musste das jetzige Beitrittsprotokoll in das Vertragswerk aufgenommen werden. Auch dieses wurde vom endgültig zur Abstimmung vorgelegten Vorschlag Annans berücksichtigt.[361] Auf diese Weise wurde beständig dafür gesorgt, dass die Bedingungen der EU für den Beitritt Zyperns hinsichtlich seiner Funktionsfähigkeit in der Union umgesetzt werden konnten.[362] Der sogenannte Annan-Plan definiert sich in dieser Hinsicht somit als eine Verbindung zyprischer und gesamteuropäischer Interessen. An diesem Modell werden sich zukünftige Lösungsvorschläge orientieren müssen, solange nicht ein übergeordnetes Vertrauen zum einen zwischen den Volksgruppen und zum anderen in die integrative Funktion der EU ein weitergehendes, stärker gesamtstaatlich orientiertes Konzept zulässt.

1) Bemühungen des UN-Generalsekretärs im Zypernkonflikt

Besonders ausgeprägt ist der Einsatz des Generalsekretariats der UN für eine Lösung des Zypernkonflikts. Der abgelehnte Plan Kofi Annans reiht sich ein in eine lange Reihe diplomatischer Initiativen, die alle direkt von den UN-Generalsekretären ausgingen oder wenigstens unter ihrer Schirmherrschaft standen. Obwohl sich die Versuche, die Spannungen auf Zypern beizulegen, auf diese Weise bis ins Jahr 1964 zurückverfolgen lassen,[363] konnte man sich erst in den Jahren 1977 und 1979 auf grundsätzliche Rahmenbedingungen für Verhandlungen zur Lösung der Probleme verständigen.[364] Ein weitergehender Ansatz findet sich in den sogenannten *Vienna working points* von 1984, in denen eine bi-kommunale Verfassung und eine bi-zonale Föderation anvisiert wurden.[365] Gleich mehrere

---

359 Uebe, S. 380 ff.

360 Siehe nur NZZ vom 12. März 2003, „Die Zypern-Gespräche in Den Haag sind gescheitert"; FAZ vom gleichen Tag, „Zypern-Gespräche gescheitert" und vom 23. Januar 2004, „Eine Chance für Zypern".

361 Z.B.im "Federal Law on the Application of Certain Federal Laws Transposing the European Union Acquis", Annex III, Attachment 3, Law 2 des Plans und in Annex IX des Plans, "Coming into being of the new state of affairs" in Artikel 6 und Attachment II, einem Brief an den Präsidenten des Europäischen Rates.

362 Vgl. die Schlussfolgerungen des Gipfels von Sevilla vom 21. und 22. Juni 2002, Rn. 24, denen zufolge sichergestellt werden musste, dass Zypern mit einer Stimme spreche und EU-Recht wirksam umsetzen könne. Die folgende Betrachtung des Planes beschränkt sich hier im wesentlichen auf eben diese Aspekte der – angezweifelten – Funktionsfähigkeit.

363 Zuerst mit Resolution 186 (1964) des Sicherheitsrates vom 4. März 1964, siehe oben, S. 23 ff.

364 Die sogenannten „four guidelines" von 1977 und ein „ten-point Agreement" von 1979, vgl. die Berichte des Generalsekretärs S/12323 vom 30. April 1977 und S/13369 vom 31. Mai 1979 sowie den Abdruck in Necatigil, S. 156 und 162.

365 Diese wurden jedoch nicht veröffentlicht, Necatigil, S. 266 ff.

Entwürfe für ein Rahmenabkommen, die später in sogenannten *Proximity Talks* zwischen den beiden Streitparteien modifiziert wurden,[366] scheiterten indessen 1984 [367] und ein darauf aufbauender und umfangreicherer 1986.[368] Ein dritter Versuch fand 1989 sein erfolgloses Ende.[369]

Mit der Unnachgiebigkeit der Streitparteien korrespondiert die bereits frühe Einsicht der internationalen Gemeinschaft möglichst zurückhaltend vorzugehen. Unter Generalsekretär U Thant wurde noch ein Vermittler (*mediator*) [370] eingesetzt, der schon 1965 davon ausging, dass die Republik Zypern nicht in dieser Form weiter bestehen konnte, jedoch die Möglichkeit eines föderalen Staates auf der Basis ethnischer Provinzen noch zurückwies.[371] Demgegenüber war die Rolle des Generalsekretärs seit 1967 die eines Anbieters seiner *Guten Dienste* (good Offices).[372]

Die Guten Dienste des Generalsekretärs sind in der Charta der Vereinten Nationen nicht ausdrücklich erwähnt. Sie erschöpfen sich darin, dass der Dritte, Staat oder Einzelperson, die Parteien zu Verhandlungen überredet, ohne aber an den Verhandlungen selbst teilzunehmen.[373] Wenn der Dritte an den nachfolgenden Verhandlungen selber teilnimmt, etwa ohne vorherige Zustimmung konkrete Vorschläge zum Verfahren und zur Sache macht, werden die Guten Dienste zur Vermittlung (Mediation). Damit stellen sie eine sehr niedrige Form der Einflussnahme durch Dritte dar, durch die im Grunde nur ein unbelastetes Klima für direkte Verhandlungen geschaffen werden soll. Im Rahmen der begrenzten Möglichkeiten des UN-Generalsekretärs bedeutet dies vor allem, dass dieser in öffentlichem oder privatem Umfeld das Ansehen der Weltgemeinschaft, die er repräsentiert, in die Waagschale wirft, gegebenenfalls unterstützt durch weitergehende Sicherheitsratsbeschlüsse.

Vermittlung und Gute Dienste sind traditionell eng miteinander verknüpft,[374] denn auch die Vermittlung setzt grundsätzlich Zustimmung der Konfliktparteien und

---

366 „Proximity Talks" bedeutet dabei, dass sich die Parteien nicht direkt getroffen, sondern über den Generalsekretär als Vermittler verständigt haben.

367 Abgedruckt z.B. bei Tamkoc.

368 Draft Framework Agreement on Cyprus vom 29. März 1986, Bericht des Generalsekretärs vom 11. Juni 1986, S/18102/Add.1, S. 9 – 17.

369 Vgl. J.H. Wolfe, S. 239 f.

370 Vgl. zum Beispiel Artikel 33 UN-Charta.

371 Bericht des Vermittlers an den Generalsekretär vom 26. März 1965, UN doc. S/6253, passim.

372 Resolution 244 (1967) des Sicherheitsrats vom 22. Dezember 1967.

373 So die Definition in Art. IX American Treaty on Pacific Settlement (Pact of Bogota) vom 30. April 1948, UNTS 30 (1949), S. 55 ff.

374 So werden beide gemeinsam im zweiten Titel des I. Haager Abkommens zur friedlichen Erledigung internationaler Streitfälle vom 18. Oktober 1907, RGBl 1910, S. 5 ff., behandelt.

strikte Neutralität voraus, um nicht die Grenze zur Intervention zu überschreiten. Auf solche und weitergehende vermeintliche Grenzen in seiner Rolle wurde der Generalsekretär bei der Ausübung seiner Guten Dienste von den beiden Parteien im Zypernkonflikt bisweilen bewusst und wohl aus politischem Kalkül hingewiesen.[375] Dies entspricht allerdings nicht der selbstbewussten Auslegung der Funktion der Guten Dienste durch den Generalsekretär, bei deren Wahrnehmung er im Laufe der Jahre eine gewisse Autonomie innerhalb der Vereinten Nationen erlangt hat.[376] So konnten die Generalsekretäre im Falle Zyperns unter anderem durchaus ihre eigenen „Ideen", „Indikatoren" oder „Evaluationsdokumente" einbringen. Grenzen seiner Rolle bestehen für den Generalsekretär daher weniger aufgrund der Terminologie, sondern nur durch das Ziel, seinen Einfluss bis zum endgültigen Erfolg oder Misserfolg zu erhalten, und durch die Grundsätze und Ziele der Charta selbst sowie die bindenden Beschlüsse des Sicherheitsrates.[377]

Für Zypern war die Grenze der Mandatierung durch den Sicherheitsrat dort überschritten, wo es um die Forderung der Zyperntürken nach einem Recht auf staatliche Unabhängigkeit ging.[378] Immerhin erleichterte der Sicherheitsrat hier den Rahmen der Guten Dienste, indem er 1990 erstmals unter Ausklammerung des Gegensatzes zwischen der Regierung der Republik Zypern und der türkisch-zypriotischen Gemeinschaft nur auf die beiden Gemeinschaften und deren gleichberechtigtes Verhältnis abstellte.[379] Die bedeutsame Flexibilität der Guten Dienste zeigte sich hingegen in den immer umfangreicheren Abschlussdokumenten der Verhandlungsrunden. Umfasste der Vorschlag für ein Rahmenabkommen von 1986 noch lediglich acht Seiten, so waren es bei dem *Set of ideas* von 1992 bereits 100 Punkte.[380] Am umfassendsten war zuletzt der 170 Seiten umfassende Annan-Plan vom November 2002.[381]

---

375 Vgl. Pfirter, S. 168, Wolfe, S. 235 ff, S. 238 f, Necatigil, S. 196 ff., 201, Gazioglu, S. 133 und Cyprus Mail vom 10. November 2001, „Denktash seeks to bypass UN with direct talks call".

376 Vgl. die von Dag Hammarskjöld entwickelte sog. "Peking Formel", in: Cordier/Foote (Hrsg.), Public Papers of the Secretaries-General, Vol. II, S. 419 (415 ff.); UN doc. A/2888 vom 17. Dezember 1954 mit dem Bericht des SG A/2954 vom 9. September 1955, beide abgedruckt ebda., S. 422 f. und 608 ff.; zu den Guten Diensten ausführlich Franck, EJIL 1995, S. 360 ff.; für Zypern vgl. dazu Necatigil, S. 196 ff.; Wolfe, S. 236 f.

377 T.M. Franck, EJIL 1995, S. 371 und 381 f.

378 Bericht des Generalsekretärs S/21183 vom 8 März 1990, S. 12 (Annex II); T.M. Franck, EJIL 1995, S.382.

379 Resolution 649 (1990) des Sicherheitsrates vom12. März 1990.

380 Siehe den Annex von UN doc. S/24472.

381 Pfirter, S. 164, dazu gehören außerdem knapp 9000 Seiten mit Gesetzen und Regelungen, die mit dem Plan in Kraft treten sollten.

2) Verhandlungen über den Plan und griechisch-zypriotische Ablehnung

Die nach dem Fehlschlag von Den Haag auf Drängen der Türkei [382] Mitte Februar 2004 in New York wieder aufgenommenen Verhandlungen ließen anfänglich einen schnellen Durchbruch erhoffen, zumal es gerade der Führer der Zyperntürken Denktas war, der einen mit Nachdruck von der Türkei geforderten Dreistufenplan zur Lösung des Konfliktes unterbreitete.[383] Die Organe der EU machten sich hierdurch berechtigte Hoffnungen, dass sich die Beitrittsperspektive doch noch entscheidend auf die Lösung des Zypernkonfliktes auswirken würde.[384]

Nach der Wiederaufnahme hatten die beiden Streitparteien zunächst etwa einen Monat Zeit, selber eine Lösung herbeizuführen, anschließend erhielten sie eine Frist von einer Woche, dies mit Hilfe der beiden Mutterländer zu erreichen.[385] Weil danach immer noch kein Einvernehmen erzielt worden war, legte das Generalsekretariat der UN dem Plan entsprechend die offenen Punkte fest und den Plan den beiden zypriotischen Volksgruppen getrennt zur Volksabstimmung am 24. April vor. Mit einem positiven Ausgang auf beiden Seiten hätte Zypern schließlich doch noch vereint der EU beitreten können, das Protokoll Nr. 10 hätte nur noch im Rahmen der Anpassungen der Modalitäten des Beitritts eine Rolle gespielt.

Die entscheidende Wende erfolgte bei den Verhandlungen aller vier Parteien Ende März im schweizerischen Bürgenstock. Denktas verweigerte schon die Teilnahme und machte so den Richtungs- und Machtwechsel in der TRNZ endgültig deutlich. Für den Norden unterzeichnete sodann der neue, pro-europäische Ministerpräsident Mehmet Ali Talat die endgültige Fassung des Plans, „Annan V". Dadurch konnte der zyperngriechische Präsident Papadopoulos seine eigene Ablehnung des Annan-Plans nicht mehr hinter derjenigen der Zyperntürken verbergen und war

---

382 Vgl. FAZ vom 23. Januar, „Fischer sichert der Türkei Unterstützung zu" und vom 7. Februar 2004, „Zuversicht in der Zypern-Frage"; KN vom 16. Februar 2004, „Der Zug nach Brüssel brachte Bewegung in das Zypern-Problem".

383 Auch der Generalsekretär forcierte die Annahme dieses Vorschlags, FAS vom 15. Februar 2004, „Annan dringt auf Einigung in Zypern", dies mag der allgemeinen Definition der Guten Dienste entgegenstehen, ist aber mit der erläuterten Auslegung seitens des Generalsekretariats vereinbar, nicht zuletzt angesichts der brüskierenden Ablehnung seines Plans durch Denktas im März 2003.

384 Diese ist freilich eine zweifache Perspektive, denn neben dem gesamtzyprischen Willen, der EU beizutreten, war die türkische Unterstützung für ihren eigenen Beitrittsantrag ebenso wichtig. Die Hoffnungen der EU stützten sich indessen auf die wirtschaftliche Abhängigkeit der TRNZ von der Türkei.

385 FAZ vom 16. Februar 2004, „Marschbefehl zur Wiedervereinigung".

gezwungen, diese klar zu offenbaren, wobei es ihm schließlich auch gelang, in der Volksabstimmung die Mehrheit seiner Volksgruppe hinter sich zu bringen.[386]

Die Konsequenzen der Ablehnung des Plans folgten bereits am 28. April 2004, indem die Europäische Gemeinschaft eine Verordnung zum Protokoll Nr. 10 verabschiedete, auf das noch zurückzukommen sein wird. Darin wurden zum Teil bereits derart weitreichende Folgen gesehen, dass die Beendigung der fast vollständigen wirtschaftlichen Isolierung des Nordens quasi auf einen Schlag vorausgesagt wurde. Es sei dabei erklärtes Ziel der EU gewesen, eine solche Möglichkeit unterhalb der Ebene der ihr nicht möglichen völkerrechtlichen Anerkennung zu suchen.[387] Für die türkischen Zyprer könne aus ihrer Zustimmung daher zumindest auch ein Status ähnlich dem Taiwans folgen.[388]

3) UN-Generalsekretär Annans umfassender Lösungsvorschlag – der Annan-Plan (Annan V)

Trotz des Scheiterns aller Bemühungen insgesamt lässt sich an den vorgelegten Vorschlägen immerhin eine Bewegung der Gespräche weg vom grundsätzlichen und hin zum Detail festmachen. Ob darin substantielle Fortschritte oder nur eine Verlagerung der Grundsatzdiskussionen der Verhandlungsführer zu Einzelbeispielen zu erkennen sind, lässt sich letztlich nur an der Entscheidung der beiden Volksgruppen selbst festgemachen. Der auch den UN nicht entgangene Mangel an Vertrauen führte aber dazu, dass die Guten Dienste nach 1992 erst einmal keine grundsätzlich neuen Initiativen mehr auf den Weg brachten. Nachdem auch direkte Gespräche der beiden Verhandlungsführer im Jahr 2002 ergebnislos verlaufen waren, entschloss sich Generalsekretär Annan Ende 2002 schließlich selbst einen detaillierten Vorschlag vorzulegen.

Nach den Ereignissen in Den Haag im März 2003 ließ sich Kofi Annan dann erst nach einem grundlegenden, proeuropäischen Kurswechsel in der TRNZ zu einem

386 Zu den Ursachen des negativen Votums der griechischen Zyprioten ausführlich Kadritzke, in: Le Monde Diplomatique vom Mai 2004.

387 Vgl. dazu die Aussagen von Erweiterungskommissar Verheugen laut FAZ vom 27. April 2004, „EU will Nordzypern aus Isolation befreien“.

388 Vgl. FAZ vom 21. Mai 2004, „Ratlosigkeit bei den Neinsagern“.

neuen Anlauf überzeugen,[389] der schließlich unter großem diplomatischem Druck zum Referendum über den nunmehr bereits mehrfach modifizierten Plan führte.[390]

a) Überblick

Um den Plan durchsetzungsfähig zu machen, sah der Vorschlag von Annan ursprünglich und entgegen der Helsinki-Formel des Europäischen Rates vor, dass ein EU-Beitritt Zyperns nur in Verbindung mit einem positiven Referendum über diesen Plan möglich sei.[391] Nicht erst aufgrund der eindeutigen Schuldzuweisung des Scheiterns von 2003 an die türkisch-zypriotische Verhandlungsführung, sondern bereits durch die Kopenhagener Beschlüsse im Dezember 2002 kurz nach Unterbreitung des Planes war jedoch klar, dass diese Maßnahme kein Druckmittel gegenüber den Zyperngriechen sein würde. Trotzdem lässt sich seit dem Beitrittsantrag 1990 eine enge Einbindung der Europäischen Union in die jüngeren Lösungsinitiativen feststellen.

Der im Referendum zur Abstimmung gekommene Plan, „Annan V" genannt, gliedert sich in sechs Anhänge (A – F). In die Darstellung an dieser Stelle werden allerdings nur diejenigen Bestandteile des Planes einbezogen, die sich mit dem Beitritt zur EU in Verbindung bringen lassen.

Anhang A enthält dabei in neun Annexen das durch den Plan reorganisierte Binnenrecht Zyperns. So enthält Annex I die Verfassung Zyperns, Annex II unter anderem ein Verfassungsgesetz über die Ausarbeitung und Verabschiedung von Verfassungsgesetzen, Annex III unter anderem Föderationsgesetze über die Wahrnehmung der Außen- und der Europapolitik sowie über die Umsetzung des Acquis im Nordteil der Insel.[392] Annex IV enthält ein Kooperationsabkommen zwischen den beiden geplanten Teilstaaten in EU-Fragen, Annex IX enthält schließlich die von den Organen der verschiedenen beteiligten Akteure zu ergreifenden Maßnahmen, die den Übergang in den neuen Zustand herbeiführen sollten.

389 In der Türkei fand ein solcher Wechsel mit der AKP unter Erdogan bereits 2002 statt, in der TRNZ mit der von Talat geführten CTP Ende 2003, vgl. insgesamt FAZ vom 12. Januar, „Regierungskoalition in Nordzypern"; vom 14. Januar, „Der Annan-Plan", vom 17. Januar, „Ankara für Zypern-Verhandlungen" und vom 23. Januar 2004, „Fischer sichert der Türkei Unterstützung zu".

390 Siehe nur FAZ vom 16. Februar 2004, „Marschbefehl zur Wiedervereinigung" und Kadritzke in: Le Monde Diplomatique vom Mai 2004.

391 Reuter, KAS/Auslandsinformationen 2/03, S. 18.

392 Da Protokoll No. 10 bereits Teil des Beitrittsvertrages war, konnte zu diesem Zeitpunkt nur noch über entsprechenden Ratsbeschluss gemäß des Protokolls die Suspendierung aufgehoben und der Acquis für Zypern modifiziert werden, vgl. S. 99 f. und 142 ff.

Daneben bestehen noch eine Vielzahl weiterer Bestimmungen wie zum Beispiel Annex VIII, der die Regelung über einen Versöhnungsausschuss ähnlich dem südafrikanischen Beispiel betrifft, oder auch Annex VII mit den Regelungen für die durch Teilung und Vertreibung aufgeworfenen Eigentumsfragen.[393]

Anhang C betrifft unter anderem die Gründungsverträge der Republik Zypern von 1960. Er sieht neben dem Fortbestand der Gründungsverträge einen zusätzlichen Vertrag zwischen allen Garantiemächten von 1960 und Zypern über den neuen Zustand vor, der die Umsetzung des Annan-Planes absichern soll. Danach würde ein Ausschuss eingesetzt, der die Umsetzung des Abkommens überwacht. Außerdem würden allen Gründungsverträgen Zusatzprotokolle hinzugefügt, die unter anderem das Gebiet der Sovereign Base Areas fast halbieren und im Garantievertrag die neuen Teilstaaten als garantierten Zustand hinzufügen. Schließlich werden auch vorübergehende Sicherheitsmaßnahmen behandelt, mit denen aber ausschließlich der Truppenabbau auf beiden Seiten gemeint ist. Der EG-Ministerrat hätte im Falle der Annahme schließlich einen in Anhang D vorgesehenen Rechtsakt für die Anpassung der Beitrittsbedingungen beschließen sollen.

b) Aus dem Scheitern der Verfassung von 1960 gezogene Lehren

aa) Keine Überfrachtung der Verfassung

Eine der grundlegendsten und zugleich auch wichtigsten Änderungen ist der gegenüber dem System von 1960 veränderte Ansatz. Während das System der völkerrechtlichen Gründungsverträge das Verfassungsniveau an keiner Stelle verlassen hatte und dieses Recht den Zyprioten in nur begrenztem Maße zur Änderung überließ, geht der Ansatz von Generalsekretär Annan ausdrücklich von einem mehrere Rechtsebenen vom Völkerrecht über die Verfassung und Verfassungsgesetze gemäß Artikel 16 Annan-Plan bis hin zu föderalen Gesetze umfassenden Abkommen aus. Für die Verfassung selbst bedeutet dies einen Paradigmenwechsel von prinzipieller Unveränderlichkeit zu konsensualer Veränderlichkeit.

Der Unterschied wird dabei gleich im ersten Teil der Verfassung deutlich: In dem Glauben, ohne ein Maximum an Garantien werde die Republik nicht lange Bestand haben und bald zum Opfer von Enosis und/oder Taksim werden, versuchte man 1959/60 den gesamten London-Züricher Kompromiss in der Verfassung einzufrieren. Gegenüber dem umfangreichen Annex III der geltenden Verfassung

393 Nicht zuletzt in dieser Hinsicht bestehen Parallelen zur Situation des geteilten Deutschland; diese Fragen sind zwar nicht Gegenstand dieser Untersuchung, wurden jedoch z.B. auf einem „Symposium on Aspects of Reunification in Germany and Cyprus“ des Goethe-Zentrums in Nicosia am 28. Februar 2004 behandelt.

konnten die unveränderlichen sogenannten Basic Articles von 48 dagegen im Annan-Plan auf zwei reduziert werden. Stattdessen sind in Artikel 1 und 2 nur die Einheit des Staates, der föderale Charakter und einige Strukturprinzipien unveränderlich und geben so zukünftigen Entwicklungen genügend Spielraum.

Gleichzeitig sind alle Regelungen, die für die Ausführung des Annan-Kompromisses von existenzieller Bedeutung sind, nicht aber für die Verfassung, auf die Ebene von Verfassungs- und Bundesgesetzen oder auch Kooperationsabkommen zwischen Zentralregierung und den beiden Teilstaaten ausgelagert worden.[394] Der hinreichende Bestand ist über eine zweite wesentliche Veränderung abgesichert, die Organisation von Mehrheiten zur Rechtsänderung.

bb) Neue rechtsändernde Mehrheitsverhältnisse

Eine andere Hauptkritik an der Verfassung von 1960 bestand an eben diesen Mehrheitsverhältnissen, die neben den ohnehin schon erheblichen Einschränkungen den Zyprioten die Verfassung dann endgültig als oktroyiert erscheinen ließ.

Erstens dürfen die Gesetze unter der geltenden Verfassung von 1960 zwar gemäß Artikel 78 mit einfacher Mehrheit verabschiedet werden, jedes das Wahlrecht, die getrennten Gemeindeverwaltungen nach Artikel 173 und die Steuergesetzgebung ändernde Recht erfordert aber getrennte absolute Mehrheiten für jede Volksgruppe.[395] Nach dem Plan sind föderale Gesetze mit einfacher Mehrheit der Anwesenden in jeder der nunmehr zwei Kammern der Legislative zu verabschieden [396] und brauchen in der zweiten Kammer auch nur jeweils die Zustimmung eines Viertels der anwesenden Senatoren aus jedem Teilstaat, beziehungsweise nach Artikel 25 Absatz 2 der Annan-Verfassung von 40 % der gewählten Senatoren jedes Teilstaates bei einigen Materien wie der Steuergesetzgebung und völkerrechtlichen Verträgen.

Die Hürden sind damit im Quorum durchweg geringer, in der zweiten Kammer bei den besonderen Materien nach Artikel 25 Absatz 2 allerdings nur unwesentlich. In der Breite sind sie, da nunmehr grundsätzlich alle Gesetze von der 25%-Klausel betroffen wären, andererseits unter Umständen geringfügig höher als in

---

394 Siehe nur die soeben im Überblick erwähnten Gesetze; die Grund- und Menschenrechte kommen sogar nur im Wege der Verweisung auf die EMRK als integraler Bestandteil der Verfassung gemäß Artikel 11 Absatz 1 zur Geltung.

395 Mit der Begrenzung in Art. 78 Abs. 2 auf die in der Abstimmung tatsächlich teilnehmenden Abgeordneten der jeweiligen Volksgruppe, da Art. 77 Abs. 1 nur ein Quorum von einem Drittel der Gesamtzahl der Abgeordneten erfordert.

396 Näher zur Legislative unten, S. 110 f.

der geltenden Verfassung angesetzt. Warum diese ohnehin niedrigeren Voraussetzungen nach dem Annan-Plan keine destruktiven Wirkungen mehr entfalten dürften, wird noch deutlich werden.

Zweitens sind dem Plan zufolge Verfassungsänderungen, die bisher, soweit sie überhaupt möglich sind, nach Artikel 182 der Verfassung immer noch die Zustimmung von jeweils zwei Dritteln der Vertreter jeder Volksgruppe benötigen, nunmehr nach Artikel 37 Absatz 3 Annan-Verfassung mit der erforderlichen Mehrheit gemäß Artikel 25 Absatz 1 zu verabschieden, siehe Artikel 5 Buchstabe 1 b der Main Articles. Danach müssen sie aber einem Referendum unterzogen werden, das in beiden Teilstaaten getrennte Mehrheiten erfordert. Damit sind auch hier die Voraussetzungen numerisch abgebaut, auf der anderen Seite aber offener für populistische Angriffe. Diese sind durch die oben erläuterten Mehrheitserfordernisse in beiden Kammern wiederum abgemildert. Das bedeutet, dass ein Entwurf, der gegen grundlegende Interessen einer Volksgruppe verstößt, wenig Aussicht hat, den Senat zu passieren und überhaupt einem Referendum unterzogen zu werden. Wird diese Blockade-Mehrheit nicht erreicht, dann handelt es sich nicht um Interessen von grundlegender Bedeutung, sondern lediglich um politische Auseinandersetzungen.[397]

Drittens sehen Mehrheiten im bestehenden Ministerrat gegenwärtig zwar nur eine einfache Mehrheit ohne zusätzliche Bestimmungen vor, Artikel 46 der Verfassung. Demgegenüber erscheint die Regel als Verschärfung, dass Mehrheitsentscheidungen im die Präsidenten ersetzenden Präsidialrat nach Artikel 26 Annan-Plan die Stimme von mindestens einem Mitglied jeder Volksgruppe erfordern. Der Präsidialrat ist im Gegensatz zum Ministerrat aber ein Organ von Gleichberechtigten, nicht zuletzt, da er vom Parlament gewählt wird und damit nicht direkt vom Volk legitimiert ist. Aus diesem Grund rotiert auch die Präsidentschaft im Rat, Artikel 27 Annan-Plan. Vor allem aber sind sämtliche Vetorechte der Präsidenten eliminiert, eine der Hauptursachen für die destruktive Politik in den Anfangsjahren der Republik, und der Rat ist somit nicht mehr nur Spielball der Präsidenten.

cc) Territoriale anstelle personaler Trennung

Die dritte größere Neuerung ergibt sich seit der Teilung der Insel im Jahr 1974 und durch die Konstruktion des zukünftigen Zyperns nach dem Annan-Plan als klassische Föderation von selbst. Der Hauptanknüpfungspunkt der Föderation ist nicht mehr personal, wie noch im Zypern als *mixed-state*, sondern bedingt durch

---

397 So Pfirter, S. 172; fraglich bleibt nur, ob bisher nicht erkannte und somit im Plan nicht geregelte grundlegende Interessenkonflikte einer Lösung zugeführt werden könnten.

die ethnische Teilung nunmehr territorial.[398] Garantiert wird dieses Prinzip durch eine relativ langfristige Einschränkung des Niederlassungsrechts vor allem der zahlenmäßig weitaus stärkeren griechischen Zyprer im Nordteil.[399] Die Gerichte der Teilstaaten haben auf dieser neuen Basis darum gegebenenfalls auch Jurisdiktion über Angehörige der anderen Volksgruppe, Artikel 15 der Annan-Verfassung.

Wesentlich dürfte hierbei die veränderte Kanalisierung von Meinungsverschiedenheiten sein. Aufreibende Konflikte über den Status als Minderheit/Mehrheit oder Volksgruppe entfallen, statt direkter Konkurrenz herrscht weitestgehende Autonomie der Teilstaaten. Als Beispiel sei nur die Aufstellung der Polizei nach Artikel 15 Absatz 3 der Annan-Verfassung genannt, die in den Sechzigern noch einer der großen Streitpunkte war. Damit dürften in übergeordneten föderalen Angelegenheiten die Interessen der beiden Volksgruppen eher gleichgerichtet sein. Anders ausgedrückt, in den meisten Angelegenheiten kann die Volksgruppe im anderen Teilstaat bei Bedarf ignoriert werden, in den wenigen übergeordneten muss sie dagegen kooperieren, ohne das Gegenüber als hinderliche Minderheit ansehen zu können. Freilich sind bei mangelndem Kooperationswillen auch im Rahmen dieses Plans Konflikte nicht völlig auszuschließen. Ein Feindbild kann hieraus jedoch nicht mehr entstehen, da die EU letzten Endes immer vergleichbare Zugeständnisse und Kooperation fordern wird.[400]

dd) Pflicht zu kooperationsfreundlichem Verhalten

Neben diese Veränderungen sollten noch einige ergänzende Elemente treten. Wichtig ist in diesem Zusammenhang die Erhebung des *Bona Fides*-Grundsatzes zum Verfassungsprinzip. 1960 ergab sich der Konfliktstoff auch daraus, dass jeder Volksvertreter nur seiner eigenen Gruppe gegenüber verpflichtet war. Nach Artikel 4 Absatz 2 Annan-Plan würde dieser Grundsatz nun ausdrücklich neben das Rechtsstaatsprinzip treten und die Wirkungen aus dem Wechsel vom primär personalen zu territorialem Bezug ergänzen.

Praktische Anwendung erfährt er zum Beispiel in Artikel 10 Absatz 3 Annan-Plan, demgemäß die Feiertage der beiden Teilstaaten den Geist des neuen Gründungsabkommens zu respektieren haben, also beispielsweise ein Gedenktag an die Putschisten von 1974 ausgeschlossen wäre. Weiterhin ist den Teilstaaten in Arti-

---

398 Siehe insbesondere Art. 12 Abs. 3 der Verfassung nach „Annan V“ zur Bestimmung der Herkunft eines zyprischen Bürgers.

399 Zu den Grundfreiheiten der EG unten S. 152 ff.

400 Anders aber Rumpf, in: Giegerich, The EU accession of Cyprus, S. 61, mit besonderem Blick auf die Zyperngriechen.

kel 16 Absatz 3 Annan-Plan die anfangs wohl schwierige Pflicht auferlegt, in weiten Teilen der Gesetzgebung derart zu kooperieren, dass die Gesetzgebung harmonisiert werden kann. Auch hier hätten Schwierigkeiten wohl zukünftig mit der Feststellung aufgelöst werden können, dass viele Gesetze ohnehin durch die Vorgaben aus Brüssel nur geringe Spielräume zulassen. Schließlich hätten alle Schüler beider Teilstaaten sowohl griechisch als auch türkisch als Sprache verbindlich lernen müssen, Artikel 9 Absatz 4.

c) Zyperns neue Struktur nach „Annan V"

Geändert hat sich auch das weiterhin bestehende und durchstrukturierte Proporzsystem in der Verfassung, das einerseits jeder Volksgruppe angemessene Repräsentierung ermöglicht, sich vielfach aber auch bereits von der ethnischen Bindung löst. Im Übrigen soll Zypern, wie schon mehrfach erwähnt, eine aus zwei gleichberechtigten Teilstaaten bestehende Föderation sein.

Artikel 1 der geplanten neuen Verfassung zufolge hat Zypern nur eine einzige internationale Rechtspersönlichkeit. Allerdings bilden die beiden Teilstaaten zugleich den gemeinsamen Staat, das bedeutet, sie haben beide eine eigene Verfassung und können souveräne Gewalt ausüben. Die Zentralregierung tritt auch keine Souveränität an die Teilstaaten ab.[401] Vielmehr sind die Kompetenzen von Föderation und Teilstaaten nach dem Vorbild der belgischen Verfassung so überlappungsfrei voneinander getrennt, dass Konflikte ausgeschlossen sind, weil es eine Hierarchie der Gesetze schon faktisch nicht geben kann.[402] Die einzige Ausnahme besteht im höheren Rang der Verfassung und der – wenigen – Verfassungsgesetze, Artikel 3 Absatz 1, 4 Absatz 3 und 16 Absatz 1 des Verfassungsentwurfs. Die geographischen Grenzen zwischen den Teilstaaten sind ferner im Sinne von *boundaries* zu verstehen und nicht nur bloße Verwaltungsgrenzen.[403] Alleine die Verfassung hält das neue Gebilde zusammen.

Der Zentralstaat besitzt zudem nur die absolut notwendigen Kompetenzen für eine einheitliche internationale Rechtspersönlichkeit. So sind in dem Zentralstaat in Artikel 14 vor allem die Außen-, EU-[404] und Verteidigungspolitik der – weithin demilitarisierten – Insel zugewiesen, das Staatsangehörigkeitsrecht, monetäre Politik und die föderale Wirtschafts- und Steuerpolitik. Alle übrigen Kompetenzen

401 Reuter, KAS/Auslandsinformationen 2/03, S. 7.

402 Pfirter, S. 171. Im Übrigen darf es eine solche Hierarchie nach Art. 3 Abs. 2 des Verfassungsentwurfs auch nicht geben.

403 Vgl. Anhang A, Annex VI, Attachment I und Art. 9 der „Main Articles", worauf Reuter, aaO., Fn. 401, hinweist.

404 Soweit sie nicht Kompetenzen der Teilstaaten betrifft.

sind nach Artikel 15 des Annan-Plans Kompetenzen der Teilstaaten, das Zivil- und Strafrecht sowie das Polizei- und Sicherheitsrecht. Die Reichweite der teilstaatlichen Kompetenzen wird vor allem über die in Artikel 16 aufgezählten, unter die Kooperationspflicht fallenden deutlich, wie Kultur, Umwelt, Familie, Sozial- und Arbeitsrecht, Energierecht, Wirtschaft und Handel neben weiteren.

Die Legislative besteht nach dem Plan auch nicht mehr lediglich aus einer Abgeordnetenkammer, sondern aus einem Abgeordnetenhaus und einem Senat mit jeweils 48 Abgeordneten. Der Senat soll sich dabei zu gleichen Teilen aus griechisch- und türkisch*sprachigen* Zyprioten,[405] die Abgeordnetenkammer dagegen proportional zum Einwohnerverhältnis der Teilstaaten zusammensetzen. Ein Viertel der Abgeordneten aus jedem Teilstaat bildet in der Abgeordnetenkammer die Minimalgrenze, Artikel 22, wobei je ein Abgeordneter aber von Mitgliedern der drei übrigen Minderheiten gestellt werden muss. Hier gibt es somit eine Vermischung personaler und territorialer Elemente.

In der Exekutive sollen die beiden bisherigen Präsidenten durch einen Präsidialrat nach Schweizer Vorbild mit einer alle 20 Monate zwischen zwei gewählten Mitgliedern rotierenden Präsidentschaft ersetzt werden, Artikel 26 und 27 Absatz 1 Verfassungsentwurf. Der Rat besteht aus vier zyperngriechischen und zwei zyperntürkischen abstimmungsberechtigten Mitgliedern und entsprechend diesem Verhältnis sollen auch im Vorsitz in jeder Amtsperiode zwei zyperngriechische einem zyperntürkischen Vorsitz gegenüberstehen. Alle Mitglieder sollen über eine gemeinsame Wahlliste vom Parlament gewählt werden. Im Rat selbst sind Entscheidungen auch durch einfache Mehrheit mit wenigstens einem Mitglied jeder Volksgruppe möglich. Dahinter steht die Absicht, Blockaden Einzelner umgehen zu können. Durch die einheitliche Wahlliste ist erneut von der rein personalen Trennung von 1960 Abstand genommen worden, um die Zusammenarbeit des Parlamentes zu erzwingen.[406] Genauso wie im Präsidialrat ist schließlich auch für den öffentlichen Dienst auf der Ebene der Föderation nach Artikel 30 Absatz 2 eine Besetzung zu wenigstens einem Drittel mit Bewohnern aus jedem Teilstaat vorgesehen.[407]

An der Spitze der Judikative steht im Entwurf [408] ein Oberster Gerichtshof, der sowohl als Verfassungsgericht oder auch als oberstes Bundesgericht fungiert, Artikel 36 Absatz 7. Damit wird die unter den Notstandsgesetzen von 1964 vorge-

405 Pfirter, S. 171 f.

406 Zum Ganzen Pfirter, S. 172 ff.

407 Auch hier ist die Anknüpfung territorial, nicht personal.

408 5. Teil, Abschnitt D.

nommene Verschmelzung nicht mehr aufgehoben.[409] Er besteht aus einer gleichen Anzahl von Mitgliedern aus jedem Teilstaat, wobei im föderalen Gerichtsverfassungsgesetz [410] festgelegt ist, dass jeweils sechs aus jedem Teilstaat stammen müssen, siehe dort § 3. Drei der insgesamt 15 Richter sollen gar nicht aus Zypern stammen. Dies ist eine Entsprechung zur alten Verfassung. Nur in dem Fall, in dem die zypriotischen Richter keine Entscheidung, weder einstimmig noch durch Mehrheit fällen können, ist es Aufgabe dieser drei Richter, zusammen und mit einer einzigen Stimme eine Entscheidung des Gerichts herbeizuführen, § 23 Absatz 3 des Gesetzes. Auf der anderen Seite werden diese drei aber auch nur in einer solchen Situation mit ihrer Stimme tätig und werden im Übrigen wie die anderen Richter auch vom zyprischen Parlament gewählt.

Die herausragende Befugnis des Gerichts wird in Artikel 36 Absatz 6 festgelegt. Sie erlaubt den Richtern begrenzt und im Falle der Entscheidungsunfähigkeit von föderalen Organen, die das Funktionieren der Republik oder die Pflichterfüllung gegenüber der EU gefährden, vorläufige Entscheidungen an Stelle dieser Organe zu treffen. In diesem Fall kann und soll die Rolle der drei ausländischen Richter entscheidend werden, da kein anderes Verfassungsorgan bei Abstimmungen Blockadefreiheit garantieren kann.[411]

Zu guter Letzt ist festzuhalten, dass durch den Lösungsversuch des Generalsekretärs kein neuer Staat gegründet worden wäre, sondern nur ein neuer Zustand geschaffen.[412] Dies wird in Artikel 1 des Hauptabkommens, der Main Articles, ersichtlich, in dem nur von einem neuen Zustand die Rede ist, demzufolge Zypern spezielle Bindungen mit Griechenland und der Türkei aufrecht erhalten soll und die Gründungsverträge weiter gelten. Die Mitgliedschaft in den Vereinten Nationen soll nicht neu beantragt, sondern gemäß Artikel 13 der Main Articles entsprechend des neuen Zustandes ausgeübt werden.

---

409 Siehe oben, S. 33, freilich ohne eine Bestätigung der damaligen Gesetzgebung damit präjudizieren zu wollen.

410 Anhang A, Annex III, Attachment 26.

411 Pfirter, S. 174 f. Gerade in diesem Punkt setzt gelegentlich Kritik ein in Verkennung des Verfassungssystems und der Verfassungsgeschichte sowie weiterer Begrenzungen.

412 So auch Reuter, KAS/Auslandsinformationen 2/03, S. 5 f.

d) Funktionsfähigkeit in der Europäischen Union

aa) Beteiligung an Entscheidungen auf Unionsebene

Vertreter der Europäischen Union waren nicht unmittelbar an den Verhandlungen über „Annan V" beteiligt.[413] Trotzdem und wegen der seit 2003 beschlossenen Mitgliedschaft Zyperns trägt der Lösungsversuch in einigen Teilen deutlich die Handschrift der EU,[414] zumal die EU immer Garantien gefordert hatte, dass Zypern als Mitglied mit einer Stimme sprechen könne, um die Entscheidungsfähigkeit der EU gegenüber inselinternen Zwistigkeiten zu gewährleisten.[415]

Artikel 19 der Verfassung nach „Annan V" ist das Resultat dieses Unterfangens, in Verbindung mit Artikel 36, dem erwähnten Föderationsgesetz über die Wahrnehmung der Europapolitik und einem Kooperationsabkommen zwischen der Föderation und den Teilstaaten in EU-Angelegenheiten.[416] Artikel 19 ist gegenüber den Auswärtigen Angelegenheiten gemäß Artikel 18 und der Repräsentation durch den Präsidialrat gemäß Artikel 29 *lex specialis.*

Sowohl auf der Ebene der Föderation als auch bei Kompetenzen der Mitgliedstaaten ist durch diesen Regelungskomplex die Einrichtung mehrerer Ausschüsse vorgesehen, die den Europaminister der Föderation in seinen Entscheidungen binden. Soweit die entsprechende Materie in den Kompetenzbereich des Gesamtstaates fällt, sieht das Gesetz über die Wahrnehmung europäischer Angelegenheiten generell die Einrichtung eines speziellen Föderationsausschusses vor. Nach dem Gesetz und dem Kooperationsabkommen muss der Europaminister, wenn er die Haltung Zyperns festlegt, die Meinung der zuständigen Stellen und der Teilstaaten einholen. Er kann die Angelegenheit direkt an den Ausschuss abgeben. Sobald ein Mitglied des Präsidialrates es verlangt, muss er dies aber, womit die Entscheidungskompetenz letztlich auf den gesamten Präsidialrat übergeht: Der Beschluss des Ausschusses ist diesem zur Entscheidung vorzulegen, es sei denn der Rat hat die Entscheidungskompetenz wiederum selber dem Ausschuss ausdrücklich übertragen.

413 Z.B. FAZ vom 20. Februar 2004, „Zypern-Gespräche in Nikosia".

414 Z.B. Kadritzke in: Le Monde Diplomatique vom Mai 2004.

415 Vgl. die gemeinsame Stellungnahme von Frankreich, der Bundesrepublik Deutschland, den Niederlanden und Italien während des Rats für Allgemeine Angelegenheiten, oben S. 47; die Kommission drückte dies in der Stellungnahme zum Beitrittsantrag KOM (93) 313 endg., Rn. 21 so aus: Es „... wäre dabei darauf zu achten, dass der Entscheidungsprozess auf der Ebene der Exekutive und der... Legislative mit den Mechanismen der Beschlussfassung vereinbar ist und den zyprischen Behörden die Möglichkeit gibt, den Acquis voll umzusetzen".

416 Anhang I, Annex IV, Attachment 2.

Daneben besteht nach dem Kooperationsabkommen ein zweiter Ausschuss aus Vertretern der Territorialverbände, die Koordinationsgruppe. Bei Entscheidungen auf europäischer Ebene, die unter die Kompetenzen der Teilstaaten fallen, ist der Europaminister, soweit er Zypern nach außen vertritt, dabei an eine übereinstimmende Haltung der beiden Vertreter der Teilstaaten in der Gruppe gebunden, oder soweit nur einer der beiden fristgemäß seine Stellungnahme abgibt an diese.[417] Im Übrigen entscheidet die Gruppe, der Europaminister selbst aber nur hilfsweise.

Koordiniert werden die Verfahren durch das Europaministerium. Sind dringende Entscheidungen in den EU-Organen zu besorgen, kann das jeweilige Verfahren auch auf informeller Basis ablaufen. Wenn Zypern dennoch nicht in der Lage ist, seine Haltung in der kurzen Zeit festzulegen, so hat sich der Vertreter in den Abstimmungen auf EU-Ebene zu enthalten, damit Entscheidungen dort nicht durch ein vorsorgliches Veto blockiert werden können, um Zeit zu gewinnen.

Auffällig ist auch die Lösung des Vollzugs der EU-Verpflichtungen angesichts der fehlenden Hierarchie zwischen Gesetzen des Zentralstaats und denen der Teilstaaten gelöst. Grundsätzlich werden sie durch die entsprechenden Organe der zuständigen Territorialeinheiten umgesetzt. Sollte ein Teilstaat seinen Verpflichtungen nicht nachkommen, so hat ihn die Regierung der Föderation nach Artikel 19 Absatz 5 der Verfassung und Artikel 8 des Abkommens in EU-typischer Formulierung binnen 90 Tagen davon in Kenntnis zu setzen, dass sie selber vorläufig die notwendigen Maßnahmen treffen wird, bis der Teilstaat seinen Pflichten nachkommt.[418]

Als Auffangkompetenz garantiert nach dem Plan Artikel 36 Absatz 6 die interne Funktionsfähigkeit Zyperns, da Artikel 19 letztendlich nur die Funktionsfähigkeit der Brüsseler Organe und der EU selbst sicherstellt. Sollte die Situation auf Zypern so festgefahren sein, dass eine Entscheidungsfindung unmöglich ist, sei es das Abstimmungsverhalten betreffend, sei es die Umsetzung von Vorgaben, so ist es der Oberste Gerichtshof, der vorläufige Maßnahmen anordnen kann. Im äußersten Fall läuft dies auf eine Entscheidung durch die Stimme der drei ausländischen Richter hinaus.

---

417 Art. 5 des Kooperationsabkommens.

418 Daneben regelt das Abkommen die Vertretung in der EU durch Repräsentanten der Teilstaaten, die Klagemöglichkeiten durch die Mitgliedstaaten vor dem EuGH und entsprechende Pflichten der Föderation hierbei sowie die finanziellen Konsequenzen aus diesen Regelungen und Verstößen; entgegen Pernthaler S. 21 dürften die internen Regelungen in Art. 8 und 9 des Kooperationsabkommens ein fehlendes Klagerecht der Teilstaaten auf EU-Ebene hinreichend kompensieren.

Erwähnenswert ist schließlich noch die Organisation der Vertretung Zyperns im Allgemeinen, dass im Falle vorwiegend zentralstaatlicher Kompetenzen die Föderation Repräsentanten entsendet, im Übrigen aber ein Vertreter aus den Teilstaaten auftreten darf. Artikel 19 der Verfassung legt fest, dass Änderungen des Primärrechts der EU ratifiziert werden müssen, es sei denn, alle vier Legislativorgane, das sind beide Parlamentskammern der Föderation und beide Parlamente der Teilstaaten, sprechen sich einhellig gegen diese Änderung aus. Schließlich soll Zypern gemäß Main-Artikel 2 Absatz 5 den Beitritt der Türkei zur EU unterstützen und würde so bereits im Voraus Streitigkeiten über das grundsätzliche Verhalten gegenüber der Türkei entschärfen.

bb) Übergangsregelungen für die Grundfreiheiten der EG

Lange bevor ein Beitritt zur EU überhaupt aktuell war, wurden bereits die mit den Grundfreiheiten des EG-Vertrags eng verwandten „drei Grundfreiheiten“ Freizügigkeit, Niederlassungsfreiheit und das Recht auf Eigentum diskutiert.[419] Auch diese Frage erforderte eine Einbeziehung der Europäischen Union,[420] da diese „Grundfreiheiten“ zwischen den beiden Inselteilen nicht im Sinne der Gemeinschaftsverträge wahrgenommen werden können und als EG-Grundfreiheiten derzeit offiziell durch Protokoll No. 10 suspendiert sind.

Die Grundfreiheiten des EG-Vertrags wären auch nach einer Lösung auf der Basis des Annan-Plans eingeschränkt worden. Bereits der im Plan in Anhang D ausformulierte Beschluss des Rats der EU [421] sieht die Möglichkeit vor, das Recht auf Eigentumserwerb im Nordteil der Insel für die Dauer von fünfzehn Jahren zu beschränken oder bis dieser Teilstaat ein Bruttosozialprodukt von 85 Prozent des griechischen Teils erreicht hat.

Nach Anhang D kann die EG-Niederlassungsfreiheit für Zyprioten aus dem jeweils anderen Teilstaat für die ersten fünf Jahre nach dem Inkrafttreten des neuen Gründungsabkommens sogar einem Moratorium unterworfen werden. Anschließend dürfen dem Zuzug von Bürgern des anderen Teilstaats bis zu 19 Jahre nach Inkrafttreten des Abkommens, respektive einem früheren Beitritt der Türkei zur EU stufenweise Begrenzungen auferlegt werden, so dass diese nach Ablauf dieses Zeitraums maximal 18 Prozent der Einwohner des anderen Teilstaates stellen

419 Vgl. z.B. das Draft Framework Agreement on Cyprus vom 29. März 1986; Bericht des Generalsekretärs vom 11. Juni 1986, S/18102/Add.1, S. 9 – 17.

420 KOM (93) 313 endg., Rn. 10.

421 Auf der Grundlage von Art. 4 des Protokolls Nr. 10 über Zypern, ABl. L 236 vom 23. September 2003, S. 955, die von Annan V vorgesehenen komplementären Rechtsakte Zyperns sind in Anhang I, Annex II, VI und VII aufgeführt.

könnten.[422] Im gleichen Zeitraum darf Zypern den Zuzug von Griechen und Türken auf fünf Prozent der Einwohner des jeweils griechisch- beziehungsweise türkisch-zypriotischen Teilstaats begrenzen. Schließlich erhält Zypern das Recht, bei Krisen durch die Einführung des Binnenmarktes im Norden in einem Zeitraum von sechs Jahren gegebenenfalls für jeweils drei Monate Krisenmaßnahmen zu treffen.

Die Dauer der Übergangsmaßnahmen sind zugegebenermaßen ungewöhnlich lang, aber nicht zu beanstanden, soweit diese vom Primärrecht der Beitrittsakte und des Protokolls gedeckt sind.[423] Ganz offensichtlich wird dadurch jedoch die zyperngriechische Mehrheit benachteiligt und dieser Umstand sollte darum mit Zugeständnissen im territorialen Zuschnitt der Teilstaaten und bei der Rückgabe ehemaligen griechisch-zyprischen Eigentums ausgeglichen werden.[424] Im Übrigen lässt sich das Ziel langfristiger Stabilität mit den Grundfreiheiten des EG in Einklang bringen.[425] Ohnehin ermöglicht erst diese Begrenzung anscheinend eine Lösung von der ethnischen Bindung in vielen Teilen der Verfassung, obwohl der Plan deutlich macht, dass der Süden ein griechisch-zypriotischer und der Norden ein türkisch-zypriotischer Teilstaat sein werden.

e) Schlussfolgerungen

Insgesamt hinterlässt der Annan-Plan durch seinen Mehrebenen-Ansatz den Eindruck einer offenen, klar strukturierten Regelung.[426] Die Verfassung wäre inklusive der Übergangsmaßnahmen und ohne die Anhänge auf nur noch 55 Artikel gegenüber 199 unter der geltenden Verfassung von 1960 reduziert worden. Der vom Garantievertrag zu sichernde Zustand würde sich deswegen und weil mit der Regelung des Annan-Plans auch das Zypernarrangement hinfällig geworden wäre, nicht mehr auf den starren Wortlaut der Verfassung stützen, sondern auf deren Geist. Die sich daraus für die Zyprioten ergebenden verfassungsrechtlichen Gestaltungsmöglichkeiten wären jedoch offensichtlich um den Preis der räumlichen Trennung der beiden Volksgruppen in zwei eigene Teilstaaten erkauft.

---

422 Für die EU freilich nur für den Bereich relevant, der die solchermaßen erweiterten Grenzen der Inländerdiskriminierung verlässt.

423 Art. 3 der „Main Articles“ und der vorgesehene Ratsbeschluss auf der Basis von Protokoll Nr. 10 weisen ausdrücklich auf das Ausnahmeverhältnis zum Acquis communautaire hin, zum Acquis siehe auch S. 142 ff.

424 Pfirter, S. 177, danach hätte etwa die Hälfte der 1974 vertriebenen Zyperngriechen zurückkehren können und war die Eigentumsrückgabe unabhängig von sonstigen Beschränkungen, z.B. beim Niederlassungsrecht, geregelt worden.

425 Kritisch Reuter, KAS/Auslandsinformationen 2/03, S. 19 f.

426 So auch Kadritzke, in: Le Monde Diplomatique vom Mai 2004. und Pfirter, S. 170.

Die teilweise [427] geäußerten Bedenken, dass das neue Gebilde außerordentlich kompliziert sei, verweisen implizit auf die Standardkritik, die von Anfang an auch gegenüber der jetzigen Verfassung zu hören war. Zumindest für den Verfassungsentwurf selbst lässt sich dieser Eindruck indes nicht bestätigen. Die Ausschüsse für die Vertretung auf europäischer Bühne ähneln in ihren Mechanismen eher der allgemeinen Konstruktion von Vermittlungsverfahren. Die belgische Verfassung oder auch Artikel 23 des deutschen Grundgesetzes sehen beispielsweise ebenfalls umfangreiche Mitspracherechte vor.[428] Allerdings werden in Zyperns Fall anscheinend nicht die Ausgestaltung von Fristen oder die Entscheidungskompetenz auf EU-Ebene kritisiert, sondern der Umfang der Mitspracherechte und die dadurch zwingend gebotenen Kompromisse, die sich auf fast alle Bereiche erstrecken.[429] Die Kritik gründet daher nicht in den eigentlichen Verfahren, sondern in der Schwäche der Zentralregierung und somit in der Zypernfrage schlechthin.[430]

Bei den Änderungen an den Mehrheitsverhältnissen sind einige deutliche Vereinfachungen ersichtlich, die die Bildung von Mehrheiten erleichtern sollen. Ob diese Änderungen ausreichen oder wieder zu obstruktiver Vetopolitik führen,[431] wird sich freilich eher am von der Verfassung geforderten guten Willen der beiden Volksgruppen zeigen, denn an irgendeiner Reduzierung von Voraussetzungen. Hier werden die Planer sicherlich an die Grenzen ihrer Gestaltungsmöglichkeiten gekommen sein, da noch weitergehende Forderungen unvermeidlich die Möglichkeit der Majorisierung der Zyperntürken eröffnen und zwangsläufig von diesen abgelehnt werden würden. Insgesamt ist der Versuch, sich von einer ethnischen, konfliktbeladenen Grundlage zu distanzieren und derartige Risiken abzufedern,

---

427 Zum Beispiel Reuter, KAS/Auslandsinformationen 2/03, passim.

428 Im Fall des Grundgesetzes für den Bundesrat, in den die Bundesländer Vertreter entsenden, im Fall des belgischen Verfassungssystems sogar für Regionen und Gemeinschaften, wodurch sowohl politische als auch ethnische Rücksichten zu nehmen sind. Zum belgischen System, dass ebenfalls als komplex zu bezeichnen ist, vgl. Hanf, Der Prozess der europäischen Integration in Belgien.

429 Im Unterschied dazu ist der deutsche Bundesrat Bundesorgan und entspricht seine Mitwirkung daher nur seiner im Vergleich zu den Teilstaaten des Annan-Plans verfassungsmäßig untergeordneten Bedeutung. Doch selbst für Artikel 23 GG wird konstatiert: „*Diese Verfahren sind sämtlich äußerst kompliziert, verfassungsrechtlich realisieren sie jedoch den bundesstaatlichen Grundkompromiss, der der Regelung des Artikel 23 GG insgesamt zugrunde liegt*“; Maunz/Dürig – Scholz, Artikel 23 GG, Rn. 131.

430 Aufgrund der Erfahrungen der missbräuchlichen Ausnutzung von Verfassungsrechten unter der alten Verfassung, vgl. oben, S. 32, mag die Kritik eventuell auch auf Zweifeln an der Lebensfähigkeit des Zentralstaats schlechthin beruhen, mithin auch auf Zweifeln an der Lauterkeit der Absichten beider Seiten. Soweit erdenklich dürfte dies jedoch kaum offen vorgetragen worden sein.

431 Auch dies bei Reuter, KAS/Auslandsinformationen 2/03, passim geäussert.

deutlich erkennbar.[432] Erhebliche Schwierigkeiten wären nach einer einvernehmlichen Lösung aber trotz allem wegen der Länge des Konfliktes auf absehbare Zeit zu erwarten.[433] Hier und generell war aber das Interesse der EU an einem funktionierenden Mitgliedstaat wohl als eine entscheidende Kohäsionskraft vorgesehen.

Damit bleibt festzuhalten, dass gerade die Fehler der bisherigen Verfassung nicht nur erkannt, sondern auch korrigiert worden sind. Kritik entzündet sich andererseits an der Legalisierung der territorialen Teilung und an den Grundbedingungen eines geordneten Zusammenlebens. Dies sind, da der Plan von den Zyperntürken akzeptiert worden ist, auf zyperngriechischer Seite finanzielle Interessen und Fragen über Garantien für eine Implementierung des Plans.[434] Soweit der geographische Faktor betroffen ist, hat sich der Generalsekretär an der gegenwärtigen Realität orientiert. Die Länge der Übergangsfristen bei den Grundfreiheiten dürfte trotzdem zu den schmerzhaftesten Konzessionen gehören, die von den Griechischzyprern gefordert wurden. Besonders hierdurch mussten all diejenigen ihre Hoffnungen enttäuscht sehen, die bei einer Lösung hauptsächlich an die Wiederherstellung des Einheitsstaates von 1960 dachten.

Nicht von der Hand zu weisen ist aber die sehr unsicher Funktion der Türkei im Rahmen des Annan-Plans.[435] Einer begrenzten rechtlichen Reichweite des Garantievertrags steht das tatsächliche Verhalten der Türkei mit der Behauptung gegenüber, 1974 bei der Invasion innerhalb des von ihm erlaubten Rahmens gehandelt zu haben. Das bloße Weiterbestehen dieses Vertrages in Verbindung mit der recht uneinigen Haltung der Europäer gegenüber einem möglichen EU-Beitritt der Türkei [436] lässt die Frage nach weiteren Sicherheitsgarantien für die Zyperngriechen berechtigt erscheinen für den Fall, dass die weitere Einbindung der Türkei in das EU-Korsett nicht gelingt.[437]

---

432 Reuter, KAS/Auslandsinformationen 2/03, S. 9; entlarvend die zitierte, aber suggestive Ausführung, dass die Anwesendheit eines türkisch-zypriotischen Präsidenten neben einem griechischen Vertreter auf EU-Gipfeln zwangsläufig zu Konflikten führen würde.

433 Die UN erkannte bereits 1992, dass ein Haupthindernis für eine Lösung in einem grundsätzlichen Mangel an Vertrauen zur anderen Seite liegt, und ging daher zunächst zu sogenannten „vertrauensbildenden Maßnahmen" über, vgl. die Berichte des Generalsekretärs UN doc. S/24830 und S/26026.

434 Vgl. Kadritzke in: Le Monde Diplomatique, Mai 2004, der ein insgesamt positives Bild des Plans zeichnet, zu den Ablehnungsgründen des Südens, insbesondere der Frage nach den Garantien für eine Umsetzung, falls die Eröffnung von Beitrittsverhandlungen mit der Türkei seitens der EU nicht beschlossen worden wäre und dessen Priorität der Besitzstandswahrung.

435 Ein Punkt, auf den besonders Tassopoulos, S. 244 f., hinweist.

436 Tassopoulos nennt beispielhaft die Ablehnung seitens Giscard d'Estaings und der deutschen Christdemokraten.

437 Die jüngsten Drohungen des türkischen Ministerpräsidenten unter Berufung auf den Garantievertrag bestärken solche Zweifel im Gegenteil sogar noch, vgl. FAZ vom 2. Mai 2006, „Papadopoulos in Zypern gestärkt".

Aus europäischer Sicht hätte sich mit diesem Plan die Sorge um die rechtliche und politische Entscheidungsfähigkeit eines wiedervereinigten Zyperns jedenfalls erübrigt. Den von vier Mitgliedstaaten am 9. November 1998 geäußerten Bedenken gegenüber der Mitgliedschaft eines geteilten Zyperns wurde bei der Formulierung insbesondere des Regelungskomplexes um Artikel 19 des Verfassungsentwurfs Rechnung getragen.[438] Insgesamt ist daher der Schluss erlaubt, dass sich zukünftige Ansätze zur Überwindung der Teilung in verfassungsrechtlicher Hinsicht an den Entwürfen Annans wenigstens werden messen lassen müssen. Eine endgültige Antwort auf die Frage, wie nach dem Scheitern des Referendums gewährleistet wird, dass Zypern im Falle einer Lösung der Zypernfrage in der EU mit einer Stimme spricht,[439] steht gleichwohl aus.

438 Siehe nur die Stellungnahme von Frankreich, der BRD, den Niederlanden und Italien im Rat, oben, S. 47.

439 Reuter, KAS/Auslandsinformationen 2/03, S. 16 f.

V. Zyperns Assoziation mit der EU

1) Funktion und Realität

Ursprung der Beziehungen zwischen Zypern und der Europäischen Union war das vorgenannte Assoziationsabkommen,[440] dessen Ergebnisse und Erfahrungen der Beitrittsvertrag und das zugehörige Protokoll Nr. 10 in einigen wesentlichen Passagen genutzt haben. Als völkerrechtliches Übereinkommen zwischen der EWG einerseits und der Republik Zypern andererseits musste es bereits mit dem Rechtssystem der EG kompatibel sein und bedingte mithin eine gewisse Annäherung an deren Standards. Noch vor der Teilung formell in Kraft getreten, war zudem absehbar, dass sich Anhaltspunkte aus den Regelungen, mit denen seitens der EG auf die veränderte Lage nach 1974 reagiert wurde, für diejenigen Normen einstellen würden, die für den Beitritt notwendig waren.

Wie erwähnt beruhte das Abkommen auf Artikel 310 EG (Ex-Artikel 238) und entsprach dem Typ einer Freihandelsassoziierung.[441] Dementsprechend stand alleine der freie Warenverkehr im Vordergrund, während die übrigen Grundfreiheiten des EWG-Vertrags keine Rolle spielten. Das zu erreichende Ziel des Abkommens war es, gemäß Artikel 2 die Hindernisse für den wesentlichen Teil des Handels zwischen den Vertragspartnern schrittweise zu beseitigen. Nach der Feststellung der rein handelsrechtlichen Natur des Abkommens mit den ersten beiden Artikeln ging das Abkommen in Titel I direkt zum Warenverkehr über und anschließend in Titel II bereits zu den Allgemeinen- und Schlussbestimmungen, die lediglich noch die Einrichtung eines Assoziationsrates vorsahen.[442]

Artikel 3 verwies auf zwei Anhänge mit Listen, in denen die vom Freihandel erfassten Güter und die ihnen zugeordneten Zollsenkungen aufgeführt waren. Vor allem verpflichtete er aber zur Förderung der Vertragserfüllung und zur Unterlassung der Gefährdung der Vertragsziele aus Artikel 2 des Abkommens. Ein Ursprungsprotokoll gemäß Artikel 7 legte die Bedingungen fest, unter denen die genannten Waren als zyprische oder Gemeinschaftswaren gelten durften, damit ihnen die Senkungen des Zolltarifs zugute kommen durften. Das Ursprungsprotokoll mit seinen Ursprungsregeln und die beiden Anhänge waren dementsprechend nicht nur gemäß Artikel 17 Bestandteil des Abkommens, sondern bildeten seinen eigentlichen handelsrechtlichen Kern.

---

440 Siehe S. 41.

441 Siehe S. 41.

442 Artikel 12 des Abkommens.

Daneben gab es im ersten Teil noch weitere Regeln, die für die Anwendung des Abkommens relevant waren, weil sie die Pflichten aus Artikel 3 präzisierten. Nennenswert sind auch die Diskriminierungsverbote in Artikel 4 und 5. Artikel 4 verbot in gemeinschaftsrechtstypischer Formulierung alle Maßnahmen und Praktiken steuerlich gleicher Wirkung, wie beispielsweise die mit dem Abkommen gesenkten Zollsätze. Hervorzuheben ist aus gegebenem Anlass jedoch Artikel 5. Seine Aussage, dass alle Staatsangehörigen und Gesellschaften der Mitgliedstaaten und Zyperns gleich behandelt zu werden hatten, verdeutlicht in besonderer Weise, dass Griechisch- und Türkischzyprer im Rahmen des Abkommens gleichgestellt waren.

Ursprünglich sollte die im Abkommen vorgesehene Zollunion gemäß Artikel 2 bis zum Jahr 1982 in zwei Stufen, davon die erste bis zum 30.6.1977, verwirklicht worden sein. Aufgrund der türkischen Invasion 1974 konnte indessen bis 1977 alleine ein Zusatzprotokoll verabschiedet werden, mit dem das Abkommen und das Ursprungsprotokoll aktualisiert wurden,[443] da die Invasionsfolgen Zypern vor erhebliche wirtschaftliche Schwierigkeiten gestellt hatten.[444] Die Frist für das Inkrafttreten der zweiten Stufe wurde damit und bei späteren Gelegenheiten mehrmals verlängert.[445] Erst am 19.10.1987 wurde über den Beginn der zweiten Phase zum 1. Januar 1988 entschieden.[446] Die zweite Stufe des Abkommens wurde darin wiederum in zwei Phasen mit einer Gesamtlaufzeit von mindestens vierzehn Jahren unterteilt.[447] Flankierend wurde Zypern im gesamten Assoziierungszeitraum, das heißt auch nach dem Antrag auf Mitgliedschaft vom 4. Juli 1990, durch vier Finanzprotokolle für Infrastrukturprojekte unterstützt.[448] Diese sollten ihrem Zweck nach zwar der gesamten Insel zugute kommen. Allerdings gab es infolge der Nichtanerkennung der TRNZ nach 1983 zwischen der Gemeinschaft und den Türkischzyprern seitens der EU nur wenige Kontakte, so dass mehrheitlich die Projekte nur im Südteil der Insel realisiert werden konnten.

Besonders Artikel 5 des Abkommens wurde durch die Invasion und die Teilung praktisch kaum noch umgesetzt, weil die Demarkationslinie zwischen den beiden Volksgruppen für Personen, Waren und Dienstleistungen fast völlig undurchlässig

---

443 ABl. L 339 vom 28. Dezember 1977.

444 Dazu L. Kaikitis, S. 115 f.

445 Vgl. nur das Zusatzprotokoll zum Abkommen von 1977, ABl. L 339 vom 28.12.1977, S. 2 ff.

446 ABl. L 393 vom 31.12.1987, S. 2 ff.

447 Art. 1 des Protokolls von 1987.

448 Insgesamt vier aufeinander folgende Finanzprotokolle von 1977 - 1998 über insgesamt 210 Mio. ECU, abgelöst durch VO 555/2000 für Heranführungshilfen der EU für den Zeitraum bis zum 31.12.2003 mit Mitteln in Höhe von 57 Mio. Euro; vgl. den „Regelmäßigen Bericht der Kommission über Zyperns Fortschritte auf dem Weg zum Beitritt" von 1998, abrufbar auf http://europa.eu.int/comm/enlargement .

war.[449] Die – nunmehr erst recht ausschließlich griechischzyprischen – Beamten der Republik konnten bei Handelsgütern aus dem Norden nicht mehr den zyprischen Warenursprung bestätigen, weil Waren aus dem Norden schon gar nicht mehr in den Süden gelangten. Von den Griechischzyprern herrührende Sanktionsmaßnahmen waren dabei immerhin noch insoweit verständlich, als die Exporte zum großen Teil auf und mit Hilfe ihres früheren Eigentums produziert wurden.[450] Dass die Kommission der Europäischen Gemeinschaften und viele der mitgliedstaatlichen Zollbehörden unter Berufung auf Artikel 5 dennoch türkischzyprischen Exporten auf der Basis von nordzyprischen und nach 1983 von Behörden der TRNZ ausgestellten Ursprungsnachweisen Zollvergünstigungen im Rahmen des Assoziationsabkommens gewährten, führte schließlich bis vor den Europäischen Gerichtshof. In den Verfahren spielten neben der sich dem EuGH mehrfach bietenden Gelegenheit, über das Verhältnis des Diskriminierungsverbotes zum Ursprungsprotokoll zu urteilen, EU-interne Regelungen eine zweite wichtige Rolle.

2) Verwendung von Ursprungsregeln im Gemeinschaftsrecht

Nicht nur das Assoziationsabkommen zwischen Zypern und der EG, beziehungsweise der damaligen Europäischen Wirtschaftsgemeinschaft, hatte eine Zollunion zum Gegenstand und Ziel. Eine Zollunion ist auch einer der Eckpfeiler der Europäischen Gemeinschaft selbst.[451] Entsprechend der Definition in Artikel XXIV § 8 Buchstabe a GATT ist damit ein einziges Zollgebiet an die Stelle mehrerer getreten. Die Binnengrenzen der Gemeinschaft sind in dieser Hinsicht entfallen und Gemeinschaftswaren können frei zwischen den Mitgliedstaaten verkehren.[452]

449 So auch Kirchhoff, S. 60; die vom EuGH – Anastasiou, Rs. C-432 /92, Urteil vom 5. Juli 1994, Rn. 45 vertretene Ansicht, die dem Abkommen gemäß geschlossenen Finanzprotokolle seien „mehrfach der gesamten zyprischen Bevölkerung zugute gekommen" wirkt daher recht blass.

450 Für solche Maßnahmen vgl. z.B. Talmon, S. 728 f., dies gilt besonders für landwirtschaftliche Exporte aus dem Norden, die zumeist aus der Messaoria-Ebene stammen dürften, der einzigen großen Ebene Zyperns, die vor der Teilung in fast ausschließlich griechischzyprischer Hand war.

451 Artikel 23 Absatz 1EG, der diese Aufgabe als Verbot von Binnenzöllen und sämtlichen Maßnahmen gleicher Wirkung untereinander definiert sowie die Erhebung eines gemeinsamen Außenzolls.

452 Das einheitliche Zollgebiet der EG wird in Artikel 3 des Zollkodex der Gemeinschaft (ZK) abweichend von Artikel 299 EG definiert, Verordnung (EWG) Nr. 2913/92 des Rates vom 12. Oktober 1992 zur Festlegung des Zollkodex der Gemeinschaften, Amtsblatt Nr. L 302 vom 19. Oktober 1992.

Um auch die Industrien bestimmter Drittländer und Gebiete [453] in den Genuss der aus dem gemeinsamen Markt erwachsenden Handelsvorteile kommen zu lassen, werden große Teile des Außenhandels der Gemeinschaft mit Hilfe von Präferenzregelungen und -abkommen durchgeführt. Mit ihnen werden gegenüber dem normalen Zolltarif einseitig oder gegenseitig Zollsenkungen und Zollbefreiungen für die Einfuhr bestimmter Waren gewährt,[454] um Integrationszonen verschiedener Dichte zu bilden. Sie reichen von auf wenige und genau bestimmte Produkte begrenzten Präferenzgewährungen über Freihandelszonen bis zur Zollunion und Vorbereitung auf einen Beitritt zur EU.[455] In dieses Schema gehört auch die genannte Dreiteilung von Assoziierungsabkommen in Entwicklungs-, Freihandels- und Beitrittsassoziierungen.[456]

Soweit die Gemeinschaft über die Ermächtigung zu Assoziationsabkommen im Rahmen von Artikel 310 EG handelsrechtliche Vereinbarungen eingeht, ist sie allerdings an Regeln gebunden, die für die Verwirklichung der zu Beginn von Artikel 23 EG genannten Ziele notwendig sind.[457] Als Freihandelsassoziation mit dem Ziel einer Zollunion gehört das Präferenzabkommen mit der Republik Zypern ebenso zum Außenhandel der Europäischen Gemeinschaft wie zum Assoziationsrecht und ist somit Gegenstand der Gemeinsamen Handelspolitik gemäß des Dritten Teils, Titel IX EG. Besonders entsteht durch die präferentielle Behandlung oder sogar Gleichstellung von Drittlands- mit Gemeinschaftswaren die Gefahr, dass Handelsströme aus Drittländern in die EG über die bevorzugten Länder umgeleitet werden, um den Regelsatz der EG-Zölle zu unterlaufen.[458] Gegenüber dem innerhalb der Gemeinschaft und für verzollte Drittlandswaren geltenden Freiverkehrsprinzip kommt auf Präferenzwaren daher das Ursprungslandprinzip zur Anwendung: Anhand von Ursprungsregeln wird zwischen Gemeinschaftswaren und Waren, die ohne weiteres in den freien Verkehr der Gemeinschaft über-

453 Letztere sind ausschließlich die von Israel besetzten palästinensischen Gebiete, vgl. die Durchführungsverordnung zum Zollkodex (ZK-DVO) 2454/93 der Kommission vom 2. Juli 1993, ABl. L 253 vom 11. Oktober 1993, auf die seit dem 1. Juli 1997 ein Europa-Mittelmeer-Interimsassoziationsabkommen über Handel und Zusammenarbeit zwischen der EG und der Palästinensischen Befreiungsorganisation zugunsten der Palästinensischen Behörde für das Westjordanland und den Gaza-Streifen aufbaut, ABl. L 187 vom 16. Juli 1997.

454 Kirchhoff, S. 1; Schmidt, Ursprungsregeln, S. 2 und 16.

455 Z.T. werden damit die politischen und wirtschaftlichen Beziehungen zur EU gefestigt, z.T. sollen auf diese Weise industrieller und damit auch wirtschaftlicher und sozialer Fortschritt erst ermöglicht werden, Kirchhoff, S. 1 ff.

456 Oben, S. 41.

457 Der Begriff der Assoziation darf nicht darüber hinwegtäuschen, dass die EG hier auch in den sonstigen ihrer Kompetenz unterliegenden Bereichen Regelungen treffen darf.

458 Schmidt, Ursprungsregeln, S. 16; Kirchhoff, S.4.

führt werden können, auf der einen Seite sowie Drittlandswaren auf der anderen unterschieden.[459]

Präferentielle Ursprungsregeln sind jedoch unselbständige technische Hilfsnormen.[460] Sie legen einzig fest, wann die für den bevorzugten Marktzugang notwendige Verbindung einer Ware zur Wirtschaft des jeweiligen Präferenzstaats oder Gebiets vorliegt, so dass Zollpräferenzen auch nur auf solche Waren angewendet werden können.[461] Zu den materiell-rechtlichen Bestimmungen über den Warenursprung müssen sich deshalb auch formell-rechtliche Regelungen für deren praktische Umsetzung gesellen.[462] Das erfordert die Organisation der Zusammenarbeit der Behörden der beteiligten Staaten und Nachweise für die Erfüllung der Voraussetzungen der Ursprungsregeln.

Das Prinzip der Ursprungsbestimmung verlangt so für jede Ware einen positiven Nachweis der Präferenzberechtigung in Form einer die Ware begleitenden Warenverkehrsbescheinigung.[463] Die sogenannte Kyoto-Konvention der *World Customs Organization* (WCO) [464] sieht hierfür drei verschiedene Formen von Ursprungsnachweisen vor, wobei nur für das Ursprungszertifikat die Ursprungseigenschaft der Ware ausdrücklich von einer bevollmächtigten öffentlichen Stelle bestätigt wird. Als förmlicher Präferenznachweis ist das Zertifikat eine rechtsfeststellende, begünstigende Entscheidung der Zollbehörden im Sinne von Artikel 4 Nummer 5 ZK.[465] Bei der *certified declaration of origin* im Sinne des WCO-

---

459 Kirchhoff, S. 15 f.

460 Kirchhoff, S. 18; Kaufmann, Ursprungsregeln, S. 34.

461 Kirchhoff, S. 4; Schmidt, S. 1; grundsätzlich ist in der Gemeinschaft zwischen präferentiellem und nichtpräferentiellem Ursprung zu unterscheiden, vgl. Titel 2 Kapitel 2 ZK. Während präferentielle Ursprungsregeln bestimmten Waren eine Vorzugsbehandlung sichern sollen und daher grundsätzlich frei gestaltet werden können, bilden nichtpräferentielle Ursprungsregeln die Grundlage für andere handelspolitische, oft auch den Marktzugang beschränkende Maßnahmen wie Dumping- und Ausgleichszölle. Alleine der Verhinderung von Verkehrsverlagerungen dienend sollten sie deswegen neutral abgefasst werden; Schmidt, Ursprungsregeln, S. 1 f. und 21 f; Kirchhoff, S. 17 f.

462 Kirchhoff, S. 57.

463 Ferschl, S. 387; anders ausgedrückt gilt hier gegenüber dem Freiverkehr in der EU das positive Nachweisprinzip. Für die EU lässt sich damit aber nicht nur die Zuordnung einer Ware zu einem Präferenzgebiet nachvollziehen, erst mit dieser Bescheinigung kann sie wegen der fehlenden Harmonisierung der Ursprungsregeln in den verschiedenen Regelungen auch die Einhaltung der Ursprungsregeln überhaupt prüfen, Kirchhoff, S. 57, vgl. EuGH – Solange Chiffre, Urteil vom 24. Februar 1994, Rs. C-368/92, Slg. 1994, I-605, Rn.10, 13.

464 Internationales Übereinkommen zur Vereinfachung und Harmonisierung der Zollverfahren, Kyoto, 18. Mai 1973, UNTS 950 (1974), 13561; die EU ist der Konvention durch Beschluss 75/199/EWG, ABl. L 100 vom 21. April 1975 beigetreten, ebenso hat sich der Rat durch Beschluss 2003/231/EG, ABl. L 86 vom 03. April 2003 über den Beitritt zum Änderungsprotokoll der Konvention von 1999 geeinigt.

465 Kirchhoff, S.64; Witte – Prieß, Art. 27 ZK, Rn. 33.

Abkommens handelt es sich um eine private Ursprungserklärung, die von einer bevollmächtigten Stelle lediglich beglaubigt wird. *Declarations of origin* sind gegenüber den zollamtlichen Erklärungen der Ursprungszeugnisse sogar rein private Wissenserklärungen der Ausführer über die Ursprungseigenschaft auf der Rechnung oder einem anderen Handelspapier.[466] Innerhalb dieser Nomenklatur verlangte das Ursprungsprotokoll mit Zypern regelmäßig Nachweise in der Form von Ursprungszertifikaten (Warenverkehrsbescheinigungen EUR.1, Artikel 6 fortfolgende), ließ entsprechend den Regeln des WCO-Abkommens für Sendungen von einem bestimmten geringeren Wert aber grundsätzlich private Ursprungserklärungen (Formblatt EUR.2, am selben Ort) genügen.

Dass es sich beim Abkommen zwischen Zypern und der EU um eine Form von Kooperation handelte, wird vornehmlich bei einem Blick auf die Regelung der Zusammenarbeit der verschiedenen staatlichen Verwaltungsstrukturen deutlich. Die Bestimmung des Warenursprungs beruht in den EU-Regelungen regelmäßig auf einer Verteilung der Zuständigkeiten zwischen den Behörden des Einfuhr- und des Ausfuhrstaats.[467] Die Zollverwaltung des jeweiligen Ausfuhrlandes ist am besten in der Lage, die für den Präferenzursprung maßgebenden Tatsachen festzustellen.[468] Die in allen Abkommen und Regelungen vorausgesetzte enge Zusammenarbeit beruht daher auf einer grundsätzlichen Prüfung des Präferenzstatus durch die Zollbehörden des Ausfuhrlandes und eigenen Kontrollen der Behörden des Einfuhrstaates mit Hilfe der Behörden des Ausfuhrstaates nur im Bedarfsfall.[469] Damit hierbei sämtliche zur Erteilung von Warenverkehrsbescheinigungen befugten Stellen offiziell be- und anerkannt sind, werden dafür der Kommission Namen, Anschriften und Muster der verwendeten Stempel von allen Ausstellungsbehörden und denen für nachträgliche Kontrollen übermittelt.[470] Ferner verpflichten sich die beteiligten Behörden zur Auskunft und Mitwirkung hierüber und zur Gestattung der Kontrolle der Echtheit des Dokuments und der Richtigkeit der Angaben über den Ursprung. Solange diese Pflichten nicht erfüllt sind, ist eine Präferenzgewährung zu versagen.[471]

---

466 BFH vom 16.10.1986, ZfZ 1987, S. 47 (49); Zollstellen müssen hierbei also nicht eingeschaltet werden.

467 Vgl. Art. 10 ff. des Zusatzprotokolls zum Assoziationsabkommen und die Art. 6 ff. des entsprechend geänderten Ursprungsprotokolls.

468 EuGH – Faroe Seafood vom 14. Mai 1996, Rs. C-153/94 und C-204/94, Slg. 1996, I-2465, 2511, Rn. 19.

469 Vgl. dazu auch Artikel 22 und 24 des Ursprungsprotokolls der Assoziation mit der Republik Zypern. Aus Artikel 24 Abs. 3 lässt sich das Bedürfnis schneller reibungsloser Mitteilung der Ergebnisse der Nachforschungen besonders klar entnehmen.

470 Kirchhoff, S. 58.

471 Vgl. BFH vom 20.01.1998, RIW 1998, S. 485 ff., dies gilt auch für nachträglich ausgestellte Zeugnisse, solange im Zeitpunkt der Ausstellung diese Pflichten noch nicht erfüllt sind.

3) Rechtsprechung des EuGH zu Waren mit Ursprung in der TRNZ

Vor diesem Hintergrund schien die Linie des EuGH weitestgehend vorgegeben.[472] Allerdings war den Ursprungsregeln auch das Diskriminierungsverbot in Artikel 5 des Assoziationsabkommen vorangestellt. Der sich daraus ergebende Schutzzweck erstreckte sich auch auf die türkischzyprische Volksgruppe und musste vom EuGH mit den wirtschaftsrechtlichen Mechanismen in Einklang gebracht werden.

Gegenstand der Klage im Fall *Sunzest* [473] zu Beginn der neunziger Jahre war ein Schreiben der Kommission, das ein äußerst widersprüchliches Licht auf ihr Verhalten gegenüber der Republik Zypern und der TRNZ wirft. Bei vielen Mitgliedstaaten und der Kommission selbst war es weit verbreitete Praxis, Bescheinigungen von nordzyprischen Behörden allgemein anzuerkennen. In diesem Schreiben, das auch für die spätere Auslegung der Ursprungsregeln eine wichtige Rolle spielen sollte, betonte der seinerzeitige Generaldirektor der DG VI (Landwirtschaft) jedoch, dass aufgrund der Pflanzengesundheitsrichtlinie 77/93/EWG [474] von nordzyprischen Behörden ausgestellte Gesundheitszertifikate nicht anerkannt werden könnten. Aufgrund von Beschwerden hatte die Kommission Kenntnis von unterschiedlichen Vorgehensweisen der Mitgliedstaaten erhalten, was die Voraussetzungen für die Zulassung von Produkten aus Zypern anging.[475] Gegen diesen Akt, der ihrer Ansicht nach eine Entscheidung der Kommission darstellte, klagten Importeure von Zitrusfrüchten aus dem Norden mit dem Argument eines Verstoßes gegen Artikel 5 des Abkommens auf Schadensersatz. Der Gerichtshof verwarf die

472 Hinzu kam, dass der EuGH die Notwendigkeit strikter Anwendung der Regeln über die Verwaltungszusammenarbeit bereits 1984 festgestellt hatte, EuGH – Les Rapides Savoyards, Urteil vom 12. Juli 1984, Rs. 218/83, Slg. 1984, 3105, Rn. 26 bis 30, vgl. auch EuGH – Huygen, Urteil vom 7. Dezember 1993, Rs. C-12/92, Slg. 1993, I-6381 und sogleich im Urteil in der Rechtssache Anastasiou, Rn. 38.

473 EuGH – Sunzest, Beschluss vom 13. Juni 1991, Rs. C-50/90, Slg. 1991, I-2917.

474 Richtlinie 77/93/EWG des Rates vom 21. Dezember 1976 über Maßnahmen zum Schutz gegen das Verbringen von Schadorganismen der Pflanzen oder Pflanzenerzeugnisse in die Mitgliedstaaten, ABl. L 26 vom 31. Januar 1977, inzwischen ersetzt durch Richtlinie 2000/29/EG vom 8. Mai 2000, ABl. L 169 vom 10. Juli 2000, die in den relevanten Teilen inhaltlich identisch ist.

475 EuGH – Sunzest, aao., Rn. 5 und EuGH – Anastasiou, Urteil vom 5. Juli 1994, Rs. C-432/92, Slg. 1994, I-3087, 3097, Rn. 20 der Schlussanträge von GA Gulmann, auf die sich der EuGH im Urteil weitestgehend bezog. Auf der anderen Seite übermittelte die Kommission den mitgliedstaatlichen Behörden hingegen Muster der von den türkischzyprischen Behörden verwendeten Stempel und Unterschriften, EuGH – Anastasiou, aaO., I-3097, vgl. ferner dort S. I-3096 f., Rn. 15; mwN. auch Talmon, S. 732 f., Fn. 26.

Klage aber als bereits unzulässig, so dass eine inzwischen überfällige Klarstellung verschoben worden war.[476]

Damit waren weitere Klagen von der anderen Seite, dieses Mal also von südzyprischen Importeuren, absehbar. Das entscheidende Urteil fiel schließlich in der Rechtsache *Anastasiou* drei Jahre später. Darin untersagte der EuGH die Handelspraxis der Kommission und der betreffenden Mitgliedstaaten.[477] Auch dieses Urteil beendete die Diskussion nicht vollständig,[478] doch hatte es für die Türkischzyprer bereits wirtschaftlich gravierende Folgen. Die Konkurrenzfähigkeit ihrer Waren war ohne die Zollpräferenzen deutlich verschlechtert.[479] Ebenso konnten landwirtschaftliche Produkte nicht mehr direkt in die EU exportiert werden.[480]

a) Regelungsvorbehalt der gemeinsamen Handelspolitik

aa) Enge Auslegung von Artikel 5 der Assoziation

Gegenstand des Urteils war die Auslegung des Assoziationsabkommens zwischen der EG und der Republik Zypern. Die Frage, ob unter diesem Abkommen auch Ursprungszertifikate aus dem Norden akzeptabel seien, legte der EuGH dahin aus, dass dies eine Abwandlung des klaren und eindeutigen Wortlautes des Abkommens bedeuten würde.[481] Auch hier bestätigte sich im Grunde wieder das bereits angesprochene Problem, dass die zur Republik Zypern gehörende Volksgruppe und ein türkischzyprischer Staat mit eigenem Legitimationsanspruch nicht unter die gleichen Regeln und Privilegien fallen.[482] Bereits aus diesem Grund musste es unmöglich sein, Stempel, Siegel und Unterschriften im Namen der TRNZ anzuerkennen.[483] Die Mitgliedstaaten akzeptierten jedoch zum Teil Stempel, die den Namen „Republic of Cyprus“ trugen.[484] Eine andere Frage war es daher, ob sich

---

476 Auf der Grundlage älterer Rechtsprechung verneinte der EuGH, dass es sich bei dem fraglichen Schreiben der Kommission um eine Entscheidung handelte, da es keinerlei Regelungsgehalt aufweise, denn die Durchführung der Richtlinie sei nicht Aufgabe der Kommission, sondern der Mitgliedstaaten. Das Schreiben sei vielmehr eine reine Meinungsäußerung der Kommission, vgl. EuGH – Sunzest, aaO., Rn. 12 f.

477 EuGH – Anastsaiou, aaO.

478 Erst das Urteil EuGH – Anastasiou II, Urteil vom 4. Juli 2000, Rs. C-219/98, Slg. 2000, I-5241 schaffte hinreichende Klarheit und setzte damit einen Schlusspunkt unter die Debatte.

479 Dazu eindringlich Talmon, S. 737.

480 Ein Streit über die Zulässigkeit indirekter Importe führte im Jahr 2000 dann zu dem Urteil *Anastasiou II*.

481 EuGH – Anastasiou, aaO., Rn.37 ff.

482 Oben, S. 95 f.

483 Dies wurde von der Kommission auch nicht bestritten, siehe die Schlussanträge von GA Gulmann, Rn. 17.

484 Mit dem Zusatz „Ministry of Agriculture“ oder „Turkish Federated State of Cyprus“.

aus der Nichtanerkennung der TRNZ für die EU im Umkehrschluss ergab, dass die Türkischzyprer im Inselnorden faktisch in den Anwendungsbereich des Abkommens einzubeziehen waren, und welche Folgen daraus für die Anwendung des Abkommens, etwa die Anerkennung von Zertifikaten der TRNZ-Behörden, erwuchsen.

Die Systematik des Urteils ist dabei nach einigen vorangestellten, grundsätzlichen Überlegungen zur Natur von Ursprungszeugnissen in zwei Argumentationslinien unterteilt. Für die Akzeptanz türkischzyprischer Bescheinigungen innerhalb des Abkommens spielte die völkerrechtliche Verankerung des Abkommens eine entscheidende Rolle.[485] Aufgrund dessen legte der EuGH das Abkommen anhand von Artikel 31 WVK aus und die Kommission verwies auf das Gutachten des IGH über Namibia, um zu untermauern, dass die Zivilbevölkerung Nordzyperns nicht durch staatliche Maßnahmen benachteiligt werden dürfe.[486] Dabei konnte sich der EuGH kaum darüber hinwegsetzen, dass die zyprischen Behörden aufgrund der gegenseitigen Verpflichtung ausdrücklich auf die der Republik Zypern eingegrenzt waren. Dementsprechend durfte es nicht ausreichen, alleine auszuschließen, welche Güter nicht als zyprische Waren gelten würden, und deshalb auch den Behördenbegriff nur negativ abzugrenzen.[487] Genau darin lag aber eine einseitige und deswegen rechtswidrige Abänderung des Abkommens.[488]

Die damit einhergehende restriktive Auslegung des Diskriminierungsverbotes aus Artikel 5 fügt sich nahtlos in das Bild der ständigen Rechtsprechung des EuGH zu den Handelsabkommen der Gemeinschaft. Anders als bei den weiten Diskriminierungsverboten im EG [489] muss bei solchen Abkommen auf dessen vorrangig völkerrechtliche Natur Rücksicht genommen werden, wo es einen *effet utile* oder das Primat des Gemeinschaftsrechts nicht gibt. Wenn es der jeweilige Vertragszweck erlaubt, werden solche Abkommen als Bestandteil des Gemeinschaftsrechts durchaus parallel zu diesem ausgelegt.[490] Bei Freihandelsabkommen ist jedoch zu berücksichtigen, dass sie eben keine annähernd so weit reichende Integration wie den Gemeinsamen Markt beziehungsweise den Binnenmarkt im Sinne des EG als

---

485 EuGH – Anastasiou, aaO., Rn.43 ff., an dieser Zweiteilung orientiert sich auch die Kommentierung von Emiliou, S. 206 ff.

486 Eine Analogie, die der EuGH, aaO., Rn. 49 aber zu Recht und mit kurzem Verweis auf die Begründung von GA Gulmann, Rn. 57 ff. verwarf.

487 Die Artikel 6 ff. des Ursprungsprotokolls sprechen ausdrücklich von den Behörden des Ausfuhrstaates.

488 Vgl. EuGH – Anastasiou, aaO., Rn. 50 f., weswegen Emiliou, S. 208, darin eine unerlaubte Einmischung in die inneren Angelegenheiten der Republik erblickte.

489 Man denke neben den über den gesamten Vertrag verstreuten speziellen Gleichheitssätzen wie Art. 141 EG nur an das subsidiäre Verbot in Artikel 12, auf das im Notfall häufig zurückgegriffen wird.

490 Weber, S. 313.

Zweck verfolgen, sondern nur den Handel zwischen den Vertragsparteien liberalisieren sollen.[491]

Eine Auslegung an den strikten Erfordernissen des Gemeinschaftsrechts wurde indessen für das Verbot von Abgaben gleicher Wirkung zugelassen, da sie funktionell in engem Zusammenhang mit den eigentlichen Zöllen stehen und für die Beseitigung von Handelshemmnissen eine gleichwertige Rolle spielen.[492] Für das Verbot von Maßnahmen gleicher Wirkung gemäß Artikel 4 der Assoziation mit Zypern konnte man demnach also durchaus von einer weiten Auslegung ausgehen. Im *Anastasiou*-Fall tat dies der EuGH bei den Ursprungsregeln und dem Behördenbegriff des Ursprungsprotokolls ausdrücklich.

Anders lag die Sache jedoch bei Artikel 5, da hier ein unmittelbarer Zusammenhang mit dem Abbau von handelsrechtlichen Hürden zwischen der EU und Zypern als Vertragsparteien nicht gegeben war. Eingefügt wurde er aufgrund der latenten Spannungen zwischen den Volksgruppen Zyperns und sollte die Anwendung auf beide klarstellen.[493] Während das Hauptziel aus Artikel 2 auch nach der Invasion noch verwirklicht werden konnte und das Abkommen folglich von allen Seiten als weiterhin bindend angesehen wurde, war für Artikel 5 deshalb absehbar, dass er aufgrund der tatsächlichen Situation nur eingeschränkt anwendbar sein würde.[494] Eine weite Auslegung des Diskriminierungsverbotes musste zwangsläufig mit den Ursachen und Anstrengungen im innerzyprischen Konflikt kollidieren und konnte und wurde als Eingriff in die inneren Angelegenheiten der Republik Zypern gewertet.[495] Folglich beschränkt sich Artikel 5 in der Auslegung durch den EuGH auf die Rolle einer untergeordneten Auslegungshilfe für den Warenverkehr EU – Zypern, die zudem nicht positiv definiert werden musste. Der Gerichtshof übte sich hier umso mehr in richterlicher Zurückhaltung, als über die

---

491 Weber, S. 313 f., mwN aus der Rechtsprechung des EuGH.

492 EuGH – Legros, Urteil vom 16. Juli 1992, Rs. C-163/90, Slg. 1992, I-4625, Rn. 26, vgl. auch EuGH – Sociaal Fonds Diamantarbeiders, Urteil vom 1. Juli 1969, verb. Rs. 2 und 3/69, Slg. 1969, 211.

493 So der Vortrag von Kommission und britischer Regierung, Anträge GA Gulmann, Rn. 42.

494 In den aufeinander folgenden Akten der Verzögerung des Übergangs zur zweiten Stufe des Abkommens im Zusatzprotokoll von 1977, aaO. Fn. 445, und einer Verbalnote der Republik Zypern Ende 1983, der zufolge allein Warenverkehrsbescheinigungen ihrer Behörden gelten durften, zeigte sich, dass die Geschäftsgrundlage des Abkommens selbst durch die Teilung berührt war.

495 Dementsprechend der Hinweis in EuGH – Anastasiou, aaO., Rn. 47, vgl. auch Emiliou, S. 208; in *Anastasiou II,* aaO., wird dagegen des Öfteren die internationale Courtoisie für die Akzeptanz von Handlungen von Beamten der Türkei und eine enge Auslegung bemüht, obwohl es sich dort sogar um Binnenrecht der Gemeinschaft handelt, freilich auf der Grundlage eines völkerrechtlichen Abkommens, vgl. GA Fennelly in *Anastasiou II*, Rn. 22 und 34, und Talmon, S. 741.

Anwendung des Ursprungsprotokolls und somit auch den Rang von Artikel 5 weder im Assoziationsrat noch im Ministerrat Einigkeit herrschte.[496]

bb) Regelungsvorbehalt des EG-Vertrags

Wesentlich wichtiger sind aus Sicht der EU indessen die Konsequenzen der zweiten Argumentationskette. Die sich aus der Unvereinbarkeit von Praxis und Abkommen ergebende Frage war, ob denn generell, das heißt außerhalb des Abkommens, eine Zusammenarbeit zwischen der EU und den Behörden Nordzyperns weiterhin möglich wäre. Der EuGH hat diese kategorisch abgelehnt und sich damit den mehr oder weniger direkten Vorwurf politischer Justiz zugezogen.[497] In seinen Ausführungen zu Beginn schien der Gerichtshof über die Assoziation hinaus festgestellt zu haben, dass eine Zusammenarbeit nur dann zulässig wäre, wenn die TRNZ selbst von der EU anerkannt sei.[498] Diese Ausgangsüberlegung führte dann zum Resultat der beiden Argumentationen.

Grund für das Ergebnis dieser zweiten Linie waren jedoch vorwiegend die Grundlagen der gemeinsamen Handelspolitik. Diese fällt, anders als die Durchführung der Präferenzregelungen, unter die Zuständigkeit der EG und nicht der Mitgliedstaaten. Artikel 133 Absatz 1 EG fordert zudem ausdrücklich die Gestaltung der gemeinsamen Handelspolitik nach einheitlichen Grundsätzen. Gerade die uneinheitliche und zudem auch nicht widerspruchsfreie Praxis von Kommission und Mitgliedstaaten hatte aber, wie so oft, die Gefahren für die effektive Anwendung des Gemeinschaftsrechts, im Besonderen hier für die Handelspolitik, aufgezeigt.[499] Dabei dürfte dem EuGH kaum entgangen sein, dass Artikel 133 EG auch die formelle Vorgehensweise für deren Durchführung ausführlich regelt.[500] Ein solchermaßen geregeltes Vorgehen war im Fall *Anastasiou* freilich nicht zu erkennen.

Die Antwort auf die Frage nach der Zulässigkeit einer Zusammenarbeit mit den Behörden eines nicht anerkannten Gebildes wie der TRNZ war aus Sicht des EuGH nicht eine politische, sondern zwingend eine rechtliche Entscheidung.[501] Es

---

496 Vgl. EuGH – Anastasiou, aaO., Rn. 51 f., Cremona, S. 135.

497 Vgl. Cremona, S. 133 ff. und Talmon, S. 727, 749 f.

498 Vgl. EuGH – Anastasiou, aaO., Rn. 40.

499 EuGH – Anastasiou, aaO., Rn. 52 ff.

500 Nicht wesentlich anders wäre es im Fall Assoziation, für die es grundsätzlich das Verfahren von Artikel 300 einzuhalten gilt, vgl. auch iÜ Artikel 133. Artikel 310 enthält gegenüber den einschlägigen Artikeln 133 und 300 keine Vorschriften, wie Handelsvereinbarungen mit Drittstaaten zu begründen sind. Eine andere Möglichkeit bestünde im einseitigen Erlass von Zollvergünstigungen gemäß Artikel 26 EG.

501 Anders interpretierten das Urteil, wie gesagt, Talmon, S. 727, 749 f. und Cremona, S. 134 f.

ist Aufgabe und Ergebnis des Verfahrens von Artikel 133 EG, festzustellen, welche Zertifikate anerkannt werden dürfen. Diese Schlussfolgerung zeichnet sich klar ab, wenn man berücksichtigt, dass die EG keine Schwierigkeiten damit hatte, nach dem *Anastasiou*-Urteil durch Verordnung 1084/95/EG die Anerkennung von Warenverkehrsbescheinigungen der Republik Taiwan zu ermöglichen.[502] Leider versäumte es der EuGH, sich hinreichend klar darüber zu äußern, dass es in diesem Verfahren eigentlich um nichts anderes ging als um einen Regelungsvorbehalt. Als Voraussetzung für die Anerkennung von Ursprungszertifikaten von Drittlandsbehörden lässt er sich, wenn überhaupt, nur mittelbar entnehmen, und verleitete in der generelleren politischen Auseinandersetzung über die TRNZ zu Missverständnissen.

Anders ausgedrückt war das eigentliche Ergebnis des Urteils, dass es eine Regelung für Zypern zwar gab, nicht jedoch für oder mit der TRNZ. Ungeachtet der verfahrensrechtlichen Ausgestaltung ist die Zusammenarbeit mit Behörden von völkerrechtlich nicht anerkannten Rechtssubjekten, wie jede Form von Zusammenarbeit mit Dritten oder eine Anerkennung selbst, eine politische Entscheidung außerhalb der Entscheidungsgewalt des Gerichts.[503] Ohne eine derartige Entscheidung ist keinerlei Zusammenarbeit möglich, was deshalb als grundsätzliche Überlegung vor die Klammer aller nachfolgenden Argumente gezogen wurde. Die explizite Erwähnung der Anerkennung ist in dieser Form nicht besonders glücklich und sollte aus diesem Grund nicht zu sehr betont werden.

b) Zusammenarbeit im Rahmen der Pflanzengesundheitsrichtlinie

Auch die Richtlinie für Pflanzengesundheit [504] setzt die Zusammenarbeit von Behörden der Mitgliedstaaten mit solchen anderer Länder voraus. Aufgrund dessen werden Pflanzengesundheitszeugnisse über die Unbedenklichkeit der in die EU zu importierenden Pflanzen und landwirtschaftlichen Produkte nach den Anforderungen der Richtlinie erteilt. Diese Kontrollen werden gemäß Artikel 12 Absatz 1 der Richtlinie von den Dienststellen durchgeführt und beglaubigt, die dazu aufgrund der natio-nalen Rechtsvorschriften des Ausfuhrlandes ermächtigt sind. Auch hier können Nachkontrollen im Sinne eines reibungslosen Verkehrs zwi-

502 Verordnung der Kommission vom 15. Mai 1995, ABl. L 109 vom 16. Mai 1995, ein Umstand, auf den Talmon, S. 747 f. selber hinweist. Völkerrechtlich wird Taiwan ebenfalls nicht als unabhängiger Staat anerkannt, gilt als Teil der Volksrepublik China und befindet sich also in einer zur TRNZ vergleichbaren Situation. Das Urteil war also keineswegs in der Weise „selbstverständlich", die Chrysostomides, S. 300 ff. Glauben machen will, da es von der Ambivalenz des Begriffs der Anerkennung geprägt ist.

503 Zutreffend Talmon, S. 749.

504 Oben, Fn. 474.

schen den Ländern nur begrenzt vorgenommen werden.[505] Doch ist die Bedeutung der Richtlinie als Harmonisierungsmaßnahme zu berücksichtigen, also deren gemeinschaftsweit einheitliche Anwendung.[506] Das gemeinsame Prinzip, das hinter der Ausstellung und Anerkennung von beiden Zertifikationsarten steht, ist somit die Rechtseinheit. Vorbehaltlich spezieller Regelungen, etwa die Zollvereinbarungen zwischen der EG und Zypern und gegebenenfalls die Pflanzengesundheitsrichtlinie, steht einer ordnungsgemäßen Ausstellung von Zertifikaten also nichts entgegen.[507]

Im Rechtsstreit, der zum Vorlageverfahren *Anastasiou II*[508] führte, wollten die Kläger die Pflanzengesundheitsrichtlinie nun so ausgelegt wissen, dass sie in jedem Fall eine Zusammenarbeit mit den Behörden Zyperns voraussetzte. Die türkischzyprischen Exporteure von Zitrusfrüchten hatten drei Tage nach dem ersten *Anastasiou*-Urteil des EuGH damit begonnen, diese über die Türkei in die EU auszuführen, wobei die Schiffe mit ihrer Ladung weniger als 24 Stunden in türkischen Häfen lagen, um dort lediglich die Ladung inspizieren und mit Gesundheitszeugnissen ausstatten zu lassen.[509] Der Gerichtshof hatte aber schon im *Anastasiou*-Fall auch bei Gesundheitszeugnissen auf die Anerkennungsproblematik und die Unmöglichkeit einer Zusammenarbeit mit türkischzyprischen Behörden abgestellt.[510] Was die Kläger vor dem vorlegenden englischen House of Lords also wollten, war eine inhaltliche Übertragung der Rechtsprechung über Ursprungsregeln auf die Voraussetzungen zur Erteilung von Gesundheitszeugnissen.[511]

Materiell unterscheidet die Richtlinie zwischen Gemeinschaftserzeugnissen und denen aus Drittländern.[512] Erzeugnisse aus den Mitgliedstaaten müssen in jedem Fall am Erzeugungsort kontrolliert werden, weil sie im Prinzip vom Zeitpunkt der Ernte an gemeinschaftsweit vermarktet werden können.[513] Für den Import von Drittlands-erzeugnissen gelten hingegen besondere Voraussetzungen, darunter für die hier umstrittenen Zitrusfrüchte das Erfordernis einer geeigneten Ursprungs-

505 EuGH – Anastasiou, aaO., Rn. 62 ff.
506 EuGH – Anastasiou, aaO., Rn. 56; Schlussanträge GA Gulmann, Rn. 73 f.
507 So auch Cremona, S. 132 f.
508 Oben, Fn. 478.
509 Vgl. Talmon, S. 737.
510 EuGH – Anastasiou, aaO., Rn. 63.
511 Vgl. die vorige Fn. mit EuGH – Anastasiou II, aaO., Rn. 16 f. und den Ausführungen der Kläger in *Anastasiou II*, aaO. in der Wiedergabe durch GA Fennelly, Rn. 25.
512 Vgl. den Wortlaut von Artikel 7 und 8, auf die auch Artikel 12 Absatz 1, lit. b der Richtlinie verweist.
513 GA Fennelly, Rn. 31.

kennzeichnung.[514] Die Kläger des Ausgangsverfahrens, Griechenland und der sich ihnen anschließende Generalanwalt waren der Ansicht, dass mit der geeigneten Ursprungskennzeichnung ein Gesundheitszeugnis aus dem Ursprungsland gemeint war.[515] Nur dort könnten mit dem über die Artikel 6 und fortfolgende innerhalb der EU etablierten Schutzniveau vergleichbare Untersuchungen vorgenommen werden. Die in Artikel 9 der Richtlinie enthaltenen Ausnahmen für Fälle, in denen das Zeugnis nicht im Ursprungsland ausgestellt werden musste, sondern dies auch im Ausfuhrland geschehen konnte, wären demnach teleologisch begrenzt.

Tatsächlich besagt Artikel 12 Absatz 1, mit wem zusammenzuarbeiten ist. Artikel 12 Absatz 1 begründet die Zusammenarbeit aber nicht nur, sondern begrenzt sie auch bewusst auf das Versandland.[516] Folglich sind Zeugnisse von den Behörden des Versandlandes solange anzuerkennen, wie sie den Anforderungen aus Artikel 9 entsprechen, denn dieser ist es, der die Voraussetzungen dafür nennt, wann ein Zeugnis vom Ausfuhr- oder Ursprungsland auszustellen ist. Gleichzeitig ist aber der Gegenschluss unzulässig, wonach die Behörden im Falle der Nichtübereinstimmung mit Artikel 9 auch mit den Behörden des Ursprungslandes zusammenarbeiten müssten, sofern dieses vom Versandland verschieden ist. Artikel 12 Absatz 1 setzt deren Identität eben nicht voraus, im Gegenteil würde die Systematik sowohl von Artikel 12 als auch der Richtlinie im Übrigen dadurch sogar verkannt.[517] Das Schutzniveau würde nämlich durch die von den Gegnern der Anerkennung türkischzyprischer Gesundheitszeugnisse vertretene Ansicht keineswegs erhöht. Die Behörden des mitgliedstaatlichen Einfuhrlandes müssen den Behörden des Drittlandes, in dem das Zeugnis ausgestellt wurde, ohnehin vertrauen und haben keine rechtliche Handhabe zu kontrollieren, welche Voraussetzungen zur Erteilung des Zeugnisses geführt haben.[518] Um ein vergleichbares Schutzniveau dennoch zu erreichen, sieht Artikel 12 aus diesem Grund doppelte Kontrollen vor,

514 Anhang IV Teil A der Richtlinie, sowohl in Artikel 12 Absatz 1 als auch in Artikel 9 erwähnt.

515 So das Ergebnis von GA Fennelly bei Rn. 42 und 46 ff.

516 Vgl. *Anastasiou II*, aaO., Rn. 25 f.

517 Vgl. den EuGH – Anastasiou II, aaO., ab Rn. 22, insbesondere Rn. 23 und 25; GA Fennelly Rn. 36 erhebt diese Zusammenarbeit indessen sogar zur Prämisse: „Unabhängig davon, ob das Pflanzengesundheitszeugnis im Ursprungsland … oder im Absenderland ausgestellt wurde, kann die vom Gerichtshof in Anastasiou I aufgestellte Voraussetzung, dass die Behörden der Mitgliedstaaten in der Lage sein müssen, mit den ausstellenden Behörden Kontakt aufzunehmen, erfüllt werden, sofern es sich um die Behörden eines anerkannten Gebildes handelt."

518 EuGH – Anastasiou II, aaO., Rn. 35.

das bedeutet sowohl an der Grenze zur EU als auch im Drittland,[519] und beschränkt die Zusammenarbeit.[520]

Weil der Schutzzweck der Richtlinie eine Zusammenarbeit nicht zwingend erforderte, läge in einer Nichtanerkennung türkischer Gesundheitszeugnisse, die auf Angaben türkischzyprischer Behörden beruhen, zu guter Letzt auch ein Verstoß gegen die internationale Courtoisie.[521] Denn obwohl die Türkei die TRNZ anerkannt hatte, würde ihr über den Zwang zur Ablehnung entsprechender Zeugnisse aus dem bloßen Umstand der Nichtanerkennung der TRNZ seitens der EU verboten, mit den Behörden der TRNZ zusammenzuarbeiten.[522] Damit folgte der EuGH nicht der Auslegung des Generalanwaltes, dass auch entsprechende Vereinbarungen zwischen Drittländern letztendlich die Voraussetzungen von EG-Recht zu berücksichtigen hätten.

4) Auswirkungen der Assoziation auf Zyperns Beitritt

Wie in der Regel jedes zwischen souveränen Völkerrechtssubjekten vereinbarte Vertragssystem beruhen sowohl Assoziation als auch EU- und insbesondere der EG-Vertrag auf dem Prinzip der Gegenseitigkeit.[523] In der Behandlung Nordzyperns als außerhalb dieser Verträge stehend unterscheiden sie sich damit nicht. Unter dieser Voraussetzung sind die in den *Anastasiou*-Urteilen aufgestellten verfahrensrechtlichen Grundsätze durchaus auf den Beitritt zur EU übertragbar.

Das gilt allerdings nicht für die der Rechsprechung zugrunde liegenden Regelungen des Assoziationsregimes selbst. Dies war bereits deshalb unmöglich, weil das Abkommen noch vor der Teilung in Kraft getreten war, während der Beitrittsvertrag die Konsequenzen der faktischen Teilung zu berücksichtigen hatte. Während die Assoziation ohne größere Schwierigkeiten von den Vertragsparteien und in der Rechtsprechung des EuGH der Realität angepasst werden konnte, bestand hier von vorneherein ein Zustand offensichtlicher Unmöglichkeit.[524] Schließlich hatte der Gerichtshof durch seine Urteile zu verstehen gegeben, dass sich die TRNZ von Unionsrecht nicht gebunden zu fühlen brauchte und dass jenes daher trotz

519 EuGH – Anastasiou II, aaO., Rn. 33.

520 EuGH – Anastasiou II, aaO., Rn. 23. Im Gegenteil wäre für eine vertrauensvolle Zusammenarbeit eine zu weitgehende Reglementierung der Zusammenarbeit sogar kontraproduktiv, vgl. *Anastasiou II*, aaO., Rn. 36 f.

521 So auch Talmon, S. 741, GA Fennelly bezieht sich in Rn. 34, 36 im Übrigen selber auch auf die Courtoisie.

522 Die Effektivität der Zusammenarbeit zwischen Türkei und TRNZ bei Kontrollen kann indessen selbst GA Fennely, Rn. 49 nicht bestreiten.

523 Tomuschat, The Accession of Cyprus, S. 685; zum Prinzip z.B. Kimminich/Hobe, S. 298 ff.

524 Tomuschat, The Accession of Cyprus, S. 684, Uebe, S. 383.

rechtlichem Anspruch der Republik nicht auf das von ihr nicht kontrollierte Gebiet angewendet werden kann. Ein gesondertes Verbot der Diskriminierung zwischen den Volksgruppen war zudem aus europarechtlicher Sicht unnötig, da dies allgemein eines der grundlegenden Prinzipien der Union ist. Es hätte nur erneut ähnliche Unklarheiten heraufbeschworen wie sie über die Bedeutung von Artikel 5 des Assoziationsabkommens bestanden haben.

Somit hat das schließlich in den Beitrittsvertrag aufgenommene Protokoll [525] mehrere Aufgaben. Zuvorderst hat es die Funktion klarzulegen, dass das Gemeinschaftsrecht nicht auf das Gebiet Nordzyperns angewendet wird, um Rechtssicherheit zu schaffen und die Verantwortung der Republik Zypern für dessen Nichtumsetzung hier auszuschließen.[526] Außerdem behandelt es die nachträgliche Anpassung des Beitrittsvertrags im Falle einer umfassenden Konfliktbeilegung und Regelungen, mit denen der Anspruch der Republik auf die ganze Insel noch einmal verdeutlicht werden würde.[527] Hierbei geht es im Grundsatz um die Art der Einbeziehung Nordzyperns in das Zollgebiet der Gemeinschaft, in den übrigen Protokollregelungen aber auch um sonstige Fördermaßnahmen für den Norden.

Auf den ersten Blick verfügt die Europäische Union über ein breit gefächertes Instrumentarium, mit dem auf Initiativen reagiert, aber auch hingewirkt werden kann. Indessen stand das Beitrittsprotokoll von Beginn an in engem Zusammenhang mit dem Annan-Plan. Dieser entwickelte sich jedoch bis zum Beitritt fortwährend weiter, während beim Beitrittsprotokoll dessen enge Beziehung zum Plan aufgrund der Verfahrenszwänge weit im Vorfeld des Beitritts zugunsten einer formellen Regelung aufgegeben werden musste.[528] Durch die historisch so bedingte Unflexibilität des Beitrittswerks war deshalb eine weitgehende Delegation an die sekundärrechtliche Ebene voraussehbar, allerdings nur in den vorgege-

525 Protokoll Nr. 10 über Zypern, ABl. L 236 vom 23. September 2003, S. 955. Entsprechend der vormaligen Teilungssituation in Deutschland gab es auch dort ein Protokoll zum EWG-Vertrag über den innerdeutschen Handel, siehe BGBl 1957 II, S. 984. Dieses war auch – trotz einigem Streit innerhalb der EWG – mit dem bereits in Fn. 191 angesprochenen Grundvertrag nicht obsolet geworden, da es nicht auf der Theorie der Identität von BRD und Deutschem Reich gründete und somit nicht voraussetzte, dass dieses als wirtschaftliche und staatliche Einheit fortbestand, vgl. von Arnim, Das Verhältnis der EWG zur DDR, BB 1973, S. 504. Der Grundvertrag war daher einzig das Signal für die anderen Mitgliedstaaten, die DDR völkerrechtlich anzuerkennen, Zuleeg, Grundvertrag und EWG-Protokoll, EuR 1973, S. 220. Inzidenter wurde der Fortbestand des IdH-Protokolls auch bestätigt durch EuGH – Norddeutsches Vieh- und Fleischkontor, Rs. 14/74 vom 21. Juni 1974, vgl. Vogel-Claussen, Der IdH in der Rechtsprechung des EuGH, NJW 1989, S. 3059.

526 Uebe, aaO., vgl. auch Tomuschat, The Accession of Cyprus, S. 684 f.

527 Anders im Fall des innerdeutschen Handels, da die BRD, wie in Fn. 221 gesagt, nicht für die DDR sprechen durfte, einzig die Situation anfänglicher Unmöglichkeit war identisch, vgl. Tomuschat, The Accession of Cyprus, S. 685 f.

528 Siehe S. 99 f.

benen Spielräumen. Die Erfüllung ihres erst nach dem Referendum über den Annan-Plan gegebenen Versprechens, die nicht unwesentlich von der *Anastasiou*-Rechtsprechung mit verursachte wirtschaftliche Isolation der Türkischzyprer zu beenden, ist damit gleichwohl infrage gestellt.[529] Denn Ausgangspunkt bei der Abfassung des Beitrittsprotokolls war und musste die damals bekannte Blockadehaltung der türkischzyprischen Seite sein. Erst auf dieser Grundlage bestand die Möglichkeit diese wieder zu integrieren.

Als Ergebnis des Assoziationsabkommens bleibt im Hinblick auf den Beitritt im Folgenden festzuhalten: Für den Warenverkehr gelten nach wie vor die vom EuGH aufgestellten Grundsätze, denen zufolge Exporte aus Nordzypern in das Gebiet des gemeinsamen Marktes möglich sind, solange dies nicht für Zollvergünstigungen nötige Warenverkehrsbescheinigungen EUR.1 von Behörden der TRNZ erfordert und die besonderen Voraussetzungen für die Pflanzengesundheit beachtet werden. An dieser Situation hat sich auch nach dem Beitritt nichts geändert. Begrenzungen waren aber weniger in der unvermeidlichen Aufnahme von Ursprungsregeln [530] oder dem Rückgriff auf die Standards der Pflanzengesundheitsrichtlinie zu erwarten, sondern wie schon in der *Anastasiou*-Rechtsprechung durch die Frage der deswegen notwendigen Zusammenarbeit. Die Behandlung von Waren aus dem Norden als Gemeinschaftswaren scheiterte alleine am erforderlichen Nachweis eben dieses Ursprungs. Erfolg oder Misserfolg einer weitgehenden Gleichstellung nordzyprischer Waren mit Gemeinschaftswaren muss mithin ganz wesentlich davon abhängen, wie flexibel das Protokoll das Problem der Zusammenarbeit regelt, ohne dass der Alleinvertretungsanspruch der Republik Zypern gefährdet wird.

---

529 Vgl. FAZ vom 8. Juli 2004, „Kommission will Zyperntürken helfen“ und vom 21. Juli 2004, „Die Neinsager auf Zypern wollen Vertrauen bilden“. Wie erwähnt wurde das Protokoll im Bewusstsein türkischzyprischer Blockadehaltung formuliert.

530 Beim IdH-Protokoll waren hingegen zunächst verschiedene Regulative erwogen worden, z.B. hinsichtlich des Eigenbedarfs der BRD oder der Preisgestaltung; der Fokus lag zunächst weniger auf Ursprungsregeln, vgl. Zuleeg, Grundvertrag und EWG-Protokoll, EuR 1973, S. 221 ff und Scharpf, Bedeutung des IdH für die EWG, S. 265 f. Trotzdem war von Anfang an unstreitig, dass zum Ausnahmecharakter des IdH gehörte, dass dieser sich nur auf Waren deutschen Ursprungs erstreckte, siehe Scharpf, aaO. und von Arnim, Das Verhältnis der EWG zur DDR, BB 1973, S. 501 mit Hinweis auf die EG-Kommission. Mit dem IdH-Protokoll bestand also eine Regelung mit einem bis zum Grundvertrag nicht anerkannten Gebiet, während es für die TRNZ keine vergleichbare Regelung gab. Bis zum Grundvertrag fehlte freilich auch jegliche Rechtsprechung. Erst danach folgten die – nach heutigen Maßstäben – voraussehbaren Urteile, das erste bereits in EuGH – Norddeutsches Vieh- und Fleischkontor, Urteil vom 1. Oktober 1974, Rs. 14/74, Slg. 1974, S. 899, das zweite prinzipiell wichtige aber erst 1989, unmittelbar vor dem Ende von DDR und IdH, EuGH – Schäfer Shop, Urteil vom 21. September 1989, Rs. 12/88, Slg. 1989, S. 2937.

Neu war andererseits die Frage der Aufnahme anderer Materien des Gemeinschaftsrechts. Mit den Konsequenzen der Suspendierung desselben musste sich das Gemeinschaftsrecht auch hier genauer befassen. Allerdings sind hier die möglichen Unterschiede zwischen dem aktuellen Willen der EU und den Vorgaben des Protokolls geringer. Die Rechte aus der Unionsbürgerschaft gelten prinzipiell auch für die Türkischzyprer.[531] Der Ausschluss der Gegenseitigkeit seitens der TRNZ würde indessen zu ihrer einseitigen Bevorzugung führen, so dass die Niederlassung im Süden oder der Nachweis der zyprisch-republikanischen Staatsbürgerschaft als Voraussetzung zwingend zu erwarten ist.[532]

531 Dazu sogleich im nächsten Abschnitt.

532 Dies gilt umso mehr aufgrund der Problematik der türkischen Siedler, die nicht als zyprische Staatsbürger angesehen werden können, Tomuschat, The Accession of Cyprus, S. 685.

VI. Zypern als Mitgliedstaat der Europäischen Union

1) Protokoll Nr. 10 über den Beitritt Zyperns zur Europäischen Union

Die Diskussionen über die Zulässigkeit des Beitritts und die grundsätzliche Beitrittsfähigkeit Zyperns, zuletzt im Zuge des Annan-Plans, führte bis zum Beitritt zu der allgemeinen Annahme über die Aufstellung von zusätzlichen, ungeschriebenen Beitrittsvoraussetzungen.[533] Nicht nur die fortbestehende Teilung gab dazu Anlass, sondern auch ein wirtschaftliches Süd-Nord-Gefälle des Bruttoinlandprodukts von über 10.000 Euro pro Kopf[534] und die im Annan-Plan behandelte, aber immer noch nicht gesicherte Funktionsfähigkeit in der EU. Doch blieben solche Forderungen nach einer Verschärfung der Beitrittsvoraussetzungen allesamt folgenlos.

Der rechtliche Rahmen, in dem sich der Beitritt neuer Mitglieder zur Europäischen Union vollzieht, wird im wesentlichen von Artikel 49 und Artikel 6 Absatz 1 EU gezogen, die wiederum durch die sogenannten Kopenhagener Kriterien genauer definiert werden.[535] Letztere lassen sich in politische Kriterien, das sind die demokratischen, rechtsstaatlichen und menschenrechtlichen Voraussetzungen aus Artikel 49 Absatz 1 in Verbindung mit Artikel 6 Absatz 1 EU, sowie wirtschaftliche Voraussetzungen und die Verpflichtung zur Übernahme des Acquis Communautaire einteilen.[536]

Da nun alleine die Republik Zypern völkerrechtlicher Verhandlungspartner der Union über den Beitritt war, ist die Erfüllung der politischen Kriterien durch sie alleine ausreichend, auch wenn die für einen Beitritt notwendige politische Stabi-

---

533 Vgl. auch S. 42 ff. zur Deutung der Beitrittsgeschichte und z.B. Chrysostomides, S. 460 ff., der als weitere politische Kriterien für Zypern die Lösung des Zypernskonfliktes, den Rückzug aus der Non-Aligned-Bewegung sowie die Vermeidung von Spannungen im Verhältnis zur Türkei nennt. Letzteres war jedoch auch Gegenstand des Annan-Plans, z.B. Artikel 1 Absatz 5 der sog. „Main Articles" über „spezielle freundschaftliche Beziehungen mit Griechenland und der Türkei".

534 15.010 Euro im Süden gegenüber 4.400 Euro im Norden, vgl. den umfassenden Monitoring-Bericht über die Vorbereitung Zyperns auf die Mtgliedschaft 2003, SEK (2003) 1202, S. 5, Fn. 2; das BIP der BRD beträgt zum Vergleich rund 24.000 Euro.

535 Artikel 49 EU ersetzt den früher in den Artikeln 237 EWGV, 205 EAGV und 98 EGKSV jeweils eigenständig geregelten, aber stets geschlossen vollzogenen Beitritt als einheitliche Rechtsgrundlage, Schwarze – Herrnfeld, Art. 49 EUV, Rn. 1, siehe auch GTE – Meng, Artikel 48 EU, Rn. 1 ff.

536 Die beiden letzten Kriterien sind von Artikel 49 Absatz 1 nicht ausdrücklich genannt; näher zu den Beitrittskriterien von Kopenhagen und ihren einzelnen Indikatoren bei Schwarze – Herrnfeld, Art. 49 EUV, Rn. 4 ff.

lität historisch besehen für Zypern nicht unproblematisch ist. Doch verfügt die Union über ausreichende politische Ermessens- und Prognosespielräume, die nur für die wirtschaftlichen Kriterien ausdrücklich eingegrenzt, ansonsten aber relativ weit sind.[537] Dem tat daher letztendlich auch keinen Abbruch mehr, dass die Einhaltung der politischen Kriterien eigentlich bereits Voraussetzung für die Aufnahme von Verhandlungen ist, während wirtschaftliche und die Acquis-Kriterien aus einer zukunftsorientierten, dynamischen Sicht heraus zu beurteilen sind [538] und erst im Zeitpunkt des Beitritts oder nach Ablauf von bestimmten Übergangsfristen erfüllt werden müssen.[539] Politische und wirtschaftliche Prognosen für die gesamte Insel daher auch zum Gegenstand von Protokoll Nr. 10 der Beitrittsakte zu machen, bringt nur einmal mehr dessen Vielschichtigkeit zum Ausdruck.

Das Protokoll setzt zunächst durch Artikel 1 die Anwendung des gemeinschaftlichen Besitzstandes aus, um die Nichtverantwortung der Republik für Nordzypern klarzustellen. Ferner trifft es eine Regelung für einen gegebenenfalls vorzunehmenden Beschluss über die Aufhebung der Suspendierung [540] und eine weitere über die Anpassung der Beitrittsmodalitäten, nicht aber weitergehend über die Beitrittsbedingungen. Mit der Formulierung der Kompetenz in Artikel 1 Absatz 2, über die Acquis-Anwendung zu beschließen, und gemäß Artikel 4 über die Anpassungen des Beitrittsprotokolls, wird zudem eine nicht bloß formale Trennung zwischen diesen beiden Entscheidungen hergestellt. Beide Entscheidungen kön-

537 Vgl. auch Schwarze – Herrnfeld, Art. 49 EUV, Rn. 16, aA Grabitz/Hilf – Vedder, Art. 49 EUV, Rn. 35. Im Übrigen ist Stabilität Ziel der EU und somit nicht ohne prognostischen Charakter.

538 Schlussfolgerungen des Europäischen Rats von Luxemburg vom 12. und 13. Dezember 1997, Rn. 25.

539 Schwarze – Herrnfeld, Art. 49 EUV, Rn. 6, vgl. auch Sarcevic, EuR 2002, S. 469 und G/S – Meng, Art. 49 EU, Rn. 57 und 74 ff.

540 Eine vergleichbare formelle Regelung gab es im Protokoll über den innerdeutschen Handel nicht. Rechtslogisch war es daher *eo ipso* mit der Wiedervereinigung gegenstandslos geworden. Dies ergibt sich auch aus dem Abschluss des Staatsvertrags zwischen der Bundesrepublik Deutschland und der DDR vom 18. Mai 1990 über die Schaffung einer Währungs-, Wirtschafts- und Sozialunion, BGBl. 1990 II, S. 518, mit dem die Übernahme des Gemeinschaftsrechts im Fall der Wiedervereinigung vorbereitet wurde. Erst später mit dem Amsterdamer Vertrag, Art. 6 Absatz 2 Nr. 1 b, wurde das Protokoll schließlich auch formell aufgehoben. Das Fehlen einer Regelung führte demgegenüber zu ähnlichen völkerrechtlichen Unsicherheiten wie bei Zypern: Solange die Wiedervereinigung nicht rechtlich feststand, wurde sogar die Alternative einer Assoziierung erwogen, die in der Unterzeichnung eines Handels- und Kooperationsabkommens zwischen EG und DDR am 8. Mai 1990 gipfelte, das aber nie ratifiziert wurde, vgl. Zimmermann, Staatennachfolge, S. 683 ff. Die einzige tatsächliche Reaktion der EG, die Billigung der Einbeziehung der DDR in die Gemeinschaft durch den Rat in Dublin zuvor am 28. April 1990, konnte somit nur dem auch im EG-Vertrag verankerten Prinzip der beweglichen Vertragsgrenzen folgen.

nen voneinander unabhängig gefällt werden, eine Entscheidung nach Artikel 1 setzt nicht zugleich einen Doppelbeschluss zusammen mit Artikel 4 voraus.

Dazwischen sind in den Artikeln 2 und 3 Interimskompetenzen der Gemeinschaftsorgane aufgeführt, mit denen die Anwendung von EU-Recht auf die Grüne Linie bestimmt wird, die nach völkerrechtlichem Verständnis eben keine Außengrenze Zyperns und damit auch nicht der Europäischen Union darstellt. Erst durch das gemäß Artikel 2 zu schaffende Ausführungsrecht ist es aber möglich, die Grüne Linie nicht wie eine Außen- und Zollgrenze der Union zu behandeln.[541] Denn danach legt der Rat auf Vorschlag der Kommission die Bedingungen für die Anwendung des EU-Rechts auf die Grüne Linie fest. Sämtliche Regelungen des Protokolls sehen sowohl für die zu fassenden Beschlüsse als auch die zu verabschiedenden Regelungen Einstimmigkeit vor.[542]

Aufgrund des Protokolls sind bisher zwei Verordnungen, ein Ratsbeschluss und eine Kommissionsentscheidung erlassen worden.[543] Der Ratsbeschluss betrifft bereits die Vertretung Zyperns im Europaparlament im Fall einer Wiedervereinigung, ist also eine Regelung gemäß Artikel 4 des Beitrittsprotokolls.[544]

2) Systematik des Beitrittsprotokolls – Teilung und Konfliktlösung als Grundlage des Protokolls

Trotz ihrer – formalen – Trennung stehen die Artikel 1 und 4 des Protokolls in unverkennbar engem Zusammenhang. Sie beinhalten mit der Entscheidung über die Suspendierung des Acquis und eine mögliche Anpassung der Beitrittsmodalitäten im Falle einer Konfliktlösung die rechtlichen Grundentscheidungen des Protokolls.

541 Uebe, S. 386 f., vgl. dazu auch Tomuschat, The Accession of Cyprus, S. 686.

542 Uebe, S. 387, nennt für diese hohen Voraussetzungen politische Gründe und die Kohärenz des Protokolls. Während das Bedürfnis der Republik Zypern nach Einstimmigkeit ohne weiteres ersichtlich ist, betont die Einheitlichkeit des Protokolls noch dessen primärrechtlichen Charakter, da Primärrecht gemäß der Artikel 48 f. Unionsvertrag nur einstimmig geändert werden kann. Per se wäre Einstimmigkeit jedoch nicht nötig gewesen.

543 Ratsverordnung 866 vom 29. April 2004, ABl L 161 vom 30. April 2004, berichtigte Fassung ABl L 206 vom 9. Juni, die darauf beruhende Durchführungsverordnung 1480 der Kommission vom 10. August und eine Kommissionsentscheidung aufgrund von Artikel 4 Absatz 5 der Verordnung 866, beide ABl L 272 vom 20. August 2004, sowie Ratsbeschluss 511 vom 10. Juni 2004, ABl L 211 vom 12. Juni 2004.

544 Sowohl die Entscheidung nach Artikel 1 Absatz 2 als auch eine grundsätzliche Entscheidung nach Artikel 4 des Protokolls stehen aufgrund des Referendums aber aus.

a) Aussetzung des gemeinschaftlichen Besitzstandes

Die Aussetzung des Besitzstandes in Artikel 1 Absatz 1 des Protokolls bezieht sich auf den Begriff des Acquis Communautaire. Der gemeinschaftliche Besitzstand ist im Vertrag über die Europäische Union in den Artikeln 2, 3, 43 und 44 jeweils in Absatz 1 zwar als Primärrecht verankert, zugleich aber an keiner Stelle technisch näher definiert. Im Wortlaut von Artikel 49 schlägt er sich dagegen überhaupt nicht nieder. Neben dem klassischen Beitrittsacquis haben sich daher im Laufe der Zeit weitere Formen des Besitzstandes etablieren können, so dass der Begriff kein geschlossenes Bild bietet und stets in seinem Zusammenhang zu bestimmen ist.[545]

Ursprünglich ergibt sich seine Bedeutung aus der Übernahme des Rechts der Europäischen Gemeinschaften durch die beitretenden Staaten zum Zeitpunkt des Beitritts.[546] Erstmals erwähnt anlässlich der ersten Erweiterung der Gemeinschaften im Jahr 1969,[547] bezieht sich der heutige Beitrittsacquis auf den Beitritt zur Union in ihrer Gesamtheit und ist daher extrem weit gefasst: Er setzt sich aus dem Inhalt, den Grundsätzen und politischen Zielen der Gründungsverträge einschließlich des Unionsvertrags zusammen; ferner beinhaltet er das nachfolgend hinzugekommene Recht, die Rechtsprechung des EuGH, die Erklärungen und Entschließungen der Gemeinschaft, die internationalen Abkommen, denen sie beigetreten ist, und Abkommen zwischen den Mitgliedstaaten, die die Tätigkeiten der Gemeinschaft betreffen.[548] Er ist zugleich rechtlicher und politischer Besitzstand, insbesondere im Bereich der Maßnahmen aufgrund des EU.[549] Schließlich ist der

545 Delcourt, S. 829 ff., 835; vgl. außerdem Curti Gialdino, S. 1089 f und 1104, sowie Pescatore, S. 620, der bereits 1981 zwischen einem unveränderlichen „acquis fondamental“, „acquis ordinaire“ und „contre-acquis“ unterscheidet.

546 Dazu grundlegend bereits Pescatore, RTDE 1981, S. 617 ff.

547 Stellungnahme der Kommission an den Rat zu den Beitrittsgesuchen des Vereinigten Königreichs, Irlands, Dänemarks und Norwegens vom 1. Oktober 1969, Sonderbeilage zum Bulletin 9/10-1969 der Europäischen Gemeinschaften, S. 31 ff. und 48; inhaltlich heißt es aber schon 1961 in einer Stellungnahme der Kommission, der Beitritt zur EWG setze „die Übernahme aller mit Vertragsschluss feststehenden und inzwischen in Ausführung der entsprechenden Vorschriften entstandenen Bestimmungen“ voraus, Bulletin der EWG 1961, Nr. 6, S. 12.

548 Vgl. oben Fn. 103, den Bericht der Kommission „Europa und die Problematik der Erweiterung“, Rn. 11, Schladebach S. 457 und die Stellungnahme der Kommission zum Beitrittsantrag Zyperns, Kom (2003) 79 endg. vom 19. Februar 2003 bei Rn. 9.

549 Vgl. „Europa und die Problematik der Erweiterung“, Rn. 11 und 13; Curti Gialdino, S. 1092; Delcourt, S. 852 f. Die politischen Kriterien selbst sind jedoch nunmehr aufgrund ihrer Verankerung in Artikel 6 und 49 EU ein eigenständiger Bestandteil des Acquis, vgl. Curti Gialdino, S. 1100.

Besitzstand eine bloße Momentaufnahme im Zeitpunkt des Beitritts und bildet dennoch eine sich laufend aktualisierende Politik- und Rechtsgesamtheit.[550]

Während sich diese Definition des Besitzstandes insgesamt mit dem Inhalt der Artikel 2 bis 6 der Beitrittsakte zwischen den Mitgliedstaaten, der Union und den zehn beitretenden Staaten zu decken scheint, setzt Artikel 1 von Beitrittsprotokoll Nr. 10 den Besitzstand für Nordzypern aus. Im hier in Rede stehenden Wortgebrauch ist der Begriff der Aussetzung, der sich auch in einigen Normen des EG-Vertrags findet,[551] nicht vertragstypisch. Am nächsten kommt dem Artikel 300 Absatz 2 EG, der sich auf die Normen des allgemeinen Völkerrechts stützt, insbesondere auf den Ausdruck der Suspendierung in Artikel 57, 60 und 72 WVK. Mit dem Ausdruck der Suspendierung ist dort die vorübergehende Aussetzung der Wirksamkeit gemeint, der Bindung an die vertraglichen Rechte und Pflichten, ohne dass die Fortgeltung des Vertrags selbst in Frage gestellt wird.[552]

Die WVK regelt ausdrücklich jedoch nur Fälle der Vertragsverletzung, der nachträglichen Unmöglichkeit sowie der *clausula rebus sic stantibus*, und überlässt sonstige Regelungen für eine Aussetzung von Vertragsregeln über Artikel 57 WVK dem Willen der Vertragsparteien. Demgegenüber handelt es sich bei Zyperns Beitritt, darauf sei noch einmal hingewiesen, um einen Fall anfänglicher, offensichtlicher Unmöglichkeit, dem im Völkerrecht kaum praktische Bedeutung zukommt, und der somit im allgemeinen Völkervertragsrecht auch nicht geregelt ist.[553] Die mit Artikel 1 des Beitrittsprotokolls gemeinte Aussetzung geht über die WVK hinaus. In der WVK werden die Beendigungs- und Aussetzungsregeln vom Ende des Vertrags her beschrieben, während der Beitritt Zyperns vom Anfang des Vertrags her gedacht werden muss.

Zugleich sind die Wirkungen der Aussetzung durch das Protokoll Nr. 10 durch seine Anknüpfung an die Gebietskontrolle der Republik Zypern ausschließlich auf territoriale Aspekte begrenzt, personale von ihr dagegen nicht betroffen.[554] Damit

---

550 Schladebach, S. 457, vgl. auch Delcourt, S. 858, er geht somit über den Beitrittsakt hinaus, Uebe, S. 384.

551 Artikel 242, 300 Absatz 2 EG, indirekt wohl auch Artikel 234 bei Vorabentscheidungen des EuGH.

552 Heintschel von Heinegg in: K. Ipsen, Völkerrecht, S. 194; Dahm/Delbrück/Wolfrum, § 163 I 1, S. 760.

553 Vgl. Tomuschat, oben bei Fn. 524.

554 Uebe, S. 384 f. Damit gilt die Suspendierung des Protokolls auch für die Seegebiete und den Luftraum Nordzyperns, sofern hier überhaupt von einem relevanten Besitzstand ausgegangen werden kann. Weil Meereserzeugnisse bislang nicht als handelbare Ware von den ab S. 151 näher behandelten Verordnungen auf der Grundlage des Protokolls erfasst werden, andererseits der Handels-, Personen- und Dienstleistungsverkehr auf die Grüne Linie zwischen den

sind sowohl der Gesichtspunkt der Völkerrechtspersönlichkeit als auch die Individualrechte der Zyprioten angesprochen. Soweit sie die zyprisch-republikanische Staatsbürgerschaft besitzen oder einen Anspruch darauf haben,[555] sind Türkischzyprer grundsätzlich als Unionsbürger anzusehen und auch dazu in der Lage, alle daraus fließenden Rechte im Gemeinschaftsgebiet wahrzunehmen.[556] Mit dem Begriff der Aussetzung ist also gemeint, dass für dessen Dauer weder aus Rechtsverhältnissen mit der TRNZ gemeinschaftsrechtliche Positionen begründbar sind noch gegenüber den Behörden der TRNZ irgendwelche Ansprüche aus bereits bestehenden gemeinschaftsrechtlichen Positionen hergeleitet werden können.

Mehr noch bezieht sich Artikel 299 EG in seinem Wortlaut nur auf den Beitritt der Republik Zypern, in Übereinstimmung mit dem Völkerrecht also auf die gesamte Insel. Dies bringt auch der bereits auf der Grundlage von Artikel 4 des Beitrittsprotokolls gefällte Ratsbeschluss klar zum Ausdruck,[557] indem wegen des bereits erfolgten Beitritts der gesamten Insel keine erneute Festsetzung der Zahl der Abgeordneten erfolgt, sondern für die Legislaturperiode bis 2009 Neuwahlen binnen vier Monaten nach der Aufhebung der Suspendierung des Acquis anzusetzen sind.[558] Insgesamt wird damit deutlich, dass grundsätzlich nicht davon ausgegangen werden kann, dass die Norm über den territorialen Anwendungsbereich des EG eines Tages Beschränkungen für das Gebiet Nordzyperns erfahren soll.

Der Beitrittsvertrag zeitigt völkerrechtlich *ratione personae* Bindungswirkung für die gesamte Insel, schließt aber *ratione loci* Zypern von der Bindung an das Gemeinschaftsrecht dort aus, wo die Republik keine Verantwortung übernehmen kann. *Ratione materiae* ist die Ausschlusswirkung dort auch eine vollständige. Demgegenüber dürften sich die tatsächlichen Auswirkungen jedoch vorwiegend bei der Anwendung der Regeln über die Unionsbürgerschaft im zweiten und die Gemeinschaftspolitiken im dritten Teil des EG-Vertrags zeigen, denn die Vertre-

---

Landesteilen, d.h. die Landlinie, beschränkt bleibt, fehlt zu diesem Thema bisher auch jeder praktische Bezug.

555 Gemäß Sektion 3 des „Republic of Cyprus Citizenship Law“ vom 28. Juli 1967 (Gesetz Nr. 43 von 1967) und Annex D zum Gründungsvertrag der Republik Zypern.

556 Siehe oben S. 138; wie gesagt, dürfte dieses jedoch regelmäßig nur im Südteil Zyperns möglich sein.

557 Siehe oben, Fn. 543.

558 Parallel dazu erfolgte eine unmittelbare Erhöhung der Zahl der Abgeordneten auch bei der deutschen Wiedervereinigung nicht. Die Lösung bestand hier in der Eröffnung der Möglichkeit für Deutschland, zusätzliche 18 Beobachter ohne Stimmrecht ins Parlament zu entsenden. Erst durch Ratsbeschluss am 01. Februar 1993, ABl L 33 vom 09. Februar 1993, wurde die Zahl der Abgeordneten in Abänderung des hierfür maßgeblichen Ratsbeschlusses von 1976 über die Einführung allgemeiner unmittelbarer Wahlen zum Parlament auf 99 erhöht, vgl. Zimmermann, Staatennachfolge, S. 685. Wie gesagt, entfällt hier auf der Grundlage des Beitritts ganz Zyperns dieser Weg, während die Stabilität der Legislaturperiode des Parlaments aber ebenso wie bei der Wiedervereinigung gewährleistet wird.

tung der Republik als solche in den Organen entfaltet ihre Wirkungen bereits vollständig und ist alleine in der – territorialen – Zusammensetzung des Europaparlamentes geringfügig modifiziert. Durch das territoriale Moment ist die Aussetzung des Besitzstandes also tatsächlich enger zu fassen. In all denjenigen Vertragsteilen, die sich nicht an diesen innerstaatlichen Bereich wenden, werden ihre Auswirkungen und auch die einer eventuellen Aufhebung äußerst gering sein.

Mangels Gebundenheit der Republik Zypern und der Mitgliedstaaten wird ein Unionsbürger seine ihm für gewöhnlich auf Gemeinschaftsgebiet aus den Verträgen zufließenden Rechte – Wahlrecht, Freizügigkeit, Niederlassungsfreiheit, etc. – auf dem Gebiet der TRNZ also nicht einfordern können. Umgekehrt kann ein Zyperntürke seine Gemeinschaftsrechte nur durchsetzen, wenn er sich in Zypern mithin nicht nur im Unionsgebiet, sondern auch im Südteil aufhält, wo er von den Verträgen erst vollumfänglich erfasst werden kann.[559] Sonstige, alleine auf dem Recht der TRNZ beruhende Staatsbürgerschaftsrechte, das heißt insbesondere die der anatolischen Siedler, begründen hingegen gar keine EG-rechtliche Position, da nur die Republik Zypern beigetreten ist und die TRNZ die Rechte aus dem EG nicht überleiten kann. Zusammengefasst ist jeder, der sich über die Grüne Linie in das Gebiet der Republik oder der TRNZ begibt, so zu behandeln, als wenn er aus einem Drittland kommt oder sich von Gemeinschaftsgebiet in dieses begibt. Das Gleiche lässt sich auch für den sonstigen Waren-, Dienstleistungs- und Kapitalverkehr feststellen, vorbehaltlich besonderer Regelungen, die im Verlauf dieser Arbeit noch zu erörtern sind: So können im Bereich des Warenverkehrs Wirtschaftsgüter aus der TRNZ nicht ohne weiteres als zyprischen Ursprungs und folglich freiverkehrsfähig angesehen werden, sondern erst über besondere Gleichstellungsakte durch EG und Republik, nicht aber durch die TRNZ.

Im Übrigen kann aufgrund der den Staaten im Rahmen von Artikel 57 WVK belassenen Gestaltungsfreiheit die der WVK entsprechende Definition ohne weiteres zugrunde gelegt werden. Der Vertrag wird während der Suspendierung insoweit bis zur Entscheidung über die vollständige Anwendung in einem Schwebezustand belassen.[560] Eine Rückwirkung eines Beschlusses auf der Basis von Artikel 1 Absatz 2 des Protokolls ist hierbei nicht vorgesehen.

559 Dazu auch unten bei Fn. 597.

560 Ob es sich bei der vorübergehenden Aufhebung der Bindungswirkung um eine im Sinne deutscher Terminologie schwebende Unwirksamkeit auf der Tatbestandsseite oder um eine aufschiebende Bedingung auf der Rechtsfolgenseite handelt, ist völkerrechtlich von geringer Bedeutung. Zwar ist tatbestandlich die ganze Insel beigetreten. Sollte Zypern letztendlich doch endgültig geteilt bleiben, wäre der Vertrag für die TRNZ nicht bindend. Seitens der Union würden die Vertragsbeschränkung auf das Gebiet der Republik mit der Anerkennung der Republik automatisch eintreten und ein Beschluss im Sinne des Protokolls hinfällig.

b) Anpassung der Beitrittsmodalitäten im Fall der Lösung der Zypernfrage

Für den Fall einer Regelung der Zypernfrage sieht Artikel 4 die Möglichkeit einer Anpassung des Beitrittswerks durch die vereinfachte Prozedur eines einstimmigen Ratsbeschlusses vor. Mit dieser Abweichung von den Anforderungen der Artikel 48 und 49 des Unionsvertrags, die eine unterschiedlich starke Einbeziehung von Europaparlament und Kommission vorsehen, geht eine sprachliche Begrenzung der Anpassungsmöglichkeiten der Verträge einher. Artikel 4 des Protokolls erwähnt lediglich eine Anpassung der Beitrittsmodalitäten und vermeidet die Verwendung des Begriffs der Beitrittsbedingungen.[561] Nicht nur wegen der bereits gefallenen Entscheidung über die Beteiligung Zyperns an gemeinschaftsrechtlichen Entscheidungen erscheint eine substantielle Änderung des übernommenen Besitzstandes anlässlich einer vollständigen Neuregelung der staatlichen Beziehungen der zyprischen Volksgruppen zueinander damit außerhalb des Möglichen.

Im Gegenteil wäre die Möglichkeit einer solchen Neuregelung selber durch eine solche Begrenzung deutlich eingeschränkt, so dass die im Zusammenhang mit der Einbeziehung der Zyperntürken genannte notwendige Flexibilität, die das Protokoll im Übrigen auch selber fordert, dann auf anderem Wege erreicht werden müsste. Dies betrifft ganz besonders die Frage, wie die vom Annan-Plan nach einer Konfliktbeilegung vorgesehene langfristige Einschränkung der Grundfreiheiten der EU-Bürger und ganz besonders der Griechischzyprer und Griechen in Nordzypern berücksichtigt werden kann.[562] Der historische Zusammenhang mit dem Annan-Plan setzt andererseits voraus, dass eine umfassende Lösung der Zypern-Frage schon zum Zeitpunkt der Formulierung des Protokolls einkalkuliert worden ist.

In der Zwischenzeit ist die Union durch die vorweggenommene Regelung des Vorgehens bei einer Konfliktlösung an die Grenzen ihres eigenen Rechtssystems gebunden. Eine zu weitgehende Ermächtigung zu primärrechtlichen Einwirkungen durch das Beitrittsprotokoll müsste mit der anlässlich des Beitritts durch das Europaparlament bereits gegebenen Globalzustimmung gemäß Artikel 49 EU in Konflikt geraten. Situationsbedingt handelt es sich materiell zwar nur noch um Vertragsänderungen gemäß Artikel 48 EU. Doch auch die Mitgliedstaaten als

561 Der englische Wortlaut spricht zwar weitergehend von „terms concerning the accession", begrenzt diese aber dadurch, dass er nur noch „adaptions to the terms" zulässt und z.B. „adaptions of" oder mit der vollständigeren Veränderung („changes") verwandte Begriffe vermeidet.

562 Siehe S. 115; von einer Abweichung, die die Funktionsfähigkeit der EU berühren könnte, ist wegen des auf S. 141 erwähnten Ratsbeschlusses über die Besetzung des Europaparlaments nach einer Lösung der Zypernfrage ohnehin nicht auszugehen. Die EU hat damit bereits eine Teilentscheidung getroffen.

Herren der Verträge, die eigentlichen, direkt legitimierten Träger der Staats- und damit auch der Gemeinschaftsgewalt,[563] dürfen nicht übergangen werden. Daher ist Artikel 48 EU grundsätzlich der einzige rechtmäßige Weg, um primäres Unions- und Gemeinschaftsrecht zu ändern.[564]

Während durch den Rat die Stellung der Mitgliedstaaten und deren Parlamente im Beitrittsprotokoll jedoch wenigstens teilweise gesichert ist, sind die anderen beiden – eigenständigen – Organe regelmäßig nur über Artikel 49 bei einem Beitritt zur Union rechtsverbindlich eingebunden.[565] In Artikel 48 EU kommt ihnen lediglich eine Nebenrolle in Form einer unverbindlichen Stellungnahme zu. Sich mit einer zudem fragwürdigen, für Artikel 48 EU ausreichenden Einbindung der Mitgliedstaaten zu begnügen, wird trotzdem nicht ausreichen. Zweck der bei Artikel 48 EU weniger materiell-rechtlichen als verfahrensmäßigen Bindung ist es, die Mitgliedstaaten gegenüber dem Unionsbürger erhöhtem öffentlichem Rechtfertigungsdruck im Sinne demokratischer Verantwortlichkeit auszusetzen.[566] Auch hierbei handelt es sich folglich um zu respektierende rechtliche Bindungen.[567]

Indessen sehen die Gründungsverträge aus Gründen der Flexibilität auch abseits von Artikel 49 an verschiedenen Stellen Abweichungen vom Regelverfahren von Artikel 48 EU vor. In der Regel wird mit diesen Vorschriften der Rat dazu ermächtigt, in einer vereinfachten Prozedur und ohne die Einberufung einer Regierungskonferenz Vorschläge zur Ratifikation zu unterbreiten, und sogar autonom einstimmig beschlossene Änderungen vorzunehmen.[568] Letzteres gilt namentlich für die Veränderung des Anwendungsbereichs durch besondere Regelungen in Beitrittsverträgen. So wurden etwa beim Beitritt Spaniens vereinfachte Regeln über den nachträglichen Einbezug der Gebiete von Ceuta, Melilla und der kanarischen Inseln vereinbart.[569] Auch die 1995 durch Norwegens überraschenden Nichtbeitritt erforderlichen Anpassungen der Beitrittsverträge wurden so be-

---

563 G/S – Meng, Artikel 48 EU, Rn. 27.

564 Artikel 49 EU gilt nur als Spezialregelung zu Artikel 48; G/S – Meng, Artikel 49 EU, Rn. 130 ff.; Streinz – Pechstein, Artikel 48 EUV, Rn. 5; Schwarze – Herrnfeld, Artikel 49 EUV, Rn. 12. Die Mindestanforderungen zugunsten von Parlament und Kommission sind insoweit auch im Rahmen von Artikel 49 zu berücksichtigen.

565 Vgl. Grabitz/Hilf – Vedder/Folz, Artikel 48 EUV, Rn. 24 ff. und G/S – Meng, Artikel 48 EU bei Rn. 31.

566 G/S - Meng, Art. 48 EU, Rn. 30 ff. mit Rn. 70 f.; Grabitz/Hilf – Vedder/Folz, aaO., Fn. 565.

567 G/S – Meng, Artikel 48 EU, Rn. 32.

568 Z.B. Artikel 17 Absatz 1 und Artikel 4 EU, Artikel 22 Absatz 2 und 190 Absatz 4 EG für halbautonome Verfahren, Artikel 213 Absatz 1, 222 Absatz1 und 245 Absatz 2 EG für autonome.

569 Artikel 25 Absatz 4 der Beitrittsakte Spaniens und Portugals, ABl L 302 vom 15. November 1985.

schlossen.[570] Beim Beitritt Finnlands wurde diesem die Möglichkeit einer einseitigen Erweiterung um die Åland-Inseln alleine durch eigenen Beschluss gegeben [571] und auch die Beitrittsverträge von 2004 sehen in Artikel 6 von Protokoll Nr. 3 über die Hoheitszonen Großbritanniens auf Zypern eine weitere vereinfachte Anpassungsmöglichkeiten durch Ratsbeschluss vor.

Der Mitwirkung der Mitgliedstaaten wird bei solchen nachträglichen Veränderungen des Anwendungsbereichs durch antizipierte Zustimmung im Rahmen des eigentlichen Beitrittsvertrags genügt.[572] Sie unterscheidet sich darin nicht von der Zustimmung des Parlaments. Allerdings berührt jede Veränderung des Anwendungsbereichs der Verträge die Geschäftsgrundlage eines Beitritts.[573] Die Zulässigkeit der Übertragung solcher Änderungsbefugnisse auf den Rat ist deshalb auf Fragen von geringerer Bedeutung für die Union beschränkt.[574] Zu den Artikel 48 EU vorbehaltenen Grundsatzentscheidungen dürften daher nicht alleine diejenigen über Strukturprinzipien von Artikel 49 und 6 EU gehören,[575] sondern auch wesentliche Fragen über den Fortgang der Integration. Soweit in Zyperns Fall außergewöhnlich lange Übergangsfristen zu vereinbaren wären oder die Handlungsfähigkeit der Union auf dem Spiel steht, hat die Union schließlich nicht nur das Demokratie- oder das Rechtsstaatsprinzip, sondern die Wahrnehmung ihrer Aufgaben gegenüber allen Mitgliedstaaten zu berücksichtigen.

Die Ausgestaltung des Artikel 4 von Protokoll Nr. 10 zeigt, dass die Norm nur begrenzt für die Berücksichtigung der besonderen Probleme der Zypern-Frage geeignet ist. Allein für die Aufnahme von Übergangsfristen lässt der im Protokoll verwendete Begriff der Beitrittsmodalitäten hinreichend Spielraum, da sie keine grundsätzlichen, sondern nur temporäre Abweichungen vom Acquis beinhalten.[576] Weitergehende Änderungen sind dadurch aber ausgeschlossen.

---

570 Gemäß Artikel 2 Absatz 2 Beitrittsvertrag vorgenommener Ratsbeschluss in ABl L 1 vom 1. Januar 1995.

571 Damals Artikel 227 Absatz 5 lit. d, mit dem Beitritt wurde die Erklärung von Finnland abgegeben.

572 Vgl. G/S – Meng, Artikel 48 EU, Rn. 83.

573 Vgl. G/S – Meng, Artikel 48, Rn. 46. Bei der Wiedervereinigung Deutschlands hätte die Veränderung der Geschäftsgrundlage normalerweise bereits einen kritischen Grad erreicht. Doch erklärte Deutschland bereits 1957 bei den Verhandlungen zu den Römischen Verträgen unwidersprochen, dass es im Fall der Wiedervereinigung von einer Überprüfung der Verträge ausgehe, so dass eine mögliche Wiedervereinigung zur Geschäftsgrundlage gehörte, vgl. G/S, aaO., Rn. 50 f.; BT – Drucks. 2/3660, S. 11.

574 G/S – Meng, Artikel 48, Rn. 48, 79 mwN aus der Rspr bei Rn. 67 ff., siehe auch Grabitz/Hilf – Vedder/Folz, Artikel 48, Rn. 16; In diese Richtung weist daher auch die fünfte Erwägung des Beitrittsprotokolls, die die Berücksichtigung der Grundsätze der EU voraussetzt.

575 Uebe, S. 390 nimmt diese als äußeren Rahmen.

576 Siehe oben, bei Fn. 165 und Hoffmeister, S. 213, 214.

c) Entscheidung über die Anwendung des Acquis auf Nordzypern

Die Suspendierung des Besitzstandes für Nordzypern und die eventuelle Entscheidung über die Anpassung der Beitrittsmodalitäten in Protokoll Nr. 10 unterscheiden sich ihrer Natur nach auch von den für andere Mitgliedstaaten gemäß Artikel 48 geltenden Ausnahmen über eine Ausdehnung des Anwendungsbereichs der Verträge. Jene ähneln Zyperns Fall nur in ihrer Gebietsgröße und sind wegen der daraus resultierenden geringeren Bedeutung einer Ratsentscheidung überlassen. Zypern ist der EU jedoch vollständig beigetreten und auch die Entscheidung über die Einbeziehung Nordzyperns damit im Grunde schon gefallen.[577] Wie die Präambel des Protokolls zeigt ist diese aber abhängig vom Ausgang des Konflikts. Nicht zuletzt auch im Vergleich mit allen bisherigen Beitritten zu Union und Gemeinschaft wäre eine weitgehende Neuformulierung der derzeit geltenden Grundlagen ihres Beitritts deshalb ungewöhnlich.

Inhaltlich sind die Begriffe der Aussetzung und der Anpassung oder auch Übergangsregelung dennoch nicht frei von Überschneidungen, da sie zum Teil dasselbe meinen. Neben der Verabschiedung von Übergangsregelungen besteht eine weitere Möglichkeit zur Heranführung des Nordens, die in ihrer Reichweite nicht völlig klar umrissen ist. Der auf die Auslegung der Aufhebung der Suspendierung in Artikel 1 Absatz 2 des Protokolls gerichtete vierte Erwägungsgrund der Präambel setzt im Gegensatz zu den ersten beiden keine vollständige Lösung des Zypernkonflikts voraus. Freilich wäre eine vollständige Aufhebung der Suspendierung in diesem Fall nicht nur sinnlos, sondern geradezu kontraproduktiv für eine effektive, einheitliche Anwendung des Besitzstandes. Die Antwort hierauf bedeutet eine gegebenenfalls auch nur teilweise Aufhebung der Suspendierung.[578]

---

577 Vgl. dazu G/S – Meng, Artikel 48, Rn. 43 ff.; Schwarze – Hernfeld, Artikel 48 EUV, Rn. 3. Anders lag die Sache bei der deutschen Wiedervereinigung 1990, siehe Fn. 221. Hier kam daher das Prinzip der beweglichen Vertragsgrenzen zum Zuge, wonach spätere Gebietsveränderungen eines Staates völkerrechtliche Verträge nicht berühren. Anwendungsprobleme gab es für den EG dabei trotz der zahlreichen Einzelprobleme nicht unmittelbar. Entgegen des deutschen Wunsches in Fn. 573 war eine Vertragsüberprüfung vor Ausdehnung seines Geltungsbereiches deshalb nicht zwingend notwendig. Siehe zum Ganzen Grabitz/v. Bogdandy, NJW 1990, S. 1076 f.; Oeter, ZaöRV 1991, S. 371; ferner die Erklärung des Rats von Dublin vom 28. April 1990, Dok. SN/46/3/90 Doknr. 760; und das Memorandum der Kommission, Kom (90) 400 endg., vom 21. August 1990. Ausnahmeregelungen und sonstige Änderungen wurden folglich erst im Rahmen der allgemeinen Vertragsrevision bei der späteren EU-Gründung berücksichtigt.

578 So auch Uebe, S. 386.

Die Möglichkeit einer nur schrittweisen Aufhebung der Aussetzung des Besitzstandes würde zusätzliche Spielräume schaffen,[579] größere Änderungen der Beitrittsbedingungen zu vermeiden, indem bereits vorab bei konkreten Anzeichen oder Initiativen ein völkerrechtliches Übergangsregime in Kraft gesetzt würde. Europarechtliche Übergangsregelungen sind auf diese Weise nur dann notwendig, sofern es auch außerhalb der EU nicht möglich wäre, den Norden Zyperns beziehungsweise eine vereinte Insel an das Niveau der EU heranzuführen. Genau genommen besteht hierin die Basis für die notwendige weitere Flexibilität des Protokolls, so dass auf Änderungen des politischen Umfelds angemessen reagiert werden kann.[580] Dies deutet zugleich darauf hin, dass sich die EU und ihre Mitgliedstaaten der Langfristigkeit des Engagements bewusst sind, zumal das Protokoll 2003, bevor mit dem Ende der Verhandlungen in Den Haag auch das endgültige Ende der Initiative von Generalsekretär Annan gekommen schien, zunächst nur als Variante B in das Vertragswerk aufgenommen worden ist.[581]

Diese versteckte weitergehende Freizeichnung von gemeinschaftsrechtlicher Verantwortung ist umso bedeutsamer, als über solche Teilentscheidungen die weiterhin suspendiert bleibenden Teile der Verträge außerhalb des direkten Zugriffs von EU-Organen und insbesondere des EuGH verbleiben. Die Mitgliedstaaten haben sich hierdurch die Möglichkeit weitaus erheblicherer Abweichungen vom Acquis geschaffen. Andererseits sind sie hierbei in zeitlicher Hinsicht an eine Lösung der Zypernfrage gebunden. Ein politisch oder wirtschaftlich motiviertes Herauszögern der vollständigen Aufhebung der Aussetzung des Acquis würde in dem Moment rechtsmissbräuchlich, in dem eine vollständige Lösung des Konflikts im Sinne des Beitrittsrechts erreicht ist.

Die Voraussetzung der Einstimmigkeit im Rat bedeutet jedenfalls, dass ein derartiger Beschluss nicht ohne die Zustimmung der Republik Zypern getroffen werden könnte. Die Entscheidung darüber, ob eine Lösung erreicht ist oder nicht, hängt damit letztendlich von Zypern selbst ab. Doch sorgt die Einstimmigkeitsvoraussetzung für größere Kongruenz mit Artikel 4, da beide Entscheidungen mehr oder weniger nur das völkerrechtliche Schicksal der Republik Zypern auf europäischer Ebene abbilden.

---

579 Das heißt für den dritten Teil des EG, bei den Politiken als Kernbereich der Gemeinschaft; demgegenüber sind weitere Anpassungen bei der Unionsbürgerschaft im zweiten Teil des EG schon aufgrund des rein territorialen Bezugs des Protokolls ausgeschlossen; auch bei Bereichen wie der GASP, Titel V EU, der PJZS in Titel VI EU und dem Euratom, Titel IV EU sind die meisten Regelungen alleine durch die Republik Zypern erfüllbar.

580 Im Idealfall würde sich die Entscheidung über die Anpassung des Acquis bei Artikel 4 des Protokolls ganz auf gemeinschaftliches Sekundärrecht beschränken können.

581 Siehe zu den Ereignissen S. 99 f.

3) „Linienverordnung" und Grundfreiheiten des EG

Die auf Artikel 2 des Beitrittsprotokolls beruhende „Linienverordnung" bildet mit ihrer Durchführungsverordnung den Mittelpunkt der Maßnahmen zur Einbindung Nordzyperns.[582] Sie umfasst mit Regelungen über alle Grundfreiheiten der Gemeinschaft den Kernbereich des dritten Teils des EG und soll die Anbindung der Türkischzyprer an die EU und die Republik Zypern gewährleisten.[583]

Ihr ausdrückliches Ziel ist es, den Handel und sonstige Verbindungen mit Nordzypern zu fördern und gleichzeitig den Schutz des Gemeinschaftsrechts zu ermöglichen.[584] Während jedoch der ursprüngliche Entwurf der Kommission zur Linienverordnung zunächst nur drei bestimmte Produkte für den innerzyprischen Warenverkehr zulassen wollte,[585] setzte sich der von Zypern ausgehende Vorschlag einer umfassenden Regelung für alle nordzyprischen Waren durch. Dafür lässt die Verordnung die Einfuhr von nordzyprischen Waren auf der Basis der allgemeinen Ursprungsregeln des Zollkodex der Gemeinschaften zu und stellt sie im innerzyprischen Warenverkehr mit südzyprischen Waren gleich.[586]

---

582 Siehe oben, Fn. 543 .

583 Vgl. den siebten und achten Considérant von Protokoll Nr. 10, demgemäß das Protokoll einerseits die Anbindung an die EU garantieren, andererseits innerzyprischen Zwecken dienen soll. Das den Gründungsverträgen der EWG beigefügte Protokoll über den innerdeutschen Handel umfasste dagegen alleine den Handel mit deutschen Erzeugnissen im Rahmen der 1957 bereits bestehenden Rechtsakte über den Interzonenhandel, vgl. BGBl. 1957 II, S. 984; Tomuschat, EWG und DDR, S. 307 ff und oben, Fn. 266. Eine Regelung betreffend die Staatsangehörigkeit war nur in einer Erklärung der Bundesrepublik Deutschland zu den Römischen Verträgen enthalten, der zufolge sie alle Deutschen im Sinne des Grundgesetzes als deutsche Staatsangehörige betrachtete, BGBl. 1957 II, S. 764.

584 4. und 5. Considérant der Verordnung.

585 Zwei Sorten Zitrusfrüchte und mineralienhaltige Erde, sog. Terra umbra", Ratsdokument 8569 limité vom 20. April 2004, bereits hier, d. h. noch vor dem Referendum, war interessanterweise die Rede davon, dass eine umfassende Regelung des Zypernkonflikts noch nicht zustande gekommen sei.

586 Artikel 4 der Verordnung. Anders als in Protokoll Nr. 10 überließ das IdH-Protokoll die Bestimmung dessen, was als innerdeutscher Handel zu gelten hatte, der BRD. Wenn der EuGH in seinem Urteil von 1974, siehe Fn. 530, doch auf EU-Recht zur Ursprungsbestimmung zurückgriff, dann nur, um klarzustellen, dass DDR-Waren nicht unter den Gemeinschaftsursprung fielen. Das positive EU-Recht reflektierte insofern nur auf den IdH zurück, so dass DDR-Waren nicht für Ausfuhrerstattungen der Gemeinschaft in Betracht kamen. Für die notwendige Zusammenarbeit ist aufgrund der primären Zuständigkeit der BRD sodann das Urteil „Schäfer Shop" von 1989 bedeutsam: Für das heutige engmaschige EU-System undenkbar, ermächtigte Absatz 3 des IdH-Protokolls die Mitgliedstaaten zu eigenen Schutzmaßnahmen. Mit dem Urteil stellte der EuGH jedoch klar, dass aufgrund von Absatz 2 des IdH-Protokolls der Schutz des Binnenmarktziels ebenfalls primäre Obliegenheit der BRD war und Maßnahmen anderer Mitgliedstaaten dieses und die Verhältnismäßigkeit zu beachten hatten, EuGH – Schäfer Shop, aaO., Rn. 18 ff. Waren des IdH waren rechtlich somit zwi-

Die Zusammenarbeit wird von einer Durchführungsverordnung präzisiert, was sich auf die Form der Begleitdokumente, Mitteilungspflichten der Handelskammer, die auf nordzyprischem Gebiet durchzuführenden Pflanzengesundheitskontrollen, aber auch Notfälle erstreckt, sowie die Erhebung der Mehrwertsteuer bei der Einfuhr in Drittstaaten gemäß allgemeinem EG-Recht.[587] Daneben wird in der Linienverordnung auch der Personen- und Dienstleistungsverkehr berücksichtigt.[588]

a) Freizügigkeit von Unionsbürgern

Titel II der Verordnung behandelt dem Titel nach den Grenzübertritt von Personen, meint damit aber alleine das Überschreiten und die Überwachung der Grünen Linie. Das grundsätzliche Recht von Unionsbürgern auf Überqueren der Grünen Linie musste von der Verordnung nicht geregelt werden, da es insoweit schon in Artikel 18 EG als Grundfreiheit aller Unionsbürger enthalten ist. Artikel 18 EG sichert in der weiten Auslegung durch den EuGH [589] jedem Bürger eines Mitgliedstaates der Union nicht nur das Recht auf Bewegungsfreiheit im gesamten Vertragsgebiet zu, sondern auch das Recht, das Gebiet eines Mitgliedstaates zu betreten und zu verlassen,[590] auch im Verhältnis zu seinem eigenen Land.[591] Eine Form von Inländerdiskriminierung gibt es in dieser Hinsicht also nicht.

Artikel 2 und 3 der Linienverordnung schränken dieses Recht lediglich durch Identitätskontrollen ein, da Nordzypern durch die Aussetzung des Acquis auch nicht zum dem Gebiet zählt, das vom sog. Schengenbesitzstand erfasst ist.[592] Die notwendigen Grenzkontrollen an den Außengrenzen des Unions- und des Schengengebietes sind deshalb an die Grüne Linie verlagert worden. Kontrollen müssen

---

schen der Freiverkehrsfähigkeit gemäß Artikel 24 EG und nicht freiverkehrsfähigen Waren angesiedelt, Vogel-Claussen, IdH in der Rechtsprechung des EuGH, NJW 1989, S. 3061.

587 Letzteres ist Richtlinie 388 (Cons) vom 17. Mai 1977, ABl L 145 vom 13. Juni 1977, vgl. Artikel 6 der Durchführungsverordnung zu Verordnung 866.

588 Um das Mehrwertsteueraufkommen geht es auch bei Artikel 7 der Linienverordnung, im Unterschied zur Durchführungsverordnung jedoch um dasjenige für Waren, die in der Republik Zypern verbleiben.

589 St. Rspr., z.B. EuGH – Antonissen, Urteil vom 26. Februar 1991, Rs. C-292/89, Slg. 1991 I-745, Rn. 11, EuGH – Kommission gegen Belgien, Urteil vom 20.Februar 1997, Rs. C-344/95, Slg. 1997, I-1035, Rn. 14.

590 Grabitz/Hilf – Hilf, Artikel 18, Rn. 7; Rossi, AÖR, S. 619; Uebe, S. 392.

591 G/S – Haag, Artikel 18 EG, Rn. 9.

592 Die beiden Schengener Abkommen über den schrittweisen Abbau der Kontrollen an den gemeinsamen Grenzen, Schengen I vom 14. Juni 1985, GMBl 1986, S. 79, und Schengen II vom 19. Juni 1990, GMBl. 1993 II, S. 1013, sind über ein Protokoll zu den Verträgen in Amsterdam Bestandteil des Unionsacquis geworden.

von der Republik Zypern zudem nur an ausdrücklich im Anhang I der Verordnung genannten Übergangsstellen durchgeführt werden.[593]

Infolge des Beitritts zur Union war die Republik Zypern somit gezwungen, ihre bisherigen Restriktionen bei der Ein- und Ausreise über die Grüne Linie fallen zu lassen, um nicht Verstöße gegen Artikel 18 EG zu verursachen.[594] Die Rechte von Drittstaatsangehörigen bleiben indessen nach Maßgabe zyprischen Rechts weitergehenden Einschränkungen unterworfen. Außerdem sind weder gegenüber der TRNZ irgendwelche Ansprüche aus gemeinschaftsrechtlich begründeten Positionen herzuleiten noch aus Rechtsverhältnissen mit der TRNZ gemeinschaftsrechtliche Positionen begründbar. Von den Behörden der TRNZ zum Arbeitsmarkt Nordzyperns zugelassene Arbeitnehmer aus mit der Gemeinschaft assoziierten Drittländern können dort aufgrund der Nichtgeltung des Gemeinschaftsrechts durch ihren Aufenthalt beispielsweise keine gemeinschaftlich begründete Bleibe- und Aufenthaltsrechte erwerben.[595] Ebenso ist ein Überqueren der Seelinie ausgeschlossen, da sich das Protokoll für die Anwendung des Unionsrechts in Artikel 2, anders als der weiter gefasste Wortlaut in Artikel 1, nur noch auf Landesteile der Republik und somit nur auf die Landlinie bezieht.

Ebenfalls nicht von Protokoll und Verordnung erfasst ist die Frage, wer als zyprischer Staatsbürger zu gelten hat. Das Protokoll stellt alleine auf die Gebietskontrolle ab.[596] Auch hier bedarf es dazu aber keiner besonderen Ausführungen. Mit der zweiten Erklärung der Schlussakte von Maastricht des Vertrags über die Gründung der Europäischen Union stellten ihre Mitgliedstaaten klar, dass deren

---

593 Anhang I ist freilich änderbar und bereits einige Male um neue Übergangsstellen erweitert worden.

594 Etwa die Pflicht für Personen, die die Linie Richtung Norden überquert hatten, bis Mitternacht in den Süden zurückzukehren; bis in die Zeit unmittelbar vor dem Beitritt wurden Ausländer auch zu Haftstrafen verurteilt, die die Insel über nordzyprische Häfen und Flughäfen betreten und sich dann in den Süden begeben hatten, da die Republik dieses Verhalten generell als illegal betrachtet hatte, Uebe, S. 391 mit konkreten Nachweisen; darüber hinaus wurden Ausländer, die keinen ausreichenden Grund für den Übertritt nennen konnten, bereits an der Grenze abgewiesen, etwa Studenten, die über den Süden zur „Eastern Mediterranean University" in Famagusta gelangen wollten.

595 Weitere Probleme bestehen bei der Wahrnehmung des Freizügigkeitrechts darin, dass bei der Überquerung der Grünen Linie Fahrzeuge im Norden regelmäßig nicht mehr versichert sind, da sie das Gebiet des Gemeinschaftsrechts verlassen, oder nordzyprische Kraftfahrzeuge und ähnliche Hilfsmittel erstmals auf Gemeinschaftsgebiet gelangen, was weitere erhebliche und oftmals unüberwindliche bürokratische Hindernisse bei der Registrierung mit sich bringt. Bestünde die Aussetzung des Besitzstandes andererseits nicht, so wäre in allen Beispielen regelmäßig ein gemeinschafsrechtlicher Anknüpfungspunkt gegeben, da es sich dann nur um innerzyprische Probleme handeln würde, die für das Gemeinschaftsrecht grundsätzlich unbeachtlich sind.

596 Siehe oben, S. 143.

Staatsangehörigkeit sich allein nach ihrem jeweiligen innerstaatlichen Recht bestimmt. Auch hierdurch wird im Grunde nur die Lage des allgemeinen Völkerrechts abgebildet, der zufolge jeder Staat den Kreis der seiner Personalhoheit unterstehenden Personen in grundsätzlich freier Entscheidung festlegt.[597] Regelmäßig in den Genuss der vertraglichen Begünstigungen werden dabei nur diejenigen Zyprer kommen, die sich nicht nur im Gebiet der Mitgliedstaaten aufhalten oder demjenigen, das die Republik Zypern kontrolliert, sondern sich außerdem auch positiv als deren Staatsbürger ausweisen können.[598] Letzteres ist sowohl Konsequenz des Schengen-Acquis und der Regelungen über die Kontrollen an der Grünen Linie infolge dessen Suspendierung als auch des Prinzips der vollen gegenseitigen Anwendung völkerrechtlicher Verträge.[599]

Für nordzyprische Unternehmen ergibt sich hieraus die Notwendigkeit, dass sie sich in den von der Republik Zypern kontrollierten Gebieten niederlassen müssen, um alle Vorteile des Gemeinschaftsrechts in Anspruch nehmen zu können, etwa im Beihilfen- und Subventionsrecht. Ausnahmen von diesem Grundsatz in Form

---

597 Kimminich/Hobe, S. 90; Tomuschat, EWG und DDR, S. 317, 323.

598 Anders als im Verhältnis zwischen der Bundesrepublik und der DDR, die nach dem Grundlagenvertrag zwischen beiden Staaten vom 21. Dezember 1972, BGBl. 1973 II, S. 423 f., unter Ausnahme der Bundesrepublik Deutschland völkerrechtlich anerkannt wurde, bestehen bezüglich des zypriotischen Staatsangehörigkeitsrechts keine Zweifel, ob die Republik Zypern damit in etwaige Rechte der TRNZ eingreifen würde: Gemäß Artikel 116 GG und der darauf beruhenden Gesetzgebung gab es auch vor der deutschen Wiedervereinigung nur eine einzige deutsche Staatsangehörigkeit, so dass Deutsche in der Bundesrepublik unabhängig von ihrem Pass als vollberechtigte Staatsbürger galten, was völkerrechtlich nicht ganz unproblematisch war, vgl. Tomuschat, EWG und DDR, S. 317 ff. Die TRNZ ist dagegen kein eigenständiger Staat und kann damit auch keine staatsbürgerlichen Rechte und Pflichten verleihen. Es bedurfte somit auch nicht einer Erklärung Zyperns in der Beitrittsakte, ähnlich der deutschen Erklärung zum EWG-Vertrag, dass zypriotische Staatsbürger alle Zyprioten im Sinne der Verfassung seien. Eine solche Erklärung wäre völker- und EG-rechtlich ganz offensichtlich rein deklaratorischen Inhalts.

599 Einmal mehr aber auch hier der Verweis auf das Völkerrecht, wo völkerrechtliche Verträge allgemein nur den Bewohnern der Vertragsgebiete zugute kommen sollen, Tomuschat, EWG und DDR, S. 325 f.; insoweit offenbart sich ein (weiterer) Unterschied in der Natur der Suspendierung gegenüber einer ausdrücklichen Beschränkung des Geltungsbereichs der Verträge gemäß Artikel 299 EG. Während sich der Ausschluss in Zyperns Fall daher neben dem Problem der effektiven territorialen Anwendung des EG auch aus den besonderen Pflichten der Schengener Abkommen ergeben muss, bestand derjenige der DDR alleine aufgrund der mangelnden vertraglichen Gegenseitigkeit zwischen der DDR und den übrigen EWG-Ländern. Allerdings wurde auch in Westdeutschland selbst DDR-Bewohnern das Recht auf Freizügigkeit aus Artikel 11 GG nicht automatisch, sondern nur aufgrund einer Genehmigung nach dem inzwischen aufgehobenen Notaufnahmegesetz vom 22. August 1950, BGBl. 1950 I, S. 367 gewährt. Ohne zu den Grenzen aus Artikel 11 Absatz 2 GG in Widerspruch zu treten, hätte die BRD die Freizügigkeit der DDR-Bewohner in den anderen Mitgliedstaaten auch deswegen nicht ohne weiteres einfordern können.

von einzelnen, inhaltlich begrenzten Verordnungen sind denkbar, da beispielsweise auch die Ermächtigung der TCCC im Warenverkehr bereits für eine Gleichstellung mit Gemeinschaftswaren sorgen soll. Doch sind die – noch gesondert zu untersuchenden – Grenzen des Beitrittsprotokolls zu berücksichtigen, das hierfür eine wenigstens teilweise Aufhebung der Aussetzung des Besitzstandes gemäß Artikel 1 voraussetzt oder durch Artikel 2 des Protokolls auf den Verkehr über die Grüne Linie beschränkt ist. Aufgrund dieser Bindung ist daher, wenn schon keine vollständige Niederlassung oder Einrichtung einer Zweigniederlassung, zumindest das Vorhandensein von Wirtschaftspartnern im Südteil Voraussetzung, wobei alle diese Fälle jedoch regelmäßig mit weiteren Kosten verbunden sind. Neben diesen Grenzen ist die Hürde der durchgehenden Einstimmigkeit für solche Ausnahmen zu berücksichtigen.[600]

b) Innerzyprischer Handel

Aus dem Warenverkehr zwischen der Republik Zypern und der TRNZ ergeben sich rechtlich wenige Besonderheiten. Die Regeln entsprechen hier erwartungsgemäß den für die Assoziation beschriebenen allgemeinen Anforderungen des Gemeinschaftsrechts. Allenfalls die Beschränkung des Warenverkehrs auf einige ausdrücklich im Anhang der Linienverordnung aufgeführte offizielle Übergangsstellen, um einer effektiven Kontrolle Willen, fällt zunächst auf.

aa) Erhebung der TCCC als Privatrechtssubjekt zur Zollbehörde

Ungewöhnlich wirkt im Verhältnis zu den sonstigen in der Linienverordnung verankerten Kontrollmechanismen die ebenfalls dort begründete Ermächtigung der türkischzyprischen Handelskammer (TCCC) [601] durch die Kommission zur Ausstellung von Warenverkehrsbescheinigungen.[602] Eine Reihe von Fragen ergibt sich daraus, welchen Inhalt diese Ermächtigung hat.

In der Europäischen Union wird die Einhaltung der Ursprungskriterien, wie beschrieben, regelmäßig durch förmliche Nachweise bestätigt.[603] Soweit die Han-

600 Insofern leichter die Situation im Fall der Beziehung zwischen DDR und EWG, welche durch das Protokoll nur an das bestehende System des innerdeutschen Handels gebunden war und deshalb neue Regelungen nach allgemeinem Gemeinschaftsrecht problemlos erlassen konnte. Allerdings waren die Verfahrenshindernisse auch hier oft nicht viel geringer wegen des damals niedrigeren Integrationsniveaus der Gemeinschaften.

601 Turkish Cypriot Chamber of Commerce.

602 Siehe die Entscheidung der Kommission, oben bei Fn. 543.

603 Oben, S. 123 ff.; HHSp – Wolffgang, Art. 27 ZK, Rn. 125; vgl. auch BFH, Urteil vom 29. Oktober 1986 in ZfZ 1987, S. 47, 48 f.

delskammern in Deutschland zum Beispiel mit deren Ausstellung beauftragt sind, sind sie als Zollbehörden Teil der Zollverwaltung der EG.[604] Zu den Zollbehörden zählen gemäß Artikel 4 Nr. 3 ZK alle für die Anwendung des Zollrechts zuständigen Stellen, also alle Stellen, die das Zollrecht anwenden, selbst, wenn es nicht deren Hauptaufgabe ist.[605] Zollrechtliche Aufgaben können auch anderen Verwaltungszweigen übertragen werden, so dass sie im Rahmen ihrer Befugnisse Zollbehörden im Sinne des Zollkodex sind.[606] Allerdings lässt Artikel 4 Nr. 3 ZK die Ausgestaltung des Behördenapparats offen und damit grundsätzlich in mitgliedstaatlicher Zuständigkeit, wer konkret zur Zollverwaltung zu zählen ist.[607]

So liegt der Fall hier jedoch nicht. Die TCCC wurde am 10. Juli 1959 in Übereinstimmung mit zwei Gesetzen von 1951 und 1959, also noch unter britischer Verwaltung, offiziell und als reine Organisation des Privatrechts registriert. Sie war bisher weder formell noch materiell Teil der zyprisch-republikanischen Behördenstruktur.[608] In den gewöhnlichen Fällen von Abweichungen zwischen gemeinschaftlichem und nationalstaatlichem Zollgebiet gemäß Artikel 299 EG oder in Form von Protokollen sind die Behörden des Mitgliedstaats innerhalb und außerhalb des Zollgebietes regelmäßig Teil derselben nationalen Hierarchie, selbst wenn sie bezüglich der EG unterschiedliches Recht anzuwenden haben. Anders sieht dies bei der Ermächtigung durch die Kommission aus, die ausschließlich für eine privatrechtliche Organisation gilt, die sich zwar rechtlich auch der Republik Zypern zuordnen lässt, tatsächlich aber im Bereich des suspendierten, nicht von der Republik Zypern kontrollierten Gebietes befindet.

Weil es sich jedoch andererseits auch nicht um eine Ausnahme von den Regelungen über den Anwendungsbereich der Verträge handelt, sind auch die dort genannten Voraussetzungen nicht ohne weiteres übertragbar, so dass es für die Ermächtigung der Handelskammer bisher kein unmittelbares Vorbild gibt. Es gilt also zunächst wieder auf die Feststellung zurückzukommen, dass der Besitzstand in Nordzypern nur ausgesetzt ist und dazu dient, die Verantwortlichkeit der Republik Zypern innerhalb der EU zu begrenzen. Ohne das Ausführungsrecht gemäß Artikel 2 Absatz 1 des Protokolls wäre die Grüne Linie praktisch wie eine gewöhnliche Außengrenze zu behandeln.[609]

---

604 Siehe nur HHSp – Hohrmann, Einf. ZK, Rn. 83; Witte – Witte, Art. 4, S. 80; Schwarz/Wockenfoth – Friedrich, Artikel 4 ZK, Rn. 13.

605 Witte – Witte, Art. 4, aaO.

606 Schwarz/Wockenfoth – Friedrich, Artikel 4 ZK, aaO.

607 Schwarz/Wockenfoth – Friedrich, ebda.

608 Im Gegensatz zur Handelskammer der Republik Zypern, die wie die deutsche Ursprungszertifikate ausstellt und damit zur Zollverwaltung gehört.

609 Siehe oben, S. 141, vgl. auch den vierten Erwägungsgrund zur Linienverordnung.

Dabei liegt es naturgemäß im nationalstaatlichen Interesse der Republik Zypern, alle Hoheitsrechte so weit als möglich als Bereich exklusiver nationaler Souveränität auszulegen und so die Nähe zu den vertraglich vom Anwendungsbereich des EG ausgenommenen Gebieten zu suchen. Denn je größer die Zugeständnisse der EU an eine selbständige Aufgabenwahrnehmung von Institutionen in der TRNZ sind, desto geringer sind die nationalen Spielräume und desto größer ist die Sorge um die Gefahr der Anerkennung eines nordzyprischen Staates.[610] Das zwangsläufig entgegenstehende Interesse der EU zwingt daher, die Unterschiede, die durch Suspendierung und Sonderregelungen dazu bestehen, offen zu legen.

Neben der Beschaffenheit der Nachweise stellt sich dabei die Frage, ob die verordnete Zustimmung der Republik Zypern zur Ermächtigung seitens der Kommission deswegen bloß deklaratorisch oder zwingend notwendig, also konstitutiven Charakters ist. Letzteres wäre sie bei Fehlen einer entsprechenden gemeinschaftsrechtlichen Verwaltungskompetenz. Ferner ist zu fragen, ob durch das Verhalten der EU gegebenenfalls eine Anerkennung der TRNZ droht. Denn zumindest eine sehr starke Annäherung an deren Einflusssphäre liegt in dieser Ermächtigung offen zutage.

Die Notwendigkeit einer ausdrücklichen Nennung der von Kommission und Rat zugelassenen Stellen deutet zunächst auf den förmlichen Charakter des Nachweises der Ursprungseigenschaft hin. Der Behördencharakter, der aus der Ermächtigung der Handelskammer folgt,[611] geht im Übrigen auch aus allen in der Durchführungsverordnung genannten, sonst aber nur bei Zollbehörden anzutreffenden Formalien hervor, so zum Beispiel aus der Tatsache, dass die Begleitdokumente nur auf Antrag ausgestellt werden,[612] was nur bei der Verwendung von Ursprungszeugnissen vorkommt. Daraus folgt, dass die TCCC auch als Teil der Zollbehördenorganisation der EG anzusehen ist.[613]

Inhaltlich erinnert die Ermächtigung der Kommission an das im deutschen Verwaltungsrecht bekannte Institut der Beleihung juristischer oder natürlicher Privat-

610 Zum Vergleich bedarf es nur eines Blickes auf die entsprechende Debatte über den Grundvertrag zwischen der BRD und der DDR in den entsprechenden Fußnoten dieser Arbeit.

611 Vgl. z.B. auch den vierten Erwägungsgrund und Artikel 2 Absatz 1 Unterabsatz 2 der DVO.

612 Dass Wirtschaftsbeteiligte um ein Begleitdokument ersuchen müssen oder die bekannte Übermittlung von Stempel- und Unterschriftsmustern, geht aus Artikel 2 Absatz 2 und 3 der DVO hervor, ferner unterliegt die TCCC besonderen Mitteilungspflichten gemäß Artikel 8 der DVO.

613 Nach Pethke, S. 194 weicht die EG von der Kyoto-Konvention, oben, S. 125, insoweit ab, als dass von der EG jeweils zwei Formen von Nachweisen von öffentlichen Stellen ausgestellt oder beglaubigt und zwei weitere als privatschriftliche Erklärungen abgegeben werden. Innerhalb dieser vier Varianten der Warenverkehrsbescheinigungen werden alleine Ursprungszeugnisse auf Antrag von einer öffentlichen Stelle beglaubigt.

personen mit bestimmten Hoheitsrechten.[614] Der Sinn einer derartigen Ermächtigung erschließt sich aus dem Aufbau des Systems der Ursprungskontrollen.[615] Denn Ziel ist die Nutzbarmachung der Sachkunde, Interessen und technischen Mittel und Möglichkeiten des Beliehenen zur Entlastung des Verwaltungsapparates des Beleihenden.[616] Die Beliehenen werden funktionell begrenzt in die mittelbare Staatsverwaltung als selbständige Hoheitsträger einbezogen, bleiben von ihrem Status her aber dennoch Privatrechtssubjekte.[617] Die TCCC übernimmt in gleichem Maße die Funktionen, bei denen weder die Republik Zypern noch die EG in der Lage sind, sie selber auszuüben. Als Private, etwa im Rahmen der vereinfachten Verfahren der EG,[618] kommen sie damit allerdings nicht in Betracht.[619]

bb) Zustimmungserfordernis der Republik Zypern

Zu klären bleibt die Kompetenzverteilung zwischen Europäischer Gemeinschaft und Republik Zypern aufgrund des Beitrittsrechts. Trotz der Voraussetzungen der EU hat die Zustimmung der Republik Zypern zur Ermächtigung der Handelskammer zunächst eine praktische Grundlage, da die türkisch-zyprische Handelskammer und die Behörden der Republik Zypern bei der Kontrolle der Warenbewegungen über die Grüne Linie auf gegenseitige Zusammenarbeit angewiesen sind. Als alternative Überlegung zu einem konstitutiven Zustimmungserfordernis bietet sich daher an, dieses als reines Faktum zu betrachten. Denn die Linienverordnung formuliert die Ermächtigung der Handelskammer nur als ausdrückliche Wahlmöglichkeit gegenüber anderen Subjekten, wobei die Ermächtigung selbst aber für die Effektivität des Kontrollsystems unabdingbar bleibt.

In der allgemeinen Ausführung des Gemeinschaftsrechts durch Verwaltungsbehörden kommt eine starke Wechselbezüglichkeit [620] oder auch Dialektik der Integ-

614 Vgl. Schwarz – Friedrich, Artikel 4 ZK, Rn. 16, näher zum Rechtsinstitut Maurer, § 23, Rn. 56 ff.

615 Vgl. hierzu Witte – Witte, Art. 4 ZK, S. 52, wonach zuständige Ausfuhrzollstelle regelmäßig die Zollstelle ist, an der der Ausführer ansässig ist oder die Waren verpackt oder verladen werden.

616 Maurer, aaO.

617 Maurer, aaO.

618 So z.B. der sog. „ermächtigte Ausführer" gemäß Artikel 90 und 117 ZK-DVO, der häufig unter Präferenzregelungen fallende Ausfuhren tätigt und auf Antrag entsprechend ermächtigt wird. Bei den von ihm getätigten Ausfuhren muss er eine ihm zugeteilte Bewilligungsnummer angeben, ferner kann die Bewilligung jederzeit frei widerrufen werden. Vgl. dazu und zu den vereinfachten Verfahren Pethke, S. 194 f.

619 Schwarz – Friedrich, aaO.

620 Dauses – Stettner, B.III 2.

ration [621] zum Ausdruck. Einerseits vollzieht sich das Gemeinschaftsrecht grundsätzlich in den Formen und Verfahren des nationalen Rechts.[622] Andererseits stehen dem die ausdrücklichen gemeinschaftlichen Kompetenzen sowie der Anwendungsvorrang des Gemeinschaftsrechts gegenüber, sobald die Gemeinschaft eine ihr zustehende Regelungszuständigkeit rechtlich wirksam ausgeschöpft hat.[623] Um eine einheitliche und effektive Anwendung des Gemeinschaftsrechts zu erreichen, hat sich daher eine strenge Flankierung herausgebildet, die, von der Autonomie der Mitgliedstaaten ausgehend, teilweise direkten Einfluss auf nationales Verwaltungsrecht nimmt, mehr noch aber eine auf die Kooperationspflicht und den „effet utile" aus Artikel 10 EG gestützte Beurteilung verlangt.[624]

Während sich der direkte, gemeinschaftliche Vollzug also gemäß den ausdrücklichen Vorgaben des EG-Vertrags auf Haushalt, interne Organisation, aber auch das Wettbewerbs- und Beihilfenrecht konzentriert, stützt sich die Gemeinschaft im Übrigen und besonders im Zoll- und Finanzrecht bei der Erhebung von Zöllen, Abgaben im Rahmen der Agrarpolitik und der Mehrwertsteuer – das sind die wesentlichen Quellen für die Eigenmittel der Gemeinschaft – auf die nationalen Verwaltungsapparate.[625] Gerade in der Konzeption des Zollrechts bringt Artikel 60 ZK aber wiederum eine subsidiäre Stellung mitgliedstaatlichen Rechts zum Ausdruck. Danach regeln die Mitgliedstaaten die örtliche und sachliche Zuständigkeit der in ihrem Gebiet gelegenen Zollstellen, soweit das gemeinschaftliche Zollrecht keine einschlägigen Vorschriften enthält.[626]

Eine gemeinschaftsrechtliche Norm, die der EG sogar die Errichtung einer nationalen Zollstelle selbst ermöglicht, findet sich demgegenüber weder im Zollkodex noch im Primärrecht. Eine Erhebung der Gemeinschaft zur Verwaltungsträgerin der TCCC kann sich infolgedessen nur direkt aus dem Protokoll als von den Verträgen abweichende Grundlage herleiten lassen. Allerdings besteht der einzige Hinweis im gesamten Regelungskomplex, der für eine mögliche Gemeinschaftskompetenz spräche, in der Präambel zur Linienverordnung, in der es heißt, dass für die Regelungen für das Überqueren der Grünen Linie in erster Linie die Repu-

---

621 Simon, Rn. 81.

622 Vgl. statt vieler EuGH – Norddeutsches Vieh- und Fleischkontor, Urteil vom 11. Februar 1971, Rs. 39/70, Slg. 1970, S. 49, Rn. 4; Simon, Rn. 81; GTE – Jacqué, Artikel 145 EG, Rn. 6.

623 Dauses – Stettner, B.III, Rn. 6 f.

624 Dauses – Stettner, B.III, Rn. 44 ff.; zur Kooperationspflicht Simon, Rn. 82.

625 Simon, Rn. 84, vgl. auch Dauses – Stettner, B.III, Rn. 18 f. zum direkten Vollzug des Gemeinschaftsrechts.

626 Witte – Henke, Art. 60 ZK, Rn. 1 ff., der aber auch darlegt, dass sich im Zollkodex und dessen DVO wegen der umstrittenen Organisationskompetenz der Gemeinschaft hierzu nur vereinzelte Vorschriften finden.

blik Zypern zuständig ist.[627] Als Instrument zur Auslegung des ihr folgenden Sekundärrechts kann die Präambel jedoch keine Zuständigkeiten begründen, zumal keine neuen. Besonderes Augenmerk gilt es darum auf den Wortlaut des Beitrittsprotokolls zu legen, dass der Rat auf Vorschlag der Kommission die Bedingungen für die Anwendung des EU-Rechts auf die Grüne Linie festlegt.

Die besonderen Kompetenzen, die der Gemeinschaft in Bezug auf die Grüne Linie zugesprochen werden, finden sich in Artikel 2 Absatz 1 von Protokoll Nr.10. Bereits die Präambel des Beitrittsprotokolls weist darauf hin, dass festgelegt werden muss, unter welchen Bedingungen die einschlägigen Bestimmungen des EU-Rechts auf die Trennungslinie Anwendung finden.[628] In Verbindung mit Artikel 2 Absatz 1 des Protokolls folgt daraus, dass Rat und Kommission zum einen nur diejenigen Normen des suspendierten Gemeinschaftsrechts bestimmen können, die für die Effektivität des Gemeinschaftsrechts auf die Grüne Linie Anwendung finden müssen, und zum anderen auch die Bedingungen für deren Anwendung formulieren dürfen. Die Gestaltung der Linienverordnung folgt dem. Die Linienverordnung schafft diesbezüglich einen vollständigen Regelungskomplex, der durchweg im Wege der Spezialverweisung die jeweils einschlägigen Normen einzeln festlegt, die zur Anwendung kommen sollen.

Im Unterschied zur Stellung von Bedingungen besteht eine Kompetenz der Gemeinschaft zur Festlegung der zuständigen Zollbehörde für die Grüne Linie nicht, sodass die Zustimmung der Republik Zypern für die Ermächtigung der TCCC selbst eine notwendige Bedingung im Sinne von Artikel 2 Absatz 1 des Protokolls darstellt. Tatsächlich richtet sich die Ermächtigung durch die Kommissionsentscheidung gemäß Artikel 249 EG unmittelbar verbindlich auch nur an die Republik Zypern und nicht etwa an die Handelskammer.[629]

Auf der anderen Seite sind die Gestaltungsmöglichkeiten der Gemeinschaft gemäß Artikel 2 Absatz 1 des Protokolls nicht zu verkennen. Bei den festzulegenden Bedingungen handelt es sich um echte Rechtsbedingungen, die für die Anwendung der zu bestimmenden Regelungen erfüllt sein müssen. Daraus ist abstrakt zu folgern, dass Rat und Kommission bei der Konkretisierung der Bedingungen zwar darauf achten müssen, dass Kollisionen mit mitgliedstaatlichen Kompetenzen vermieden werden. Soweit hier souveräne Rechte betroffen sind, ist deren vorherige, konstitutive Zustimmung einzuholen. Die Beteiligten haben aber alles zu unternehmen, damit der Eintritt der Bedingungen herbeigeführt werden kann. Ei-

627 Vierte Erwägung der Linienverordnung.

628 6. Considérant der Präambel.

629 Siehe oben bei Fn. 543. Daraus geht auch hervor, dass die Zustimmung Voraussetzung für die Entscheidung war.

ne treuwidrige Vereitelung dieser Bedingungen wäre als Vertragsverletzung zu betrachten.

Wenn die Kompetenz der Gemeinschaft prinzipiell auch nicht so weit gehen kann, eigene nachgeordnete Behörden zu errichten,[630] so darf das Ausführungsrecht doch auf die Schaffung einer gemeinschaftsadäquaten Verwaltungsstruktur und die Errichtung von Organisationseinheiten, selbst durch Inpflichtnahme Privater, gerichtet sein.[631] Die verschiedenen Pflichten und Aufgaben von der ermächtigten Stelle als auch der Republik [632] sind bereits in der Linien- und der Durchführungsverordnung genau bezeichnet. Im generellen Interesse der Gemeinschaft, Wettbewerbsverzerrungen und Diskriminierungen entgegen wirken zu können [633] ist aufgrund der Erfahrungen aus der Anastasiou-Rechtsprechung auch eine in das Gebiet Nordzyperns nach vorne verlagerte Verwaltung eine geeignete Bedingung für die effektive Kontrolle der Einhaltung der Ursprungsregeln. Idealerweise existiert mit der TCCC ein für alle Seiten akzeptables Subjekt, das nicht nur auf Seiten der Republik Zypern bereits registriert ist, sondern darüber hinaus auch der zwiespältigen Situation des Beitritts der Republik Zypern genau entspricht. Damit kann sie das Gemeinschaftsrecht als in der Republik Zypern niedergelassene juristische Person auf der Grünen Linie anwenden.

Festzuhalten bleibt, dass die Linienverordnung bereits konkret auf die TCCC verdichtet ist.[634] Die Republik Zypern konnte ihre Zustimmung damit gar nicht verweigern, ohne ihre Pflicht zur Gemeinschaftstreue aus Artikel 10 EG zu verletzen, da sie insoweit alle geeigneten Maßnahmen treffen muss, um das Gemeinschaftsrecht umzusetzen. Alternativ dazu darf sie höchstens noch eine gegenüber der

630 Aufschlussreich EuGH – International Fruit Company, Urteil vom 15. Dezember 1971, Rs. 51 – 54/71, Slg. 1971, S. 1107, Rn. 3/4. Soweit danach gemäß Artikel 5 die Mitgliedstaaten dazu berufen sind, „alles Notwendige“ zu tun, sind diese für die Errichtung der Behörden zuständig.

631 Dauses – Stettner, B.III, Rn. 47 mit Beispielen. Vgl. die ebenso bei Möllers, S. 502, Fn. 107, als Schulbeispiel aufgeführte Kontrolldienststelle für Oliven, wo die Verordnung aber eine Errichtung der Verwaltungseinheiten durch die Mitgliedstaaten anordnet, während dies hier dadurch ja ausgeschlossen ist, dass die Handelskammer sich faktisch nicht in die Verwaltungshierarchie der Republik einordnen lässt.

632 Für die Republik Zypern beispielsweise in Artikel 10 der Linienverordnung, aber auch die Artikel 9 und 11 übertragen zuvorderst der Kommission die Verantwortung zu Änderungen. Vgl. ferner Artikel 2 Absatz 4, 3 Absatz 4 und 8 Absatz 2 der DVO.

633 Dauses – Stettner, B.III, Rn. 9.

634 Das vielfache Erwähnen der Handelskammer zeigt bereits, auf wen die Verordnung zugeschnitten ist. Die Verordnung ist insofern nur noch potentiell abstrakt, vgl. EuGH – Zuckerfabrik Watenstedt, Urteil vom 11. Juli 1968, Rs. 6/68, Slg. 1968, S. 611, 612 und Simon, Rn. 211, und konkretisiert sich mit der Ermächtigung durch die Kommission auf die TCCC.

TCCC gleichermaßen geeignete potentielle Behörde auswählen.[635] Mit den Rechtswirkungen von Artikel 249 EG ausgestattet macht die Verordnung somit deutlich, dass es nicht mehr um ein echtes Wahlrecht geht, sondern einzig und allein noch um die Wahl zwischen bestimmten Subjekten, letzten Endes aber nur noch um die TCCC. Wie in anderen Fällen hat die Gemeinschaft hier den Weg der „unvollkommenen Verordnung“ [636] mit quasi preemptiver Wirkung beschritten. Das Prinzip der dezentralisierten Verwaltung als Verwaltung in der Verantwortung der Mitgliedstaaten gemäß Artikel 10 EG [637] reduziert sich dadurch auf ein bloßes Zustimmungserfordernis.

Hieraus lassen sich noch einige weitere Aussagen über die Beleihung der TCCC durch die Republik Zypern und den sodann von der EG näher festgelegten Aufgabenkreis ableiten.[638] Soll es sich entsprechend einer Beleihung um ein hoheitliches Auftragsverhältnis handeln, so treffen die Handelskammer echte Rechtspflichten.[639] Durch die Suspendierung des Besitzstandes gemäß Artikel 1 Beitrittsprotokoll bleibt die Republik Zypern aber entgegen den gewöhnlichen Konsequenzen aus Artikel 10 EG [640] von der Verantwortung für Handlungen der Handelskammer befreit.[641] Ihre Aufsicht beschränkt sich gemäß der Durchführungsverordnung auf statistische Überwachung der Warenströme und Berichterstattung an die Kommission. Neben dem Widerruf der Ermächtigung gemäß Artikel 10 der Linienverordnung als äußerstem Mittel oder der Nichtanerkennung von Zeugnissen im Einzelfall gemäß Artikel 2 Absatz 4 DVO wird die Kommission daher nur auf so genannte Informationsvermerke zur Beeinflussung der Handelskammer zurückgreifen können.[642]

cc) TCCC und die Frage der ‚Acta iure imperii'

Unergiebig ist das Abstellen auf den Begriff der *acta iure imperii*, will man die Stellung der TCCC korrekt analysieren. Denn diese bezeichnen ausschließlich das

---

635 Dass es sich dabei um ein Recht handelt, stellt EuGH – International Fruit Company, aaO., klar, oben Fn. 630.

636 Simon, Rn. 212.

637 Simon, ebda.

638 Auch durch die konkrete Ausfüllung des Aufgabenkreises durch die EG, nämlich die Ausstellung von Warenverkehrsbescheinigungen, wird deutlich, dass sich die Rechte der Republik Zypern inhaltlich vollständig auf das Zustimmungserfordernis beschränken.

639 Siehe entsprechend Maurer, § 23, Rn. 58.

640 Siehe G/S – Zuleeg, Artikel 10 EG, Rn. 5 und – Jacqué, Artikel 202 EG, Rn. 6.

641 Insofern stellt dieses ein gegenüber dem deutschen Rechtssystem atypisches Auftragsverhältnis dar, da es sich auch nicht nur um indirekte, sondern auch mittelbare EG-Verwaltung handelt.

642 Dazu näher Dauses – Stettner, B.III, Rn. 48.

hoheitliche Handeln des Staates schlechthin gegenüber seiner Betätigung in privatrechtlicher Form. Die Tätigkeit des Staates ist jedoch letztlich zum weitaus größten Teil in hoheitlichem Zusammenhang erkennbar.[643] Maßgebend für die Bestimmung als hoheitlicher Akt ist indes nur die Natur der staatlichen Handlung oder des entstandenen Rechtsverhältnisses, nicht aber Motiv und Zweck der Staatstätigkeit.[644] Es kann gleichwohl keinem Zweifel unterliegen, dass die türkisch-zyprische Handelskammer vollständig in der Binnenstruktur der EG zu verorten ist. Die Handelskammer nimmt ausschließlich originäre Aufgaben der EG wahr.

Als ausländische Behörde müsste die Handelskammer jedoch zu betrachten sein, sollte hieraus die Gefahr einer Anerkennung der TRNZ als eigenständiger Staat erwachsen können. Mit einer Anerkennung als Willenserklärung wird bezweckt, Zustände aller Art beziehungsweise beliebige Ansprüche außer Streit zu stellen, wozu indes kein bestimmter Akt notwendig ist, sondern auch konkludente Handlungen und selbst die passive Hinnahme eines Zustandes ausreichen.[645]

Am materiellen Willen,[646] durch die Ermächtigung der Handelskammer die TRNZ auch als Staat anzuerkennen, fehlt es aber, denn eine Erklärung der Achtung der territorialen Integrität und inneren Ordnung [647] wurde mit dieser Regelungsform gerade vermieden. Insoweit ist darauf zurückzukommen, dass gemäß der Sprachregelung des Protokolls, der zufolge es sich bloß um Landesteile handelt, die Form einer einseitigen Verordnung gewählt worden ist oder die einer an die Republik Zypern als Adressat gerichteten Entscheidung.[648] Anders als in den Anastasiou-Fällen und den dort angeführten Präzedenzfällen entsprechen die getroffenen Regelungen nicht einer Zuständigkeitsverteilung zwischen den Behörden von Einfuhr- und Ausfuhrstaat, das heißt gegenseitigen Pflichten, sondern bloßen Bedingungen für die Gewährung einer Präferenzgewährung.[649] Dementsprechend liegt es auch nicht in den Händen der TCCC, durch einseitige Erklärung darüber zu befinden, wann beispielsweise ein Nachprüfungsverfahren als abgeschlossen

643 BVerfGE 16, 27.

644 BVerfGE, ebda.

645 Verdross/Simma, § 666.

646 Zum Willen als Element vgl. neben Verdross/Simma, § 966 auch Dahm/Delbrück/Wolfrum, § 21 II.

647 Verdross/Simma, § 963.

648 Daneben fällt auch die vorsichtige Sprache in den Regelungen auf, da erst in der Durchführungsverordnung die Handelskammer direkt als Behörde bezeichnet wird, nicht aber in der Linienverordnung.

649 Vgl. Hessisches Finanzgericht, Urteil des Senats vom 18. April 1996, ZfZ 1997, S. 24, 27 f. zum Allgemeinen Präferenzsystem.

zu betrachten sei.[650] Im Gegenteil ist die Befugnis der Handelskammer einseitig von der EU widerrufbar.

Auch die Form der Beleihung einer Privatperson weist darauf hin, da sie gewöhnlich einen – zudem nur äußerst begrenzten – Verzicht des Hoheitsträgers kennzeichnet, bestimmte Aufgaben selbst wahrzunehmen.[651]

Die Forderung eines Ursprungsnachweises ohne Zertifizierung durch eine Behörde (der TRNZ) [652] ist mithin erfüllt. Etwaige Bedenken seitens der Republik Zypern sind entkräftet.

dd) Keine Gleichstellung bei der Erhebung der Mehrwertsteuer

Die Begrenzung des Warenverkehrs auf denjenigen über die Grüne Linie steht schließlich auch in unmittelbarem Zusammenhang mit den anderen Bereichen der Linienverordnung. Nach der bisherigen Regelung ergeben sich für den Export nordzyprischer Waren in die übrige Gemeinschaft aus der Verknüpfung mit dieser Voraussetzung steuerliche Besonderheiten gegenüber Gemeinschaftswaren. Soweit die in den Süden gelangten Waren zum Verbleib in der Republik Zypern bestimmt sind, gelten sie gemäß Artikel 4 Absatz 7 der Linienverordnung als nicht eingeführt. Obwohl Nordzypern nicht zum Gemeinsamen Markt der Gemeinschaft gehört, ist damit in Bezug auf die Einfuhr in das Zoll- und Wirtschaftsgebiet keine eigentlich zu entrichtende Mehrwertsteuer gemäß der Richtlinie 77/388 des Rates zu erheben.[653]

Als Tatbestände kennt die Mehrwertsteuer-Richtlinie gemäß Artikel 2 die Lieferung oder Dienstleistung gegen Entgelt und die Einfuhr.[654] Ziel der Umsatzsteuer ist es, nicht die verbrauchende Nutzung, sondern die Einkommensverwendung zu besteuern.[655] Sie trifft aber letztendlich auch den Endverbraucher und ist deshalb dadurch gekennzeichnet, dass sie auf diesen abwälzbar ist.[656] Weil aber nur der

650 Vgl. das Hessische Finanzgericht, aaO, S. 28 entsprechend.
651 Vgl. Maurer, § 21, Rn. 11.
652 Uebe, S. 386 f. und Fn. 51.
653 Siehe oben, S. 152.
654 Bei der auf den Tatbestand der Einfuhr abstellenden Einfuhrumsatzsteuer handelt es sich technisch um eine Verbrauchsteuer, Förster, aaO.; Preißer – Schmidt, S. 469; demgegenüber befindet sich der Typus der Umsatzsteuern, durch die wirtschaftliche Wirkung einer allgemeinen Verbrauchsabgabe und seiner gesetzestechnischen Ausgestaltung als Verkehrssteuer zugleich, an der Schnittstelle zwischen beiden Steuerarten, BVergGE 7, 244 (260), vgl. auch BVerfGE 31, 314 (331); Förster, S. 131.
655 Förster, S. 134.
656 Förster, S. 135; zur Überwälzbarkeit bei den Verbrauchsteuern eingehend S. 54 f., mwN.

bei einem Geschäft mit Waren und Dienstleistungen erzielte Mehrwert neutral abgeschöpft werden soll, wird sie als sog. Allphasen-Nettoumsatzsteuer auf jeder Stufe der Erzeugung und des Vertriebes erhoben. Dem bei dieser Steuer geltenden Grundsatz der Neutralität wird genüge getan, indem die Steuer auf den jeweils tatsächlich berechneten Preis erhoben wird und der Unternehmer von der geschuldeten Steuer den Steuerbetrag zum Beispiel als Vorsteuer abziehen kann, der ihm selbst von Lieferanten oder Leistungserbringern für Warenkäufe oder die Inanspruchnahme von Leistungen bereits berechnet worden ist.[657] Im Endeffekt soll also nur eine einmalige Besteuerung der gesamten mit einer Ware erzielten Umsätze erfolgen. Für die nordzyprischen Waren gilt indes, dass durch das Entfallen der Einfuhrumsatzsteuer ihre wirtschaftliche Gleichstellung mit Gemeinschaftswaren unter der Voraussetzung ermöglicht wird, dass sie in der Republik Zypern verbleiben.[658]

Bei der Wahl des Ortes, an dem die Besteuerung vorgenommen wird, besteht die Möglichkeit das Land, für das die Ware bestimmt ist, oder bereits das Ursprungsland als Anknüpfungspunkt zu wählen. Das Bestimmungslandprinzip hat dabei den Vorteil, dass es für Wettbewerbsneutralität im Bestimmungsland sorgt,[659] weil auf heimische und importierte Waren gleichermaßen der Steuersatz des Zielortes erhoben wird. Der Sinn der Einfuhrumsatzsteuer ist dabei klar: Will man das Bestimmungslandprinzip auch gegenüber Privatpersonen verwirklichen, die im Gegensatz zu Unternehmern nicht Steuersubjekt der Richtlinie sind, lässt sich der Steueranspruch alleine dann realisieren, wenn Umsatzsteuer schon an der Grenze allgemein erhoben wird.[660] Auf diese Weise wird nicht nur die Belastung der Wareneinfuhr mit inländischer Umsatzsteuer gewährleistet, sondern auch eine Überforderung der Steuerbehörden vermieden, für die Steuererhebung zuerst die abschließende Inlandsverwendung der Ware überprüfen zu müssen.[661]

Aus dem Gegenschluss zu Artikel 4 Absatz 7 der Linienverordnung ergibt sich derweil, dass diejenigen Waren, die in andere Mitgliedstaaten weiterexportiert werden, von den zyprischen Behörden als nicht eingeführt zu betrachten sind. Artikel 6 der Durchführungsverordnung bestätigt dies, indem auf die für den Weiterexport bestimmten Waren bereits alleine durch das Verbringen über die Grüne

657 Birkenfeld, S. 30 ff.; selbst das unternehmensinterne innergemeinschaftliche Verbringen eines Gegenstandes wird über dieses System zunächst einer Lieferung gegen Entgelt gleichgestellt, um zu erreichen, dass auch diese Warenbewegungen erfasst werden, und Wettbewerbsverzerrungen zu verhindern, Birkenfeld, S. 98, z.B. durch Steuerhinterziehungen und nicht besteuerten Verbrauch, Terra/Meyer/Dangel, S. 33.

658 Entsprechendes gilt in diesem Abschnitt wegen Artikel 7 der Linienverordnung für Dienstleistungen.

659 Jakob, S. 17.

660 Preißer – Schmidt, S. 469.

661 Preißer – Schmidt, ebda.

Linie der Republik Zypern Mehrwertsteuer im Sinne der Richtlinie 388 geschuldet wird.[662] Für nordzyprische Waren gilt in diesen Fällen mithin nicht das Bestimmungslandprinzip, das jedoch im von der Richtlinie harmonisierten Umsatzsteuerrecht auf Warenbewegungen innerhalb der Europäischen Union sonst zur Anwendung kommt.[663]

Daraus folgen mehrere zu überwindende Hürden für den Import nordzyprischer Waren. Grundsätzlich besteht für türkischzyprische und sonstige Unternehmer die Möglichkeit, Waren über die Grüne Linie einzuführen, Umsatzsteuer zu entrichten, und diese nach einem Weiterexport in Vorsteuerabzug zu bringen. Ein daraus resultierender Wirtschaftsfaktor ist die generell erforderliche Vorfinanzierung der Einfuhrumsatzsteuer für Importe aus Nordzypern. Dies gilt jedoch nur – soweit es sich um türkischzyprische Unternehmer handelt – wenn sie ihre Unionsbürgerschaft nachweisen oder im Gemeinschaftsgebiet ansässig sind. Können sie es nicht, so besteht aufgrund der 13. EG-Richtlinie,[664] mit der ein gesondertes Erstattungsverfahren für entrichtete Umsatzsteuer geregelt wird, die Möglichkeit, die Vergütung auszuschließen, wenn der Grundsatz der Gegenseitigkeit nicht gewahrt ist. Hierbei kann es nicht darauf ankommen, ob die TRNZ tatsächlich Unternehmern aus der Gemeinschaft gezahlte Umsatzsteuer erstattet oder die Steuer gar nicht erhebt. Denn die umstandslose Einräumung der Vorsteuer-Vergütung wäre als hoheitlicher Rechtsakt gleichbedeutend mit der Anerkennung der Gegenseitigkeit und folglich eine Duldung der Souveränität der TRNZ über Nordzypern.

Gegebenenfalls wird sich die fehlende Gegenseitigkeit also darin äußern, dass der Endpreis der Waren durch Erhebung der Einfuhrumsatzsteuer, die formell nicht in Abzug gebracht werden kann, und später der allgemeinen Umsatzsteuer, mit faktisch doppelter Mehrwertsteuer belastet ist.[665]

---

662 Grundsätzlich wird mit der Einfuhrumsatzsteuer die Gleichstellung von Importen und Binnenwaren erreicht, Lohse/Peltner, Vorbemerkung zu Artikel 7.

663 Besondere Schwierigkeiten ergaben sich für die EWG mit der DDR, wenn DDR-Waren in andere Mitgliedstaaten ausgeführt werden sollten. Hier musste das Bestimmungslandprinzip sogar zur Anwendung kommen, weil ostdeutsche Waren an der innerdeutschen Grenze als Waren deutschen Ursprungs galten und somit nicht als Zollgut im Sinne der Abgabenordnung eingestuft und verzollt werden konnten. Grundsätzlich wäre dies auch auf die Republik Zypern übertragbar, doch gelten die besonderen Bestimmungen des Beitrittsrechts.

664 Dreizehnte Richtlinie 86/560 des Rates vom 17. November 1986 zur Harmonisierung der Rechtsvorschriften der Mitgliedstaaten über die Umsatzsteuern – Verfahren der Erstattung der Mehrwertsteuer an nicht im Gebiet der Gemeinschaft ansässige Steuerpflichtige, ABl L 326 vom 21. November 1986, dort Artikel 2 Absatz 2. Vgl. den Unterschied zu den auf der Basis von Protokoll Nr. 10 erlassenen Rechtsakten im Folgenden.

665 Da der Unternehmer die Mehrwertsteuer nicht abwälzen kann, muss er sie folglich auf den Preis aufschlagen. Die Kommission hat zur Lösung dieses politischen Problems die Einrichtung eines türkisch-zyprischen Handelshauses oder auch einer Briefkastenfirma vorgeschlagen, mit denen alle interessierten Unternehmen vertreten werden könnten. Die Republik Zy-

Eine mögliche Umgehung läge eventuell im Rückgriff auf die Bestimmungen über Transitwaren, also solche Waren, die unmittelbar im Anschluss an die Einfuhr zur Ausführung innergemeinschaftlicher Lieferungen verwendet werden. Diese Waren können von den Mitgliedstaaten bereits von vorneherein von der Steuer befreit werden. Doch setzt dies voraus, dass über die Ware im Regelfall bereits weiterverfügt worden ist, und zieht Zoll- oder Freilagergebühren im Sinne des Zollkodexes nach sich.[666] In jedem Fall treffen den Importeur nordzyprischer Waren über den notwendigen Umweg über die Republik Zypern erhöhte Dokumentationspflichten, die mit zusätzlichem Verwaltungsaufwand und Kosten verbunden sind. Sie resultieren aus dem Wegfall der innergemeinschaftlichen Grenzkontrollen, der anderweitige Kontrollmechanismen bedingt.[667] Diese Pflichten sind gemäß Artikel 22 von Richtlinie 388 Anzeigepflichten, Kenntlichmachen jedes Unternehmers durch Umsatzsteuer-Identifikationsnummer, Buchführungspflichten über Warenregister, Rechnungsausstellung, Steuererklärung, Jahreserklärung und zusammenfassende Meldungen. Besonders die Identifikationsnummer des Abnehmers ist für den Lieferanten der praktische und unumgängliche Nachweis dafür, dass der Erwerb im Bestimmungsland umsatzsteuerbar ist,[668] er also eventuell Anspruch auf Rückvergütung hat.

Auch der umgekehrte Weg von Warenströmen in das Gebiet der TRNZ birgt nicht die steuerlichen Vorteile gewöhnlicher Exporte aus dem Gemeinschaftsgebiet in dritte Länder. Artikel 5 Absatz 3 der Verordnung legt fest, dass in diesem Fall weiterhin Mehrwertsteuer geschuldet wird. Die Ausfuhr wird folglich dem Endverbrauch gleichgestellt. Wettbewerbsgleichheit mit den Anbietern des Bestimmungslandes existiert indessen erst dann, wenn trotz der bei Ausfuhren bestehenden Steuerfreiheit [669] der Vorsteuerabzug erhalten bleibt.[670]

Letzten Endes ist eine vollständige Gleichstellung von nordzyprischen Waren und Dienstleistungen durch das Regime für die Grüne Linie nicht möglich, was jedoch nicht bedeutet, dass die Gemeinschaft türkisch-zyprischen Unternehmern nicht eventuell auf anderem Wege weiter entgegenkommen wird. Aus den genannten Gründen würde die mangelnde Gegenseitigkeit jedoch nicht alleine zu einer vollständigen Gleichbehandlung mit Unternehmern aus der Gemeinschaft führen, sondern alle diejenigen Regeln und Kosten für türkischzyprische Händler entfallen lassen, die von einem Unternehmer aus einem Mitgliedsstaat einzukalkulieren

---

pern hatte ähnlich pragmatisch orientierte Vorschläge im Umfeld des Erlasses der Linienverordnung auf ihren Web-Seiten veröffentlicht.

666 Vgl. Artikel 16 von Richtlinie 388.

667 Terra/Meyer/Dangel, S. 46 f.

668 Preißer – Schmidt, S. 485.

669 Artikel 15 Richtlinie 388.

670 Preißer – Schmidt, S. 471.

sind. Die Gefahr einer nachhaltigen Störung des geschaffenen marktwirtschaftlichen Gleichgewichts, des Kontrollsystems und nicht zuletzt für die Erhebung der Eigenmittel der EU [671] wäre bei derart großzügigen Ausnahmen vom Steuersystem immanent. Eine derartige Gleichstellung würde somit gerade der Ermächtigung zuwiderlaufen, die Artikel 7 der DVO in Verbindung mit Artikel 11 Absatz 4 Linienverordnung wegen der installierten Regeln nur als Auffangtatbestand wahrnimmt.

Als Alternativlösung zum Umweg über die Republik Zypern bliebe für nordzyprische Unternehmer als Ausweg der direkte Export in die anderen Mitgliedstaaten unter Verzicht auf die Ausstellung von Ursprungszeugnissen, denn hierfür gilt die Ermächtigung der TCCC nicht. Dadurch würde indessen wieder der volle Außenzoll der EG auf nordzyprische Waren fällig. Infolgedessen ist die beabsichtigte Gleichstellung zyprischer Waren gegenwärtig auf den vergleichsweise kleinen innerzyprischen Markt beschränkt. In diesem Fall lässt sich dies freilich auf das unmittelbar infolge des Referendums zum Annan-Plan erlassene Durchführungsrecht zurückführen und nicht bereits auf das Protokoll.

4) Direkthandel und direkte finanzielle Unterstützung

In der Praxis blieben die von der EU umgesetzten Maßnahmen zur Förderung der Türkischzyprer zunächst wirkungslos. Die Handelskammer in der TRNZ hatte kaum Anträge auf die Erteilung von Warenverkehrsbescheinigungen zu bearbeiten, wobei unklar ist, zu welchem Anteil dies auf die jahrzehntelange Trennung beziehungsweise die direkte Umstellung auf die Anforderungen der EU zurückzuführen war. In einem weiteren Schritt entschloss sich die Kommission der Europäischen Gemeinschaft daher, einen Vorschlag für eine Verordnung für Direkthandel mit den Gebieten Nordzyperns auszuarbeiten.[672] Dadurch sollte die Notwendigkeit des sperrigen und kostenintensiven Umwegs der Warenströme über die Republik Zypern entbehrlich gemacht werden. Rechtsgrundlage für die geplante Verordnung war jedoch nicht unmittelbar das Beitrittsprotokoll, sondern Artikel 133 EG, die Grundsätze der Gemeinsamen Handelspolitik. Offensichtlich stützt sich die Kommission dabei auf Artikel 3 Absatz 1 des Beitrittsprotokolls, wonach

---

671 Beschluss des Rates vom 21. April 1970 über die Ersetzung der Finanzbeiträge der Mitgliedstaaten durch eigene Mittel der Gemeinschaften, ABl L 94 vom 28. April 1970, zuletzt geändert durch Beschluss vom 29. September 2000 über das System der Eigenmittel der EG'en, ABl L 253 vom 7. Oktober 2000.

672 KOM (2004) 466 endg., vom 7. Juli 2004., die Verordnung scheint aufgrund des vehementen Widerstands der Republik Zypern, die jegliche Aufwertung oder den Anschein einer möglichen Anerkennung der TRNZ vermeiden möchte, nicht durchsetzbar.

das Protokoll Fördermaßnahmen zugunsten der nordzyprischen Landesteile trotz vollständiger Acquis-Suspendierung nicht verbietet.[673]

Inhaltlich begründet sie den Rückgriff auf die Gemeinsame Handelspolitik mit einem Umkehrschluss. Danach folgt aus der Suspendierung der Politiken der Gemeinschaft die Nichtanwendung des Zollkodex. Darum müsse der Direkthandel unter die Regelungen für Handel mit Drittstaaten fallen.[674] Diese im Vorschlag vorangestellte schriftliche Erwägung ist freilich nicht nur problematisch im Hinblick auf die Anwendung einer Norm aus den an sich suspendierten Bereichen des EG-Vertrags, sondern auch dann, wenn man zugrunde legt, dass sämtliche im Protokoll vorgesehenen Verfahren aus politischen Gründen und zugunsten der Einheitlichkeit Einstimmigkeit vorsehen,[675] während Artikel 133 nur eine qualifizierte Ratsmehrheit erfordert.[676] Ob der Standpunkt der Kommission haltbar ist und Artikel 3 des Protokolls eine direkte Öffnungsklausel für die weitere Anwendung des EG bildet, ist folglich mit Blick auf die von der Kommission vorgetragenen Gründe und Beispiele zu hinterfragen.

Daneben bietet auch eine im Paket mit der Direkthandelsverordnung vorgesehene Finanzverordnung zur Unterstützung wirtschaftlicher Projekte von Türkischzypern, die ebenfalls auf Artikel 3 des Beitrittsprotokolls gestützt wird, Raum für ergänzende Überlegungen. Dadurch, dass die Verordnungen aber als Paket verstanden werden, stehen beide, das heißt auch die Finanzverordnung, mit der eine gewissermaßen als Belohnung für das Referendum in Aussicht gestellte Finanzhilfe in Höhe von 259 Millionen Euro in Nordzypern eingesetzt werden sollte, weiterhin aus.[677]

---

673 So die dritte Erwägung zum Vorschlag für die Verordnung.

674 So die dem Vorschlag vorangestellte schriftliche Begründung.

675 Uebe, S. 387 mit ausdrücklichem Bezug auf Zollregelungen gemäß Artikel 133 EG.

676 Die Bedeutung von strukturell gewollten Verfahrenszwängen für die Wahl von Artikel 133 als Rechtsgrundlage stellte der EuGH z.B. im Gutachten 1/94 des EuGH über den Beitritt der EG zur WTO vom 15. November 1994, Slg. 1994, I-5267 bei Rn. 60 heraus, zuvor auch schon in EuGH – Kommission/Rat, Urteil vom 26. März 1987, Rs. 45/86, Slg. 1987, S. 1493, Rn. 11 f, wonach sich die gewählte Rechtsgrundlage nicht alleine auf das nach Überzeugung des Organs angestrebte Ziel stützen darf. Seinerzeit ging es hauptsächlich um die Wahl zwischen der Gemeinsamen Handelspolitik, Artikel 133, oder Assoziierungen gemäß Artikel 310, aber auch wegen damals bestehenden Unterschieden um autonome Änderungen des Zolltarifs gemäß Artikel 26 EG.

677 KOM (2004) 465 endg. vom gleichen Tag, ein beträchtlicher Teil der Mittel der Finanzverordnung in Höhe von mehr als 100 Millionen Euro wurde in 2006 allerdings mittlerweile freigegeben.

a) Artikel 133 EG als Rechtsgrundlage für Direkthandel mit Nordzypern

aa) Anwendbarkeit von Artikel 133 EG auf nichtstaatliche Gebiete

Im Rahmen des Geltungsbereichs von Artikel 133 EG verfügt der Rat über besonders weite Ermessensspielräume und ist nur durch die Erfordernisse der Ziele beschränkt, die der Vertrag der Handelspolitik über Artikel 131 EG zuweist.[678] Aus der Gestaltung einer Handelspolitik nach einheitlichen Grundsätzen folgt ihr offener Charakter,[679] beziehungsweise aus ihrer Regelung und Handhabung in offener Perspektive eine nicht abschließende Aufzählung der in Absatz 1 genannten Gegenstände.[680] Dieser inhaltlichen Weite steht auf der anderen Seite eine ausdrückliche geographische Begrenzung im Gründungsvertrag zur EG gegenüber. In den in Artikel 131 genannten Zielen der Handelspolitik ist die Rede vom internationalen Handelsverkehr. Die Handelspolitik soll zur Beseitigung von Handelsbarrieren im zwischenstaatlichen Wirtschaftsverkehr beitragen.[681]

Soweit man es als stabilisiertes *de facto*-Regime betrachtet,[682] ist Nordzypern jedoch in eine Kategorie mit Völkerrechtssubjekten wie etwa dem Heiligen Stuhl einzuordnen oder auch Taiwan [683] und Palästina, mit dem sogar eine Assoziierung besteht. Die Kompetenz der Gemeinschaft, solchen Subjekten auf völkerrechtlicher oder „zwischenstaatlicher" Ebene gegenüberzutreten, ergibt sich daraus, dass es sich um ein atypisches Völkerrechtssubjekt handelt. Soweit die gemeinsame Handelspolitik also als Außenhandel der Gemeinschaft gegenüber Drittstaaten bezeichnet wird, formuliert sie lediglich das Gegenstück zum innergemeinschaftlichen Handel zwischen den Mitgliedstaaten.[684] Die Tatsache, dass es sich bei Nordzypern nicht um einen Staat im völkerrechtlichen Sinne handelt, vermag für sich genommen nicht zu begründen, warum Artikel 133 EG keine einschlägige Rechtsgrundlage für die geplante Direkthandelsverordnung sein könnte. Zur Erfüllung der grenzüberschreitenden Voraussetzung dürfte hier regelmäßig das Überqueren der Außengrenzen der EG genügen.[685] Ob diese Voraussetzung in rechtlich hinreichender Weise gegeben ist, gilt es jedoch festzustellen.

---

678 G/S – Bourgeois, Vorbem. zu den Artikeln 131 bis 134 EG, Rn. 9.

679 EuGH – Gutachten 1/94, aaO., Rn. 41.

680 EuGH – Gutachten 1/78, Internationales Naturkautschuk-Übereinkommen, vom 4. Oktober 1979, Slg. 1979, S. 2871, Rn. 45.

681 Sechster Considerant der Präambel zum EG.

682 Siehe oben, S. 98.

683 Vgl. nur oben, S. 132 das Verhalten der EU.

684 Geiger, EUV/EGV, Artikel 133 EG, Rn. 1.

685 Im Grunde handelt es sich bei dieser Frage nicht um ein neues Problem. Bis zum Abschluss des Grundvertrags zwischen der Bundesrepublik Deutschland und der DDR war das Verhältnis der EWG zur DDR in dieser Hinsicht unklar, da die DDR bis dahin von den Mitgliedstaaten nicht anerkannt war. Strittig war die Auslegung von Absatz 2 des IdH-Protokolls, d.h. ob

bb) Anwendbarkeit von Artikel 133 EG auf de iure zum Territorium eines Mitgliedstaates gehörende Gebiete

Zur Begründung der Anwendbarkeit von Artikel 133 EG stellt die Kommission auf den Gegenschluss aus der Nichtanwendung des Zollkodexes auf die nordzyprischen Gebiete ab und will das Argument mit den gegebenen Parallelen zu den Beispiele von Ceuta, Melilla und Gibraltar oder auch Büsingen, Helgoland und dem Campione d'Italia untermauern. Allen diesen Gebieten ist gemeinsam, dass sie zwar ebenso wie Nordzypern zum Gebiet der EU, nicht aber zum Zollgebiet der Gemeinschaft gehören und aus diesem Grund Drittlandsregeln zur Anwendung gelangen. Im Fall von Gibraltar und den spanischen Exklaven Ceuta und Melilla wurden dabei einige konkretisierende Verordnungen ausdrücklich auf Artikel 133 gestützt, während in den übrigen Fällen das generelle Drittlandsregime angewendet wird.

Für die Linie der Kommission spricht dabei augenscheinlich auch der Gesichtspunkt, dass über die Handelspolitik gemäß Artikel 133 auch die entwicklungspolitischen Ziele anderer Normen im EG umgesetzt werden.[686] Insgesamt ist eine gewisse sachliche Nähe der Anwendung von Artikel 133 EG und dem Beitrittsprotokoll also zumindest nicht von der Hand zu weisen. Einseitige Zollpräferenzen verfolgen überwiegend entwicklungspolitische Ziele.[687] Das gilt auch für Nordzypern, wie die Präambeln der einschlägigen Regelungen zeigen.

Nichtsdestotrotz gehören im Rahmen der instrumentalen Theorie der Kommission selbst zu den Rechtsakten gemäß Artikel 133 EG alle Instrumente zur Regelung des internationalen Handels, soweit das Primärrecht nicht ausdrücklich etwas anderes bestimmt. Ob hier bezüglich der Gemeinsamen Handelspolitik und gegebenenfalls auch im Rahmen der Entwicklungszusammenarbeit eine Ausnahme von

---

die EWG dazu befugt war, Abkommen mit der DDR abzuschließen, und somit ob der heutige Artikel 133 anwendbar war (sog. Drittlandsthese), oder ob die DDR im Rahmen des Protokolls als Rechtssubjekt eigener Art anzusehen war, weil Absatz 2 die Anwendung der gewöhnlichen Vorschriften sperrte (sog. Sui generis-These). Der historische Ausgang belegt, dass im Verhältnis EWG-DDR politischen Rücksichten gegenüber der Durchsetzung juristischer Theorien der Vorzug gegeben wurde, sich aber letztendlich die Drittlandsthese eindeutig durchsetzte, siehe die Mitteilung der Kommission an den Rat vom 18. April 1973, SEK (73) 1483 endg. und Ehlermann, in: Handelspartner DDR, S. 239, vgl. zur Geschichte Scharpf, Bedeutung des IdH für die EWG, DA 1973. Ob Artikel 133 EG aber generell auf Gebiete unterhalb der Schwelle anerkannter Staaten anzuwenden ist, war aufgrund der Spezialregelung des IdH-Protokolls damals irrelevant.

686 Siehe nur Art. 177 und 178 EG; vgl. ferner Verordnung 980/2005 des Rates vom 27. Juni 2005 über ein Schema allgemeiner Zollpräferenzen, ABl. L 169 vom 30. Juni 2005.

687 Kirchhoff, S. 11; der Zusammenhang zwischen Handel und Entwicklung ist dem EuGH – Kommission/Rat, aaO., Rn. 17, zufolge heutzutage offensichtlich.

der Aussetzung des gemeinsamen Besitzstandes bestehen kann, ist daher die Frage. Voraussetzung für die Tragfähigkeit der von der Kommission gegebenen Begründung ist, dass das Protokoll über Zyperns Beitritt inhaltlich mit den genannten Beispielen gleichgesetzt werden kann.

Tatsächlich werden die räumlichen Grenzen der Zollunion vorrangig durch das Zollgebiet abgesteckt und dessen Bestimmung ist wiederum bei der Durchführung der Handelspolitik zu beachten.[688] Allerdings handelt es sich bei diesem geographischen Raum grundsätzlich um das gesamte Staatsgebiet der Mitgliedstaaten.[689] Artikel 3 des gleichfalls auf Artikel 133 EG gestützten Zollkodexes konkretisiert ebenso weitestgehend nur den räumlichen Anwendungsbereich der Verträge gemäß Artikel 299 EG.[690] Die Beispiele der Kommission beruhen auch von daher zum größeren Teil auf dessen primärrechtlich begründeten Ausnahmen. Zumindest strukturell gehört das Beitrittsprotokoll Zyperns dazu, ebenso wie Ceuta und Melilla über die Beitrittsakte Spaniens und Portugals. Helgoland, Büsingen und der Campione d'Italia heben sich hingegen insoweit ab, als dass sie ausschließlich auf dem sekundärrechtlichen Zollkodex beruhen.

Als Beispiel ungeeignet sind die spanischen Exklaven von Ceuta und Melilla. Artikel 25 Absatz 2 der Beitrittsakte Spaniens und Portugals verweist für die Bedingungen für die Anwendung der „Rechtsakte der Gemeinschaftsorgane über Zollbestimmungen und die Handelspolitik" auf das gesonderte Beitrittsprotokoll Nr. 2. Dort besteht dadurch Ähnlichkeit mit dem Beitritt Zyperns, dass Artikel 1 Absatz 1 bestimmt, dass Waren mit Ursprung in den entsprechenden Gebieten keine Gemeinschaftswaren sind. Ebenso gehören diese Gebiete gemäß Absatz 2 nicht zum Zollgebiet der Gemeinschaft. Artikel 1 Absatz 3 legt aber ausdrücklich fest, dass die Rechtsakte der Gemeinschaftsorgane über Zollbestimmungen für den Außenhandel für diese Gebiete weiterhin gelten.[691] Das Primärrecht sieht in diesem Bereich mithin ausdrücklich die Anwendung von Regelungen der Gemeinsamen Handelspolitik vor, so dass neben dem – heutigen – Zollkodex zum Beispiel auch die Ursprungsregeln der Assoziierung Spaniens mit der EWG von 1970 für diese Gebiete gemäß Artikel 9 Absatz 2 nach dem Beitritt zunächst in Kraft blieben.[692]

---

688 Lenz/Borchardt – Müller-Ibold, Artikel 133 EG, Rn. 6.

689 Geiger, EUV/EGV, Artikel 23 EG, Rn. 5.

690 Geiger, ebda.

691 Vervollständigt wird die Norm durch Absatz 4, wonach Rechtsakte der Gemeinschaft in der Gemeinsamen Handelspolitik gegenüber oder mit anderen Staaten keine Geltung für Ceuta und Melilla haben.

692 Dazu gehören z.B. die Ratsverordnung 1140 vom 21. Juni 2004 zur Aussetzung der autonomen Zölle des Gemeinsamen Zolltarifs für bestimmte Fischereierzeugnisse mit Ursprung in Ceuta und Melilla, ABl L 222 vom 23. Juni 2004, und Ratsverordnung 2501 vom 10. De-

Was außerdem aus Artikel 25 Absatz 4 der Beitrittsakte Spaniens hervorgeht, ist die gleiche vereinfachte Prozedur für die vollständige Einbeziehung von Ceuta und Melilla ins gemeinschaftliche Zollgebiet wie für Nordzypern. Ebenso sind für Anpassungen der Regelung im Beitrittsprotokoll Spaniens ein Vorschlag der Kommission und Einstimmigkeit im Rat erforderlich. Erweiterungen für den Anwendungsbereich von Artikel 133 sind folglich genauso möglich.

Weitere Aufschlussmöglichkeiten bietet Artikel 299 Absatz 4 des Gemeinschaftsvertrags. So sind diejenigen europäischen Hoheitsgebiete, bei denen die auswärtigen Beziehungen von einem Mitgliedstaat wahrgenommen werden, gemäß Absatz 4 in den Anwendungsbereich des Vertrags einbezogen und schon aus diesem Grund keine Drittstaaten.[693] Das betrifft als Gebiet, das nicht bereits integraler Bestandteil eines Mitgliedstaats ist, aber zugleich nach außen nicht souverän auftreten kann, gegenwärtig nur die britische Kronkolonie Gibraltar,[694] die ebenfalls von der Kommission als Beispiel angeführt worden ist. Auch in diesem Fall ist die Möglichkeit, dennoch auf die Instrumente der Gemeinsamen Handelspolitik zurückzugreifen, in der entsprechenden Beitrittsakte begründet.

Artikel 30 der Beitrittsakte Dänemarks, Irlands und Großbritanniens verweist für erforderliche Anpassungen von Sekundärrechtsakten in einen Anhang II, verbunden mit dem Hinweis, dass diese Anpassungen im Einklang mit den dort aufgestellten Leitlinien zu erfolgen haben. Anhang II verweist noch einmal weiter auf eine Ratsverordnung zur Festlegung einer gemeinsamen Regelung für die Einfuhr aus dritten Ländern.[695] Vor dem Beitritt Großbritanniens war Gibraltar in dieser auf Artikel 133 gestützten Verordnung im Zusammenhang mit dem Vereinigten Königreich als Gebiet aufgeführt, das die in der Verordnung ebenfalls aufgeführten Waren ohne mengenmäßige Beschränkung in die Gemeinschaft einführen durfte. Das sich aus der Streichung Gibraltars infolge der Mitgliedschaft Großbritanniens ergebende Problem wurde durch die Leitlinie der Beitrittsakte so gelöst, dass Gibraltar sich in Bezug auf die Liberalisierung der Einfuhr in die Gemeinschaft in der gleichen Lage wie vor dem Beitritt befindet. Durch die Beitrittsakte folgt für die Einbeziehung der Kronkolonie in die Gemeinschaft über Artikel 299 Absatz 4 mithin eine Einschränkung, die Raum für die Anwendung der Gemeinsamen Handelspolitik lässt.

---

zember 2001 über ein Schema allgemeiner Zollpräferenzen zwischen 2002 und 2004, ABl L 346 vom 31. Dezember 2001.

693 Lenz/Borchardt – Müller-Ibold, Artikel 133, Rn. 6.

694 G/S – Schröder. Artikel 299, Rn. 30 ff.

695 Verordnung 1025/70 des Rats vom 25. Mai 1970, ABl. L 124 vom 8. Juni 1970, nunmehr Verordnung 3285 des Rats vom 22. Dezember 1994.

Etwas anderes gilt für die überseeischen Länder und Gebiete in Artikel 299 Absatz 3 in Verbindung mit Anhang II des Gemeinschaftsvertrags.[696] Für diese Gebiete gilt nicht der Gemeinschaftsvertrag, sondern ausschließlich das Assoziierungssystem des Vierten Teils des Vertrags in Form der Durchführung durch das jeweilige Durchführungsabkommen, beziehungsweise die Beschlüsse gemäß Artikel 187 EG.[697] Es handelt es sich dabei um eine abschließende Regelung, so dass die anderen Bestimmungen des EG nicht anwendbar sind.[698] Zwar hätte theoretisch auch die Form eines völkerrechtlichen Abkommens gewählt werden können, es soll jedoch das besondere Verhältnis zwischen der Gemeinschaft und diesen Ländern zum Ausdruck gebracht werden und die Ausgestaltung kann durch gemeinschaftlichen Rechtsakt jederzeit flexibel erfolgen.[699] Hier ist die Anwendung von Artikel 133 also nicht möglich, gleichwohl Einstimmigkeit verfahrensmäßige Voraussetzung.

Insgesamt haben die Mitgliedstaaten also des Öfteren von der Möglichkeit Gebrauch gemacht, primärrechtliche Ausnahmen vom Anwendungsbereich des Gemeinschaftsvertrags festzuschreiben. Bei genauerer Betrachtung zeigt sich jedoch in allen angeführten Beispielen, dass der Schwerpunkt der Betrachtung weniger auf die Gemeinsame Handelspolitik zu legen ist, sondern auf den Anwendungsbereich der Verträge. Wenn sich die vom Vertrag ausgenommenen Gebiete alle mehr oder weniger in der gleichen Situation wie Drittländer befinden, haben die Gemeinschaft und vor allen die jeweiligen Mitgliedstaaten, wenn nicht eine abschließende Regelung dafür getroffen, so doch stets dafür Sorge getragen, dass ihre besonderen Interessen[700] nicht übergangen werden können. Schon wegen der Sachnähe zu Artikel 48 und 49 des Unionsvertrags ist dann absolutes Einvernehmen im Rat Voraussetzung für jegliche weitergehende Einbeziehung aller vom Gemeinschaftsrecht ausgeschlossenen Gebiete. Die pure Sonderstellung der von der Kommission genannten Beispiele kann keinen Einfluss auf die Lösung des Problems der Abgrenzung der Zuständigkeitsbereichte innerhalb der Gemeinschaft, um die es hier immerhin geht, haben.[701] Tendenziell ist daher festzuhalten, dass der Rückgriff auf Artikel 133 EG und die Mehrheitsabstimmung, dort wo es

---

696 Lenz/Borchardt – Müller-Ibold, ebda.; völkerrechtliche Beziehungen oder ein partnerschaftliches Verhältnis werden hierdurch also nicht hergestellt, G/S – Zimmermann, Vorbem. zu den Artikeln 182 bis 188 EG, Rn. 17.

697 G/S – Zimmermann, Vorbem. zu den Artikeln 182 bis 188 EG, Rn. 11.

698 Lenz/Borchardt – Hecker, Artikel 182 EG, Rn. 8.

699 Häufig wird deshalb auch der Begriff der „Konstitutionellen Assoziierung“ verwendet, G/S – Zimmermann, aaO., Rn. 13 f.

700 Schutz der Einheitlichkeit des Gemeinschaftsrechts einerseits und Schutz des Mitgliedstaats in Form eines Besitzstands, den er vom Gemeinschaftsrecht ausgeschlossen sehen will, andererseits.

701 Entsprechend EuGH – Gutachten 1/78, aaO., Rn. 61 f.

gewollt ist, ausdrücklich zugelassen sein wird, womit wieder unmittelbar auf das Beitrittsprotokoll Zyperns zurückzukommen ist.[702]

cc) Kein Anwendungsbereich für Artikel 133 EG im Rahmen von Artikel 3 des Beitrittsprotokolls

Artikel 3 Absatz 1 des Beitrittsprotokolls bildet für die Kommission die rechtliche Basis für die Anwendung der Gemeinsamen Handelspolitik.[703] Formell handelt es sich dabei nicht um eine Ausdehnung des Besitzstandes auf die in Artikel 1 genannten Gebiete Nordzyperns. Dies würde vielmehr voraussetzen, dass diese Gebiete selber die Gemeinsame Handelspolitik auf Drittländer anwendeten. Genausowenig handelt es sich um eine Ausdehnung des Besitzstandes bezüglich der Zollunion auf Nordzypern.

Im Grunde genommen besteht jedoch genau hierin der einzige vorstellbare Anwendungsbereich für Artikel 133 EG. Völkerrechtlich handelt es sich bei den nordzyprischen Gebieten gegenüber der Gemeinschaft nicht um ein Drittland. Konsequenterweise bedarf es dann auch keiner Gemeinsamen Handelspolitik gegenüber der TRNZ. Erneut ist darauf hinzuweisen, dass das Protokoll zu einem Zeitpunkt formuliert worden ist, als es nicht darum ging, international die wirtschaftliche Isolation der Türkischzyprer zu beenden, sondern der Annan-Plan als gescheitert galt und rein innerzyprische Belange im Zentrum der Erwägungen standen. Im Gegensatz zu den anderen Ausnahmen vom Anwendungsbereich handelt es sich hier deshalb um eine Suspendierung, terminologisch also um einen Schwebezustand und nicht um eine echte nachträgliche Einbeziehung. Während für Zypern die innenpolitische Situation zu berücksichtigen ist, die sich sehr rasch ändern könnte, geht es in jenen Beispielen um langfristige wirtschaftliche Förderung oder strategische Vorbehalte.

Ebenso ist darauf zurückzukommen, dass für Nordzypern aufgrund von Artikel 2 des Beitrittsprotokolls ein abgeschlossenes System mit Verweisungen unter anderem eben auf den Zollkodex besteht, durch das festgelegt wird, inwieweit die TRNZ in die Gemeinschaft integriert werden kann. Der Unterschied zu den spanischen Exklaven Ceuta und Melilla beruht folglich nicht nur auf dem dort vorhandenen ausdrücklichen Hinweis auf die Gemeinsame Handelspolitik. Dass hier das

---

702 Denkbar wäre auch ein Rückgriff auf Artikel 308 EG. Doch erfordert die subsidiäre Natur dieser Norm, dass keine andere Vertragsbestimmung den Gemeinschaftsorganen die Befugnis zum Erlass des Rechtsakts verleiht, G/S – Schwartz, Artikel 308 EG, Rn. 61. Da aber gerade der Gegensatz von Artikel 133 und dem Protokoll im Raum steht, kann für Artikel 308 nur dann Raum bestehen, wenn keine der beiden Rechtsgrundlagen einschlägig ist.

703 Dritter Considérant des Kommissionsvorschlags zur Verordnung.

Gemeinschaftsrecht als ausdrückliche Ausnahme zur Aussetzung auf die Grüne Linie ausdrücklich angewendet werden darf, zwingt zu einer restriktiven Handhabung des Protokolls.

Eine Ausnahme kann es durch Artikel 3 des Protokolls also nur noch geben, sofern es bei der Anwendung von Artikel 133 EG keinen gemeinsamen Besitzstand zu verteidigen gibt. Andersherum ausgedrückt, darf Zypern bei der Anwendung der Gemeinsamen Handelspolitik aber auch nur als Subjekt des Völkerrechts gegenüber der Gemeinschaft oder Drittstaaten betroffen sein. Schon aus der Verwendungsabsicht ergibt sich jedoch ein anderes, nämlich sogar die Ersetzung des suspendierten Besitzstandes. Als Außenseite der gemeinsamen Politiken und der Regeln für das innergemeinschaftliche Verhältnis [704] folgt für die Gemeinsame Handelspolitik darum nicht ihre Anwendbarkeit, sondern dass sie im Gegenteil auf die Suspendierung Rücksicht zu nehmen hat.

Der Rückgriff auf Artikel 3 ist in dieser Verwendung jedenfalls mit der Systematik und den Zwecken des Protokolls nicht zu vereinbaren. Materiell werden von der geplanten Direkthandelsverordnung genau diejenigen Bereiche geregelt, die trotz des innerzyprischen Handels gemäß Artikel 2 des Protokolls eigentlich suspendiert sind. Reichweite und Umfang der Verordnung sind dann letztlich nur abhängig vom Gestaltungswillen der Organe, insbesondere der Kommission, hinsichtlich Kontingentierung, der Warengruppen, der Zollsätze, und Ähnlichem. Eine derart weitgehende mögliche Einbeziehung in den Binnenmarkt würde als einseitige Mehrheitsentscheidung der Gemeinschaft gegenüber der Republik Zypern in jedem Fall einem einstimmigen Aufhebungsbeschluss des Rats auf der Basis des Protokolls vorgreifen.[705] Das ergibt sich auch daraus, dass der Rat über Artikel 1 Absatz 2 des Protokolls bei Aussicht auf eine Lösung auch mit einer nur teilweisen Aufhebung der Suspendierung reagieren kann und damit Fördermaßnahmen durch das Protokoll im weitesten Sinne abgedeckt sind.[706]

Daraus folgt, dass Artikel 3 nicht die umfassende Bedeutung zukommt, die die Kommission voraussetzt. Wie auch bereits zuvor unter der Assoziierung der Republik Zypern und entsprechend den früheren Finanzprotokollen der EU [707] beschränkt sich Artikel 3 auf technische und finanzielle Unterstützung. Flexibilität

---

704 G/S – Bourgeois, Artikel 133, Rn. 5.

705 Beeinflusst würden zudem auch andere Bereiche. So wäre die Republik Zypern zwar nicht direkt dazu verpflichtet, aufgrund der Gemeinschaftstreue aus Artikel 10 EG aber letzten Endes doch dazu gezwungen, die Häfen und Flughäfen Nordzyperns zu öffnen, die es mit Beschluss des Ministerrats vom 3. Oktober 1974, am 12. Dezember den Mitgliedstaaten der International Maritime Organisation übermittelt, geschlossen hatte.

706 Über die Beschreibung von Uebe, S. 387, hinaus ist der Zusammenhang zwischen allen Einstimmigkeitsvoraussetzungen im Protokoll damit nicht nur auf dieses selbst beschränkt.

707 Siehe oben, Fn. 448.

war nicht für praktische Handelsregelungen des Gemeinschaftsrechts gefragt, sondern einzig durch die vereinfachte Prozedur einer einstimmigen Ratsentscheidung vorgesehen. Der direkte Handel muss sogar vom Protokoll abgedeckt sein, da ansonsten das gesamte Protokoll ins Leere laufen würde.

b) Inhalt der Direkthandelsverordnung

Inhaltlich ist eine enge Anlehnung des Kommissionsvorschlages über die Direkthandelsverordnung an die Linienverordnung im Bereich des Warenverkehrs zu konstatieren. Abseits der Festlegung von Zollkontingenten gemäß Artikel 1 Absatz 1 und Artikel 4 ist dies nicht weiter verwunderlich, da sie auch die gleichen Aufgaben und Verpflichtungen der Gemeinschaft abdecken muss, wie beispielsweise in der Produktsicherheit und dem Schutz des Binnenmarktes.

Herausstechendes Merkmal ist auch hier die vorgesehene Ermächtigung der türkisch-zyprischen Handelskammer in Artikel 2 Absatz 2.[708] Eine Zustimmung zu dieser Ermächtigung durch die Republik Zypern fehlt jedoch konsequenterweise, da im Wege des Direkthandels keine Zusammenarbeit mit den Behörden der Republik zu erwarten ist. Während bei der Linienverordnung die Ermächtigung der Handelskammer jedoch Teil eines primärrechtlich vorgesehenen Systems ist, basiert sie hier auf dem freien Willen der Gemeinschaft. Entsprechend drastischer sind die Konsequenzen bei Verfehlungen der TCCC. Sowohl bei Nichtbefolgung der Voraussetzungen für die Erteilung von Warenverkehrsbescheinigungen gemäß Artikel 6 Absatz 2 als auch direkt bei der Feststellung oder dem Verdacht betrügerischer Praktiken gemäß Artikel 8 der Direkthandelsverordnung ist die Ermächtigung unmittelbar betroffen, indem sie zu widerrufen oder auszusetzen ist. In der Linienverordnung werden solche Maßnahmen überhaupt nicht aufgeführt.

Nuanciert stellt sich hingegen die Frage der Anerkennung der TRNZ dar. Artikel 2 Absatz 1 setzt für die Gewährung der Zollpräferenzen voraus,[709] dass die TRNZ ihrerseits keine neuen diskriminierenden Maßnahmen, wie neue oder höhere Zölle und Abgaben gleicher Wirkung, einführt. Darin liegt gleichwohl keine Anerkennung der Gegenseitigkeit oder von eigenständigen Verwaltungsbehörden im

708 Insoweit kann daher auf die Ausführungen zur Linienverordnung entsprechend verwiesen werden. Eine neue Lage kann sich auch nicht mit Artikel 133 als Rechtsgrundlage ergeben, da es sich immer noch um eine einseitige Verordnung handelt.

709 Da sich die Regelung nach dem Willen der Kommission nicht um Fragen des Binnenhandels dreht wie im Fall der Linienverordnung, sondern um gewöhnlichen externen Handel auf der Basis von Artikel 133 EG, geht es auch nicht mehr um eine vollständige Gleichbehandlung der Waren, sondern um die Gewährung von Zollpräferenzen, vergleichbar mit denjenigen im Rahmen einer Assoziierung gemäß Artikel 310 EG.

Nordteil der Insel. Denn nur soweit dadurch Zweifel über das Verhalten gegenüber dem nicht anerkannten Staat entstehen können, sind die sich erklärenden Staaten zu klarstellenden Hinweisen über ihren Willen verpflichtet.[710] Auf der Basis von Protokoll Nr. 10, das ausdrücklich besagt, dass die Republik Zypern rechtlich gesehen die gesamte Insel umfasst, wird damit jedoch allein der Realität für den Fall Genüge getan, dass neue diskriminierende Maßnahmen tatsächlich einmal auf Gemeinschaftswaren angewandt würden.

c) Finanzielle Unterstützung der Türkischzyprer

Im Gegensatz zur Direkthandelsverordnung ist die Grundlage der Verordnung, mit der die von der Europäischen Union zugesagte finanzielle Unterstützung [711] in den türkischzyprischen Inselnorden transferiert werden soll, nicht umstritten. Problematisch ist hier allenfalls, dass beide Kommissionsvorschläge gemeinsam auf Artikel 3 des Protokolls gestützt und daher als Paket begriffen werden.[712] Die Finanzverordnung soll auf Artikel 308 EG gestützt werden, da Artikel 3 des Beitrittsprotokolls keine eigenständige Ermächtigungsgrundlage ist, sondern lediglich Raum für diese schafft.

Wegen der aus der Systematik des Protokolls zu folgernden engen Grenzen von Artikel 3 ist auch die Reichweite der geplanten Finanzverordnung begrenzt. Hinzu treten aber noch weitere Einschränkungen, da sich aus dem Protokoll selbst und aus dem Annan-Plan ferner ergeben, dass einer völkerrechtlichen Lösung nicht vorgegriffen werden soll. Die in Artikel 2 niedergelegten Ziele, neben der Vorbereitung Nordzyperns auf die Übernahme des Acquis die Förderung infrastruktureller, wirtschaftlicher und sozialer Maßnahmen, der Versöhnung und Annäherung, erinnern dabei stark an die vormaligen Finanzprotokolle zugunsten ganz Zyperns vor dem Beitritt der Insel.[713] Bezeichnenderweise fehlt jedoch jegliche Regelung für das Auftreten möglicher Konfliktsituationen, etwa wenn die nach wie vor offenen Eigentumsfragen von Fördermaßnahmen betroffen sein sollten.[714] Dies verdeutlicht, dass vornehmlich die strukturelle Vorbereitung auf die Mitgliedschaft und die Unterstützung von Maßnahmen zugunsten der türkischzyprischen Volksgruppe als solche vorgesehen waren.

---

710 Dahm/Delbrück/Wolfrum, § 21 II.

711 Oben, S. 169, insbesondere zum Umfang der Unterstützung.

712 Infolge dieser Abhängigkeit der Verordnung befindet sich daher auch die finanzielle Unterstützung in der Schwebe, da die Verordnung bislang nicht verabschiedet werden konnte.

713 Oben, Fn. 448. Deren größtes Hindernis, die türkischzyprische Blockadepolitik, ist mittlerweile entfallen.

714 Gemäß Artikel 4 der Verordnung werden z.B. Darlehen und Mietkosten für Gebäude unterstützt.

Entsprechend dem Zweck der Verordnung, über den Anwendungsbereich des Gemeinschaftsrechts hinaus auf Nordzypern überzugreifen, ist nach Artikel 7 des Kommissionsvorschlags die Niederlassung in Nordzypern für eine mögliche finanzielle Förderung völlig ausreichend. Die notwendige Staatsangehörigkeit eines Mitgliedstaats in Nr. 1 und die im Übrigen durch Nr. 2 aufgestellte Voraussetzung der Gegenseitigkeit schließt die vom türkischen Festland stammenden Siedler indes vom Anwendungsbereich der Verordnung aus. Artikel 9 eröffnet andererseits die Möglichkeit der Anpassung der Verordnung für den Fall der Lösung der Zypernfrage. Die finanzielle Unterstützung der Türkischzyprer gehört folglich zu denjenigen Regelungen, die im Falle einer Lösung nicht hinfällig werden, sondern der langfristigen Annäherung auch darüber hinaus dienen. Als eigenständiges Instrument kommt sie trotz des vergleichsweise hohen finanziellen Betrags von über 250 Millionen Euro aufgrund von Artikel 3 des Protokolls und der Vergaberichtlinien im Übrigen nicht in Betracht. Daher kann sie den innerzyprischen oder möglicherweise Direkthandel nicht ersetzen, sondern allenfalls ergänzen.

VII. Schlussbetrachtung und Ausblick

1.) Zyperns Weg in die Europäische Union war lang und schwierig. Völkerrechtlich besehen war am Beitritt gleichwohl nichts auszusetzen. Weder der Garantievertrag, dessen Geltung im Rahmen dieser Darstellung nicht bezweifelt werden kann, noch die staatsrechtliche Situation vermochten dem Beitrittsstreben der Griechisch- und nunmehr auch Türkischzyprer ernsthafte rechtliche und politische Schwierigkeiten zu bereiten. Ohne Griechenlands Hilfe und die Umwälzungen in Osteuropa wäre Zypern freilich bis heute nicht über den Status eines Beitrittskandidaten hinausgekommen.

Im Bestreben nach einer Lösung der Zypernfrage sind die Fronten jedoch durch die offene Rückkehr zu Positionen, die bereits in den achtziger Jahren des letzten Jahrhunderts fruchtlos geblieben sind, längst wieder verhärtet. Zunächst nicht zu verwirklichen ist somit der Annan-Plan, der die Zyprer (wieder) zu den Herren ihrer eigenen Verfassung(en) machen würde und all diejenigen Punkte aufgegriffen hat, die von Anfang an gegen das bestehende Verfassungssystem sprachen. Damit bleibt es vorerst bei einem verfassungsrechtlich unbefriedigenden Zustand, der den Zyprern binnenrechtlich kaum Spielräume lässt und vom *Supreme Court of Cyprus* in der 1960 errichteten Form strikt gegen nachträgliche, zugunsten der faktischen Lage existierende Änderungsbestrebungen verteidigt wird.

Auch der Garantievertrag, in außenpolitischer Hinsicht von der Republik Zypern stets und zu Recht als Knebelvertrag empfunden und historisch und inhaltlich ohnehin in großer Nähe zum Macmillan-Plan, bleibt bestehen, ebenso der Gründungsvertrag und der Allianzvertrag. Daran ändert auch die Tatsache nichts, dass der Garantievertrag im Laufe der Jahrzehnte und durch die Veränderung der politischen Interessen aller Beteiligten erheblich an Bedeutung eingebüßt hat. Großbritannien hat keine vergleichbaren strategischen Interessen mehr wie noch vor 40 Jahren, die Türkei strebt selbst in die EU und nicht zuletzt Griechenland stellt kein Hindernis für einen zyprischen EU-Beitritt dar. Wie britische Quellen unter anderem zeigen, besteht seine Wirkung ohnehin von Anfang an in einem juristischen Kunstgriff, der Verfassungs- und Völkerrecht in ungewöhnlicher Weise miteinander verband, und nicht in einer normativ erhöhten Deutung und Bedeutung.[715]

2.) Es bleibt somit gegenwärtig nichts anderes übrig, als sich auf das EU-Recht zu konzentrieren. Fraglich ist, ob das Unionsrecht seinen für Zypern besonders vorgegebenen Zweck erfüllen und – wie bei allen Ausnahmeregelungen – langfristig

715 Ein derart unflexibles System würde bei andererseits voller Unabhängigkeit auch nicht unbedingt dem britischen Bedürfnis nach möglichst großem Einfluss auf die sich stetig verändernde weltpolitische Lage gerecht.

auch seine eigene Einheitlichkeit herstellen kann, indem es die Einheit der Insel *vollendet*. Wie schon in der Einleitung angedeutet, ist der Fortgang der Ereignisse in einem so langwierigen Konflikt schwierig zu beurteilen. Die Bewertung des Beitrittsprotokolls ist auch naturgemäß schwieriger, da dessen Rechtswirkungen sich gerade erst zu entfalten beginnen. Zweifelsohne besteht jedoch ein ausgeprägtes Spannungsverhältnis zwischen der Einbindung Nordzyperns und der Aussetzung des Gemeinschafts-acquis.

Das, was in den Regelungen auftreten würde, war letztendlich nach Analyse des Assoziierungsabkommens in vielem absehbar. Praktische Auswirkungen der Aussetzung des Besitzstandes müssen sich hauptsächlich bei der Suspendierung der Politiken der Gemeinschaft im Dritten Teil des EG zeigen. Die Freizügigkeit ist für die Zyperntürken mit Pass der Republik Zypern dagegen weitestgehend hergestellt, was auch für das Niederlassungsrecht im Gemeinschaftsgebiet zu gelten hat. Wenn nun aber über eine Direkthandelsverordnung auch der Warenverkehr mit Nordzypern mit dem innergemeinschaftlichen gleichgestellt werden soll, ergibt sich alledem gegenüber die berechtigte Frage, wo dann überhaupt noch Auswirkungen der Aussetzung des Besitzstandes festgestellt werden könnten.

In jedem Fall bestünde ein Unterschied zu einer uneingeschränkten Mitgliedschaft darin, dass sich die Gemeinschaft tatsächlich mit verschiedenen Trägern von Hoheitsgewalt auseinanderzusetzen hätte, auch wenn sie durch eine Direkthandelsverordnung weiterhin nur zur Republik Zypern in unmittelbaren Rechtsbeziehungen stünde. Nicht im Wege der Kompetenzverteilung, aber doch tatsächlich würde die TRNZ anstelle der Republik Zypern beim Warenverkehr mit Nordzypern Gemeinschaft und Union gegenüberstehen. Eine Aufwertung der TRNZ wäre damit unbestreitbar.

Die wichtigste Konsequenz der Aussetzung liegt im territorial begrenzten Ausschluss der Verantwortung. Die Gegenseitigkeit der Gewährung von Rechten ist für das Gebiet Nordzyperns nicht gegeben, Gemeinschaftsrecht dort – vorübergehend – nicht anwendbar. Rechte und Pflichten sind damit weder von Personen auf diesem Gebiet gegenüber der Gemeinschaft, noch von Personen auf Gemeinschaftsgebiet gegenüber der TRNZ herzuleiten. Die TRNZ kann für eine Gleichstellung sorgen, sofern sie dies wünscht. Im Übrigen ist jedoch immer das von der Republik Zypern kontrollierte Gebiet im Süden der Insel notwendiger Anknüpfungspunkt für die Gewährung von individuellen Vorteilen aus dem EG-Vertrag. Selbst durch eine einseitige Verordnung würde sich daran nicht viel ändern. Denn die daraus resultierende frei widerrufliche Stellung wäre ungleich schwächer als im Rahmen gegenseitiger Verpflichtungen.

Man kann hier aber durchaus einen Widerspruch zwischen den beiden Anliegen des Protokolls ausmachen, einerseits das Gemeinschaftsrechtssystem durch die Suspendierung zu schützen, andererseits aber einer Lösung des Konflikts durch Einbeziehung und Förderung des Nordens zweckdienlich zu sein. Dieser Widerspruch ergibt sich aus dem Zeitpunkt der Abfassung des Protokolls, der durch den späteren (Teil-) Erfolg der eigenen Vermittlungsbemühungen halbwegs widerlegt worden ist. Die Schwierigkeit liegt jedoch darin, wie die EU mit diesem Problem umgehen will und kann. Zwar ergeben sich unstreitig Vorteile aus dem Protokoll und von Seiten der Union ist erhebliche Bewegung in den Konflikt gebracht worden. Der wirtschaftlichen Gleichstellung Nordzyperns sind durch das Protokoll gleichwohl enge Grenzen gezogen, etwa in der Beschränkung des Verkehrs auf die Grüne Linie, hinsichtlich der Umstände der Mehrwertsteuer- und Abgabenerhebung an der Grenze und bezüglich der nur indirekt aus den Identitätskontrollen abzulesenden bürokratischen Hindernisse für die Freizügigkeit.

Es stellt sich also über die juristischen Grenzen hinaus die Frage, wer auf diesem Gebiet nachgeben muss, und mehr noch, welche weiteren Maßnahmen sinnvoll sind. Strittig ist, ob Nordzypern in Zukunft noch weiter wirtschaftlich gleichgestellt werden soll und seine Warenströme zugunsten wirtschaftlichen Aufschwungs der TRNZ gefördert werden, mit dem Kalkül hiermit einhergehenden größeren Selbstbewusstseins der TRNZ. Die Einstimmigkeitsvoraussetzungen des Protokolls zwingen jedenfalls die Union dazu, die Haltung der Republik Zypern zu respektieren. Damit ist die Union in der Pflicht, diese davon zu überzeugen, ihre Politik des *containment* aufzugeben.

Die vormals innerdeutsche Lage ist in den Grundstrukturen, wie ein Konflikt von europäischer Seite gehandhabt wird, durchaus ähnlich, was überlassene Freiräume nationalen Interesses und gemeinschaftsrechtliche Grenzen angeht. Der wesentliche Unterschied besteht darin, dass Nordzypern bereits zur EU gehört, wenn auch noch nicht zum Binnenmarkt, so dass hier eine strikte Ausrichtung an den Zielen und Erfordernissen des Unionsrechts zu erwarten ist. Mit Blick auf den innerdeutschen Handel kann man hingegen feststellen, dass die Bundesrepublik Deutschland den gesamten innerdeutschen Handel als im Grunde innere Angelegenheit betrachten durfte. Aufgrund der um ein Vielfaches dichter gewebten rechtlichen Beziehungen in der Europäischen Union gegenüber der früheren Europäischen Wirtschaftsgemeinschaft, aufgrund des Gemeinsamen Marktes also, ist ein derart großzügiges Protokoll gegenüber einem Mitgliedstaat heutzutage praktisch unmöglich geworden. Auch im Vergleich hierzu zeigt sich die strikte Regelung durch das Protokoll Nr.10.

Im Übrigen bleibt abzuwarten, wann eine neue Lösungsinitiative von allen Seiten als ernsthaft notwendig angesehen wird. Diese kann auch nur dann Erfolg haben, wenn die Gründe für die Ablehnung des Annan-Plans durch die Zyperngriechen im Detail offen zutage liegen, und wenn bekannt ist, wo im Einzelnen die Möglichkeit besteht, überhaupt zu – weiteren – Kompromissen zu gelangen. Bei entsprechendem Erfolg könnte sie jedoch die Diskussionen über Direkthandel hinfällig werden lassen, da der Rat bei Einstimmigkeit über alle notwendigen Kompetenzen verfügt, auch vor einer Vollendung der Einheit Zyperns, Nordzypern weitergehend als bisher in die Gemeinschaft einzubeziehen. Realistisch betrachtet liegen damit hier die größten Chancen für eine umfangreiche Änderung des gegenwärtigen Regimes.

Zugute kommt der Europäischen Union bei ihren Bemühungen, dass kulturelle Unterschiede zwischen den Volksgruppen trotz deren Hervorhebung niemals eine tragende Rolle gespielt haben. Dass sich die Grenzen scharf entlang der kulturellen Bruchstellen ziehen, hat traditionell bedingte, politische Ursachen. Wie sonst wäre auch der spannungsfreie Grenzverkehr seit Wiederherstellung der Grenzübergänge zu erklären oder die vorbehaltlose Zustimmung der Republik Zypern zur Ermächtigung der türkisch-zyprischen Handelskammer zur Ausstellung von Warenverkehrsbescheinigungen. Und obwohl es die Türkischzyprer sind, die wesentlich mehr Grund zur Klage hätten, über eine schon aus der Zeit lange vor der gewaltsamen Inselteilung herrührende Isolation, sind sie es derzeit, die einen Annäherungskurs forcieren. Die EU hat damit die Aussicht, den inneren Konflikt über eine enge Einbindung beider Seiten ins Geflecht europäischer Gesetzgebung abzuschleifen. Eine Gefahr birgt hier indes, dass sich die demographische Zusammensetzung der Bevölkerung nach wie vor durch die starke Zuwanderung von festlandstürkischen Siedlern verändert.

3.) Zuletzt sollte der jüngste Streitpunkt in der Zypernfrage im weiteren Sinn nicht unerwähnt bleiben. Hierbei geht es um die Anerkennung der Republik Zypern durch die Türkei als eine der Bedingungen seitens der EU für deren Beitritt. In praktischer Hinsicht drückt sich dies in der Frage aus, ob die Türkei ihre Häfen auch für unter zyprischer Flagge fahrende Schiffe öffnen muss. Der Streit – obwohl primär die Außenpolitik betreffend – spiegelt im Grunde eines der beiden Kernprobleme, den äußeren Teil des Zypernkonfliktes, wieder. Wie anlässlich der Erörterung des Annan-Plans hervorgehoben worden ist,[716] ist es neben der staatlichen Reorganisation besonders die Rolle der Türkei im Zypernkonflikt, die Konflikte zwischen dieser und der Republik Zypern herbeiführt und sich nunmehr auch auf die gesamte EU überträgt.

Das Objekt der Auseinandersetzung ist das Zusatzprotokoll zum Assoziationsabkommen zwischen der Türkei und der Europäischen Gemeinschaft, mit dem das

716 Bei Fn. 437.

Abkommen und die Zollunion auch auf die zehn neuen Mitgliedstaaten der EU ausgedehnt werden. In einer einseitigen Erklärung zum Zusatzprotokoll hat die Türkei ihre Haltung bekräftigt, eine Lösung des Konflikts auf der Grundlage des Annan-Plans unterstützen zu wollen, jedoch die im Zusatzprotokoll genannte Republik Zypern nicht als diejenige von 1960 anzuerkennen, sondern nur als „amtierende Amtsgewalt" für das Gebiet südlich der Pufferzone. Durch eine gleichfalls rechtswahrende gemeinsame Erklärung wurde dies von Seiten der Gemeinschaft und der Mitgliedstaaten zurückgewiesen.[717] Unabhängig davon, ob es sich bei der türkischen Erklärung um einen Vorbehalt oder eine auslegende Erklärung handelt, ist das Ansinnen der Türkei gemäß Artikel 23 WVK damit ohne rechtliche Bindungswirkung für die Gemeinschaft geblieben.

Für die EG war und ist in diesem Zusammenhang wichtig, dass der Inhalt des Zusatzprotokolls vollständig umgesetzt werden kann, damit zyprische Schiffe türkische Häfen anlaufen können oder in Zypern registrierten Flugzeugen das Überfliegen der Türkei gestattet wird. Für die Türkei besteht das Problem eher darin, die eigene politische Position in der Zypernfrage nicht zu schwächen. Mit einer Anerkennung der Gebietsansprüche der Republik Zypern wäre unter anderem die gegenwärtige Truppenstationierung auf Zypern kaum zu rechtfertigen.[718] Damit liefe man nicht zuletzt Gefahr, die Beziehungen zur TRNZ zu beeinträchtigen.[719] Dabei liegt in einer Aufnahme des Handels zwischen der Türkei und der Republik materiell nicht zwangsläufig der Wille der Türkei, auch die Ansprüche der Republik auf Nordzypern anzuerkennen, da der Norden aufgrund der tatsächlichen Unmöglichkeit nicht Teil der direkten Handelsbeziehungen zwischen der EG und der Türkei sein kann.

Es bleibt festzustellen, dass das Thema weiterhin umstritten ist. Ging es zunächst darum, ob die Anerkennung Zyperns durch die Türkei erst Bestandteil des Beitritts oder schon des Beitrittsprozesses sein sollte,[720] geht es nunmehr um die Fortführung der Beitrittsverhandlungen. Lange Zeit machte die Republik Zypern die Anerkennung zur Bedingung für die Eröffnung der Beitrittsgespräche, selbst nachdem die Eröffnung von Beitrittsverhandlungen bereits formell beschlossen worden war. Durch die unveränderte Haltung der Türkei ist nunmehr aber der gesamte Beitrittsprozess in Frage gestellt. Nur mit Mühe konnte Zypern dazu

---

717 Ratsdokument 12541/05 vom 22. September 2005.

718 Jedenfalls wäre es bei Aufnahme entsprechender Beziehungen noch schwerer als ohnehin durch das Zusatzprotokoll zukünftig vorstellbar, dass die Türkei die Truppen gerade zum Schutz vor den Griechischzyprern in Nordzypern stationiert hält.

719 Dass es ihr vor allem um ihr Verhältnis zur TRNZ geht, betont die Türkei in Ziffer 5 der Erklärung durch den Hinweis, dass die Unterzeichnung des Protokolls ihre bestehenden Beziehungen zur TRNZ nicht verändert.

720 Vgl. FAZ vom 21. September 2005, „Zypern blockiert Text für Türkei-Verhandlungen" und einen Tag später, „Zypern stimmt Türkei-Erklärung zu".

überredet werden, wenigstens dem vorläufigen Abschluss eines ersten und relativ unkomplizierten Kapitels des im Rahmen des Screenings in 35 Kapitel aufgeteilten Beitrittsacquis zuzustimmen.[721] Sollte sich die Türkei weiterhin weigern, ihren Verpflichtungen unter der Assoziierung nachzukommen, wird dieses Kapitel wieder geöffnet, und die Beitrittsverhandlungen kommen vorläufig zum Erliegen.[722]

Allerdings ist es zu bezweifeln, ob die EU auf diesem Weg ihr Ziel erreicht. Es deutet sich vielmehr an, dass dieses Problem auch noch längerfristig erhalten bleiben wird. In den Schlussfolgerungen des Europäischen Rates von Brüssel vom 15. und 16. Juni 2006 hat die EU gezeigt, dass dieser Streit nicht das einzige Hindernis für einen türkischen EU-Beitritt ist, sondern ganz besonders auch die Fähigkeit der Union selber, neue Staaten überhaupt aufzunehmen.[723] Fast wortgleich wie im Fall von Zyperns Beitritt [724] scheint auch der Beitritt der Türkei aufgrund innerer Zweifel und ganz besonders nach der vorläufigen Ablehnung der sogenannten EU-Verfassung in Referenden in Frankreich und den Niederlanden vorerst auf unbestimmte Zeit verschoben. Dadurch ist von der Türkei in ganz erheblichem Maß der politische Druck genommen worden. Auf der einen Seite erhält sie Zeit, sich den Herausforderungen der Kopenhagener Kriterien zu stellen, und die EU Gelegenheit, sich darüber klar zu werden, ob ein Beitritt der Türkei überhaupt erwünscht ist. Für eine Anerkennung der Republik Zypern oder für eine Lösung des Türkei-Aspekts der Zypernfrage besteht andererseits keine Eile mehr. Das Zeitfenster für eine Lösung der Zypernfrage scheint sich vorerst zu schließen.

---

721 Vgl. FAZ vom 09. Juni 2006, „EU-Erweiterung – Zypern blockiert EU-Verhandlungen mit der Türkei", und vom 12. Juni 2006, „EU verhandelt mit Türkei – Einigung in letzter Minute".

722 Ebda. Der zuständige EU-Kommissar spricht hierbei unverhohlen von einem „major accident", vgl. EU-doc. SPEECH/06/392 vom 20. Juni 2006.

723 § 53 der Schlussfolgerungen. Diese allgemeinen Erwägungen stehen bezeichnenderweise zwischen dem bereits beschlossenen Beitritt von Bulgarien und Rumänien und den Schlussfolgerungen zur Türkei, wo sich ebenfall eine relativ deutliche Mahnung wiederfindet, den Verpflichtungen des Assoziationsabkommens einschließlich des Zusatzprotokolls vollständig nachzukommen.

724 Vgl. oben die Dokumente in Fn. 103.

Anhang

I.

Protokoll Nr. 10 über Zypern

DIE HOHEN VERTRAGSPARTEIEN –

IN BEKRÄFTIGUNG ihrer Entschlossenheit, eine umfassende Regelung der Zypern-Frage im Einklang mit den einschlägigen Resolutionen des Sicherheitsrats der Vereinten Nationen herbeizuführen, und ihrer vorbehaltlosen Unterstützung der auf dieses Ziel ausgerichteten Bemühungen des Generalsekretärs der Vereinten Nationen,

IN DER ERWÄGUNG, dass eine derartige umfassende Regelung der Zypern-Frage noch nicht zustande gekommen ist,

IN DER ERWÄGUNG, dass es daher erforderlich ist, die Anwendung des Besitzstandes in den Teilen der Republik Zypern auszusetzen, in denen die Regierung der Republik Zypern keine tatsächliche Kontrolle ausübt,

IN DER ERWÄGUNG, dass diese Aussetzung im Falle einer Regelung der Zypern-Frage aufzuheben ist,

IN DER ERWÄGUNG, dass die Europäische Union bereit ist, die Bedingungen einer solchen Reglung im Einklang mit den Grundsätzen, auf denen die Europäische Union beruht, zu berücksichtigen,

IN DER ERWÄGUNG, dass festgelegt werden muss, unter welchen Bedingungen die einschlägigen Bestimmungen des EU-Rechts auf die Trennungslinie zwischen den oben genannten Landesteilen sowie den Landesteilen, in denen die Regierung der Republik Zypern eine tatsächliche Kontrolle ausübt, und der Östlichen Hoheitszone des Vereinigten Königreichs Großbritannien und Nordirland Anwendung finden,

IN DEM WUNSCH, dass der Beitritt Zyperns zur Europäischen Union allen zyprischen Bürgern zugute kommt und zum inneren Frieden und zur Aussöhnung beiträgt,

IN DER ERWÄGUNG, dass keine Bestimmung dieses Protokolls Maßnahmen ausschließt, die auf dieses Ziel ausgerichtet sind,

IN DER ERWÄGUNG, dass derartige Maßnahmen nicht die Anwendung des Besitzstandes gemäß den Bedingungen des Beitrittsvertrags in irgendeinem anderen Teil der Republik Zypern beeinträchtigen dürfen –

SIND ÜBER FOLGENDE BESTIMMUNGEN ÜBEREINGEKOMMEN:

Artikel 1

(1) Die Anwendung des Besitzstandes wird in den Teilen der Republik Zypern ausgesetzt, in denen die Regierung der Republik Zypern keine tatsächliche Kontrolle ausübt.

(2) Der Rat entscheidet auf Vorschlag der Kommission einstimmig über die Aufhebung der in Absatz 1 genannten Aussetzung.

Artikel 2

(1) Der Rat legt auf Vorschlag der Kommission einstimmig die Bedingungen für die Anwendung des EU-Rechts auf die Trennungslinie zwischen den in Artikel 1 genannten Landesteilen und den Landesteilen fest, in denen die Regierung der Republik Zypern eine tatsächliche Kontrolle ausübt.

(2) Die Grenzlinie zwischen der Östlichen Hoheitszone und den in Artikel 1 genannten Landesteilen gilt für die Dauer der Aussetzung der Anwendung des Besitzstandes nach Artikel 1 als Teil der Außengrenzen der Hoheitszonen im Sinne von Teil IV des Anhangs zum Protokoll über die Hoheitszonen des Vereinigten Königreichs Großbritannien und Nordirland auf Zypern.

Artikel 3

(1) Keine Bestimmung dieses Protokolls schließt Maßnahmen zur Förderung der wirtschaftlichen Entwicklung der in Artikel 1 genannten Landesteile aus.

(2) Derartige Maßnahmen dürfen nicht die Anwendung des Besitzstandes gemäß den Bedingungen des Beitrittsvertrags in anderen Teilen der Republik Zypern beeinträchtigen.

Artikel 4

Wenn es zu einer Regelung kommt, entscheidet der Rat einstimmig auf der Grundlage eines Vorschlags der Kommission über die im Hinblick auf die türkisch-zyprische Gemeinschaft vorzunehmenden Anpassungen der Modalitäten für den Beitritt Zyperns zur Europäischen Union.

II.

VERORDNUNG (EG) Nr. 866/2004 DES RATES
vom 29. April 2004

über eine Regelung nach Artikel 2 des Protokolls zur Beitrittsakte

DER RAT DER EUROPÄISCHEN UNION –

gestützt auf das Protokoll Nr. 10 über Zypern zur Akte über die Bedingungen des Beitritts der Tschechischen Republik, der Republik Estland, der Republik Zypern, der Republik Lettland, der Republik Litauen, der Republik Ungarn, der Republik Malta, der Republik Polen, der Republik Slowenien und der Slowakischen Republik und die Anpassungen der die Europäischen Union begründenden Verträge, insbesondere auf Artikel 2,

gestützt auf das Protokoll Nr. 3 über die Hoheitszonen des Vereinigten Königreichs Großbritannien und Nordirland auf Zypern zu der genannten Beitrittsakte, insbesondere auf Artikel 6,

auf Vorschlag der Kommission,

in Erwägung nachstehender Gründe:

(1) Der Europäische Rat hat wiederholt hervorgehoben, dass er dem Beitritt eines wieder vereinigten Zyperns eindeutig den Vorzug gäbe. Bedauerlicherweise ist eine umfassende Regelung noch nicht zustande gekommen. Entsprechend Absatz 12 der Schlussfolgerungen des Europäischen Rates in Kopenhagen hat der Rat am 26. April 2004 seine Haltung zu der derzeitigen Lage auf der Insel zum Ausdruck gebracht.

(2) Bis zu einer Regelung ist daher gemäß Artikel 1 Absatz 1 des Protokolls Nr. 10 die Anwendung des Besitzstands ab dem Beitritt in den Landesteilen der Republik Zypern ausgesetzt worden, in denen die Regierung der Republik Zypern keine tatsächliche Kontrolle ausübt.

(3) Gemäß Artikel 2 Absatz 1 des Protokolls Nr. 10 ist es wegen dieser Aussetzung erforderlich festzulegen, unter welchen Bedingungen die einschlägigen Rechtsvorschriften der Europäischen Union auf die Trennungslinie zwischen den genannten Landesteilen und den Landesteilen Anwendung finden, in denen die Regierung der Republik Zypern eine tatsächliche Kontrolle ausübt. Um die Wirksamkeit dieser Rechtsvorschriften zu gewährleisten, muss ihre Anwen-

dung auf die Grenzlinie zwischen den Landesteilen, in denen die Regierung der Republik Zypern keine tatsächliche Kontrolle ausübt und der Östlichen Hoheitszone des Vereinten Königreichs Großbritannien und Nordirland ausgedehnt werden.

(4) Da es sich bei der genannten Trennungslinie nicht um eine Außengrenze der Europäischen Union handelt, bedarf es besonderer Bestimmungen für das Überqueren der Trennungslinie durch Personen, Waren und Dienstleistungen; für diese Bestimmungen ist in erster Linie die Republik Zypern zuständig. Da die genannten Landesteile vorübergehend nicht Teil des Zoll- und Steuergebietes der Gemeinschaft und des Raums der Freiheit, der Sicherheit und des Rechts sind, sollten die besonderen Bestimmungen einen gleichwertigen Schutz der Sicherheit der Europäischen Union gegenüber illegaler Einwanderung und Gefahren für die öffentliche Ordnung sowie ihrer wirtschaftlichen Interessen im Bereich des Warenverkehrs gewährleisten. Bis genügend Angaben über den Status der Tiergesundheit in den genannten Landesteilen vorliegen, sollte das Verbringen von Tieren und tierischen Erzeugnissen untersagt werden.

(5) Artikel 3 des Protokolls Nr. 10 bestimmt ausdrücklich, dass Maßnahmen zur Förderung der wirtschaftlichen Entwicklung in den genannten Landesteilen durch die Aussetzung des Besitzstands nicht ausgeschlossen sind. Mit dieser Verordnung sollen der Handel und andere Verbindungen zwischen den genannten Landesteilen und denjenigen Landesteilen, in denen die Regierung der Republik Zypern eine tatsächliche Kontrolle ausübt, erleichtert werden; gleichzeitig soll ein angemessener Schutz, wie oben dargelegt, aufrechterhalten werden.

(6) In Bezug auf Personen ist es derzeit die Politik der Regierung der Republik Zypern, das Überschreiten der Trennungslinie allen sich rechtmäßig im Nordteil Zyperns aufhaltenden Bürgern der Republik, Unionsbürgern und Drittstaatsangehörigen sowie allen über das von der Regierung kontrollierte Gebiet eingereisten Unionsbürgern und Drittstaatsangehörigen zu gestatten.

(7) Den legitimen Anliegen der Regierung der Republik Zypern ist Rechnung zu tragen, gleichzeitig ist es erforderlich, Unionsbürgern die Ausübung ihres Rechts auf Freizügigkeit innerhalb der Europäischen Union zu ermöglichen und die Mindestbestimmungen für die an der Trennungslinie vorzunehmenden Personenkontrollen und zur Gewährleistung einer wirksamen Überwachung der Trennungslinie festzulegen, um die illegale Einwanderung von Drittstaatsangehörigen zu bekämpfen und Gefahren für die öffentliche Sicherheit und Ordnung abzuwehren. Außerdem ist es erforderlich festzulegen, unter welchen Bedingungen Drittstaatsangehörige die Trennungslinie überschreiten dürfen.

(8) Bei Personenkontrollen sollte diese Verordnung die Bestimmungen des Protokolls Nr. 3, insbesondere seines Artikels 8, unberührt lassen.

(9) Diese Verordnung berührt in keiner Weise das Mandat der Vereinten Nationen in der Pufferzone.

(10) Da eine Änderung der Politik der Regierung der Republik Zypern gegenüber der Trennungslinie zu Problemen der Vereinbarkeit mit den Bestimmungen der vorliegenden Verordnung führen könnte, sollten Änderungen vor ihrem Inkrafttreten der Kommission notifiziert werden, damit diese geeignete Maßnahmen zur Verhinderung von Widersprüchen treffen kann.

(11) Die Kommission sollte darüber hinaus ermächtigt werden, die Anhänge I und II dieser Verordnung zu ändern, damit sie auf Änderungen reagieren kann, die möglicherweise eintreten und ein sofortiges Handeln erfordern —

HAT FOLGENDE VERORDNUNG ERLASSEN:

TITEL I

ALLGEMEINE BESTIMMUNGEN

Artikel 1

Begriffsbestimmungen

Im Sinne dieser Verordnung gelten folgende Begriffsbestimmungen:

1. „Trennungslinie" ist

a) für Zwecke der Personenkontrollen im Sinne des Artikels 2 die Trennungslinie zwischen den Landesteilen, in denen die Regierung der Republik Zypern eine tatsächliche Kontrolle ausübt, und den Landesteilen, in denen die Regierung der Republik Zypern keine tatsächliche Kontrolle ausübt;

b) für Zwecke der Warenkontrollen im Sinne des Artikels 4 die Trennungslinie zwischen den Landesteilen, in denen die Regierung der Republik Zypern keine tatsächliche Kontrolle ausübt, und den Landesteilen, in denen die Regierung der Republik Zypern eine tatsächliche Kontrolle ausübt, und der Östlichen Hoheitszone des Vereinigten Königreichs Großbritannien und Nordirland.

2. „Drittstaatsangehöriger“ ist eine Person, die nicht Bürger der Europäischen Union im Sinne des Artikels 17 Absatz 1 EG-Vertrag ist.

In dieser Verordnung enthaltene Bezugnahmen auf Landesteile, in denen die Regierung der Republik Zypern keine tatsächliche Kontrolle ausübt, gelten ausschließlich für Landesteile innerhalb der Republik Zypern.

TITEL II

GRENZÜBERTRITT VON PERSONEN

Artikel 2

Personenkontrollen

(1) Die Republik Zypern kontrolliert alle die Trennungslinie überschreitenden Personen, um die illegale Einwanderung Drittstaatsangehöriger zu bekämpfen und Gefahren für die öffentliche Sicherheit und Ordnung zu erkennen und abzuwehren. Kontrolliert werden auch die Fahrzeuge und Gegenstände, die sich im Besitz von Personen befinden, die die Trennungslinie überschreiten.

(2) Alle Personen unterliegen mindestens einer Kontrolle zur Feststellung ihrer Identität.

(3) Drittstaatsangehörige dürfen die Trennungslinie nur überschreiten, wenn sie

a) im Besitz entweder einer Aufenthaltsgenehmigung der Republik Zypern oder eines gültigen Reisedokuments und gegebenenfalls eines gültigen Visums für die Republik Zypern sind und

b) keine Gefahr für die öffentliche Sicherheit und Ordnung darstellen.

(4) Die Trennungslinie kann nur an den von den zuständigen Behörden der Republik Zypern zugelassenen Übergangsstellen überschritten werden. Eine Liste dieser Übergangsstellen ist als Anhang I beigefügt.

(5) Die Personenkontrollen an der Grenze zwischen der Östlichen Hoheitszone und den Landesteilen, in denen die Regierung der Republik Zypern keine tatsächliche Kontrolle ausübt, werden gemäß Artikel 5 Absatz 2 des Protokolls Nr. 3 zur Beitrittsakte vorgenommen.

Artikel 3

Überwachung der Trennungslinie

Entlang der gesamten Trennungslinie wird von der Republik Zypern eine wirksame Überwachung in der Weise durchgeführt, dass Personen davon abgehalten werden, die Kontrollen an den in Artikel 2 Absatz 4 genannten Übergangsstellen zu umgehen.

TITEL III

VERBRINGEN VON WAREN

Artikel 4

Behandlung der Waren aus den Landesteilen, in denen die Regierung der Republik Zypern keine tatsächliche Kontrolle ausübt

(1) Unbeschadet des Artikels 6 dürfen Waren in die Landesteile unter der tatsächlichen Kontrolle der Regierung der Republik Zypern verbracht werden, sofern sie im Sinne der Artikel 23 und 24 der Verordnung (EWG) Nr. 2913/92 des Rates vom 12. Oktober 1992 zur Festlegung des Zollkodex der Europäischen Gemeinschaften (1) vollständig in den Landesteilen, in denen die Regierung der Republik Zypern keine tatsächliche Kontrolle ausübt, gewonnen oder hergestellt worden sind oder der letzten wesentlichen und wirtschaftlich gerechtfertigten Be- oder Verarbeitung unterzogen worden sind, die in einem dazu eingerichteten Unternehmen in Landesteilen, in denen die Regierung der Republik Zypern keine tatsächliche Kontrolle ausübt, vorgenommen worden ist.

(2) Auf diese Waren werden keine Zölle oder Abgaben gleicher Wirkung erhoben, noch ist für sie eine Zollanmeldung erforderlich, sofern sie für Ausfuhrerstattungen oder Interventionsmaßnahmen nicht in Betracht kommen. Im Hinblick auf eine wirksame Kontrolle ist die Menge der Waren, die über die Trennungslinie verbracht werden, zu registrieren.

(3) Die Waren können nur an den in Anhang I aufgeführten Übergangsstellen und den Übergangsstellen Pergamos und Strovilia zur Östlichen Hoheitszone über die Trennungslinie verbracht werden.

(4) Die Waren müssen den Anforderungen entsprechen und werden den Kontrollen unterzogen, die das Gemeinschaftsrecht nach Anhang II vorschreibt.

(5) Den Waren muss ein von der türkisch-zyprischen Handelskammer ausgestelltes Papier beigefügt sein, das für diesen Zweck von der Kommission im Einvernehmen mit der Regierung der Republik Zypern oder von einer anderen im Einvernehmen mit der Regierung der Republik Zypern dazu befugten Stelle zugelassen ist. Die türkisch-zyprische Handelskammer oder andere befugte Stelle führt über alle derart ausgestellten Papiere Buch, damit die Kommission die Art und Menge der über die Trennungslinie verbrachten Waren überwachen kann und feststellen kann, dass sie den Vorschriften dieses Artikels entsprechen.

(6) Wenn die Waren über die Trennungslinie in die Landesteile unter der tatsächlichen Kontrolle der Regierung der Republik Zypern verbracht worden sind, prüfen die zuständigen Behörden der Republik Zypern, ob das in Absatz 5 genannte Papier echt ist und der Sendung entspricht.

(7) Die Republik Zypern behandelt die in Absatz 1genannten Waren als nicht eingeführt im Sinne des Artikels 7 Absatz 1 der Richtlinie 77/388/EWG (1) und des Artikels 5 der Richtlinie 92/12/EWG (2), sofern die Waren für den Verbrauch in der Republik Zypern bestimmt sind.

(8) Absatz 7 hat keine Auswirkungen auf die Mehrwertsteuer-Eigenmittel der Europäischen Gemeinschaften.

(9) Das Verbringen von lebenden Tieren und tierischen Erzeugnissen über die Trennungslinie ist verboten.

(10) Die Behörden der Östlichen Hoheitszone können die traditionelle Versorgung der türkisch-zyprischen Bevölkerung des Dorfes Pyla mit Waren aus den Landesteilen aufrechterhalten, in denen die Regierung Zyperns keine tatsächliche Kontrolle ausübt. Mit Blick auf ihre Bestimmung überwachen sie strikt Menge und Art der Waren.

(11) Waren, die die in Absatz 1 bis 10 aufgeführten Voraussetzungen erfüllen, gelten als Gemeinschaftswaren im Sinne des Artikels 4 Nummer 7 der Verordnung (EWG) Nr. 2913/92.

(12) Dieser Artikel findet ab 1. Mai 2004 sofort auf Waren Anwendung, die vollständig in Landesteilen, in denen die Regierung der Republik Zypern keine tatsächliche Kontrolle ausübt, gewonnen oder hergestellt worden sind und Anhang II entsprechen. Für andere Waren unterliegt die volle Anwendung dieses Artikels besonderen Bestimmungen, die der besonderen Lage auf der Insel Zypern in vollem Umfang Rechnung tragen auf der Grundlage eines Beschlusses der Kommission, der so bald wie möglich, spätestens aber binnen zwei Monaten nach Annah-

me dieser Verordnung zu erlassen ist. Hierzu wird die Kommission von einem Ausschuss unterstützt; die Artikel 3 und 7 des Beschlusses 1999/468/EG (3) finden Anwendung.

Artikel 5

Waren, die in die Landesteile versandt werden, in denen die Regierung der Republik Zypern keine tatsächliche Kontrolle ausübt

(1) Für Waren, die über die Trennungslinie verbracht werden dürfen, müssen keine Ausfuhrförmlichkeiten erfüllt werden. Gleichwohl müssen die unter vollständiger Einhaltung der internen Rechtsvorschriften Zyperns erforderlichen gleichwertigen Dokumente von den Behörden der Republik Zypern auf Verlangen vorgelegt werden.

(2) Für landwirtschaftliche Erzeugnisse und landwirtschaftliche Verarbeitungserzeugnisse werden bei Verbringung über die Trennungslinie keine Ausfuhrerstattungen gezahlt.
(3) Warenlieferungen sind nicht gemäß Artikel 15 Absätze 1 und 2 der Richtlinie 77/388/EWG von der Steuer befreit.

(4) Der Verkehr von Waren, die nach dem Gemeinschaftsrecht nicht aus dem Zollgebiet der Gemeinschaft entfernt oder ausgeführt werden dürfen, genehmigungspflichtig sind oder Beschränkungen oder Zöllen oder anderen Ausfuhrabgaben unterliegen, ist verboten.

Artikel 6

Reiseerleichterungen

Die Richtlinie 69/169/EWG (4) findet keine Anwendung; die Waren, die sich beim Überschreiten der Trennungslinie im persönlichen Gepäck Reisender befinden, einschließlich höchstens 20 Zigaretten und 0,25 Liter Spirituosen, sind jedoch von der Umsatzsteuer und Verbrauchsteuern befreit, wenn sie keinen kommerziellen Charakter haben und ihr Gesamtwert höchstens 30 EUR pro Person beträgt. Befreiungen von der Umsatzsteuer und Verbrauchssteuern auf Tabakwaren und alkoholische Getränke werden Reisenden unter 17 Jahren beim Überschreiten der Trennungslinie nicht gewährt.

TITEL IV

DIENSTLEISTUNGEN

Artikel 7

Steuern

Soweit Dienstleistungen über die Trennungslinie hinweg von Personen oder für Personen erbracht werden, die in den Landesteilen der Republik Zypern, in denen die Regierung der Republik Zypern keine tatsächliche Kontrolle ausübt, niedergelassen sind oder dort ihren festen Wohnort oder ihren gewöhnlichen Aufenthaltsort haben, gelten diese Dienstleistungen für Mehrwertsteuerzwecke als von Personen erbracht oder erhalten, die in den Landesteilen der Republik Zypern, in denen die Regierung der Republik Zypern eine tatsächliche Kontrolle ausübt, niedergelassen sind oder dort ihren festen Wohnort oder ihren gewöhnlichen Aufenthaltsort haben.

TITEL V

SCHLUSSBESTIMMUNGEN

Artikel 8

Durchführung

Die Behörden der Republik Zypern und die Behörden der Östlichen Hoheitszone auf Zypern treffen geeignete Maßnahmen, um die Einhaltung der Bestimmungen dieser Verordnung zu gewährleisten und ihre Umgehung zu verhindern.

Artikel 9

Anpassung der Anhänge

Die Kommission kann die Anhänge zu dieser Verordnung in Einvernehmen mit der Regierung Zyperns ändern. Vor einer Änderung der Anhänge konsultiert die Kommission die türkisch-zyprische Handelskammer oder die andere, von der Regierung der Republik Zypern gemäß Artikel 4 Absatz 5 ordnungsgemäß befugte Stelle sowie, sofern die Hoheitszone betroffen ist, das Vereinigte Königreich. Bei der Änderung des Anhangs II wendet die Kommission die Verfahren an, die das einschlägige Gemeinschaftsrecht für den zu ändernden Gegenstand vorsieht.

Artikel 10

Änderung der Politik

Jede Änderung der Politik der Regierung der Republik Zypern, die das Überschreiten der Trennungslinie durch Personen oder Waren betrifft, wird erst wirksam, nachdem die geplanten Änderungen der Kommission notifiziert worden sind und die Kommission innerhalb eines Monats keine Einwände gegen diese Änderungen erhoben hat. Gegebenenfalls kann die Kommission — im Benehmen mit dem Vereinigten Königreich, sofern die Hoheitszonen betroffen sind — Änderungen zu dieser Verordnung vorschlagen, um die Vereinbarkeit der für die Trennungslinie geltenden einzelstaatlichen und EU-Rechtsvorschriften zu gewährleisten.

Artikel 11

Überwachung und Kontrolle der Verordnung

(1) Spätestens beginnend ein Jahr nach dem Inkrafttreten dieser Verordnung erstattet die Kommission dem Rat vorbehaltlich des Artikels 4 Absatz 12 jährlich Bericht über die Durchführung dieser Verordnung und die sich aus ihrer Anwendung ergebende Lage; sie fügt diesem Bericht, wenn nötig, geeignete Vorschläge für Änderungen bei.

(2) Die Kommission überprüft insbesondere die Anwendung des Artikels 4 und die Handelsströme zwischen den Landesteilen, in denen die Regierung der Republik Zypern eine tatsächliche Kontrolle ausübt, und den Landesteilen, in denen sie keine tatsächliche Kontrolle ausübt, einschließlich des Handelsvolumens, des Handelswerts und der gehandelten Waren.

(3) Jeder Mitgliedstaat kann den Rat bitten, die Kommission aufzufordern, jeden sich aus der Anwendung dieser Verordnung ergebenden Umstand, der Anlass zur Besorgnis gibt, innerhalb einer bestimmten Frist zu untersuchen und dem Rat darüber Bericht zu erstatten.

(4) Bei Auftreten eines Notfalls, der eine Gefahr oder ein Risiko für die öffentliche Gesundheit oder die Tier- und Pflanzengesundheit schafft, finden die entsprechenden Verfahren des in Anhang II genannten EU-Rechts Anwendung. Bei anderen Notfällen oder wenn andere Unregelmäßigkeiten oder außergewöhnliche Umstände auftreten, kann die Kommission im Benehmen mit der Regierung der Republik Zypern unverzüglich die Maßnahmen treffen, die unbedingt notwendig sind, um Abhilfe zu schaffen. Die getroffenen Maßnahmen werden dem Rat in-

nerhalb von zehn Arbeitstagen mitgeteilt. Der Rat kann die Maßnahmen der Kommission innerhalb von 21 Arbeitstagen ab dem Tag, an dem er den Bericht der Kommission erhaltenhat, mit qualifizierter Mehrheit ergänzen, ändern oder aufheben.

(5) Jeder Mitgliedstaat kann die Kommission auffordern, dem entsprechenden Ständigen Ausschuss oder Verwaltungsausschuss Einzelheiten der Menge, des Wertes und der Waren, die über die Trennungslinie verbracht werden, mitzuteilen, sofern er für seine Anfrage eine Frist von einem Monat einhält.

Artikel 12

Inkrafttreten

Diese Verordnung tritt am Tag des Beitritts Zyperns zur Europäischen Union in Kraft.

Diese Verordnung ist in allen ihren Teilen verbindlich und gilt unmittelbar in jedem Mitgliedstaat.

Geschehen zu Luxemburg am 29. April 2004.

Im Namen des Rates
Der Präsident

III.

VERORDNUNG (EG) Nr. 1480/2004 DER KOMMISSION vom 10. August 2004

mit spezifischen Vorschriften für Waren, die aus Landesteilen, in denen die Regierung der Republik Zypern keine tatsächliche Kontrolle ausübt, in Landesteile verbracht werden, in denen die Regierung eine tatsächliche Kontrolle ausübt

DIE KOMMISSION DER EUROPÄISCHEN GEMEINSCHAFTEN —

gestützt auf den Vertrag zur Gründung der Europäischen Gemeinschaft,

gestützt auf die Verordnung (EG) Nr. 866/2004 des Rates vom 29. April 2004 über eine Regelung nach Artikel 2 des Protokolls Nr. 10 zur Beitrittsakte (1), insbesondere auf Artikel 4 Absatz 12,

nach Konsultation des Ausschusses für die „Linienverordnung",

in Erwägung nachstehender Gründe:

(1) Artikel 4 der Verordnung (EG) Nr. 866/2004 sieht eine Sonderregelung für Waren vor, die aus Landesteilen, in denen die Regierung der Republik Zypern keine tatsächliche Kontrolle ausübt (nachstehend „betreffende Landesteile"genannt), in Landesteile verbracht werden, in denen die Regierung eine tatsächliche Kontrolle ausübt.

(2) Die Anwendung der durch die Verordnung (EG) Nr. 866/2004 eingeführten Regelung auf andere Waren als diejenigen, die vollständig in den betreffenden Landesteilen erzeugt werden und Anhang II dieser Verordnung entsprechen, unterliegt der Annahme besonderer Bestimmungen durch die Kommission gemäß Artikel 4 Absatz 12 der Verordnung. Es ist allerdings eindeutig beabsichtigt, dass diese besonderen Bestimmungen für alle Waren im Anwendungsbereich der Verordnung gelten sollten.

(3) Es müssen detaillierte Bestimmungen über die Form und den Inhalt des von der türkisch-zyprischen Handelskammer oder einer anderen befugten Behörde ausgestellten Dokuments festgelegt werden, das die Kontrolle der Einhaltung der geltenden Vorschriften betrifft.

(4) Darüber hinaus bedarf es detaillierter Bestimmungen über die Mitteilungspflichten der türkisch-zyprischen Handelskammer oder einer anderen befugten Behörde, der Behörden der Republik Zypern und der Behörden der Östlichen Hoheitszone auf Zypern bezüglich der Art, der Mengen, des Bestimmungsorts und des Werts der Waren, für die Bescheinigungen ausgestellt werden und die über die Trennungslinie verbracht werden, sowie bezüglich der Anwendung etwaiger Sanktionen oder der Erhebung etwaiger Einfuhrabgaben.

(5) Es sind Pflanzengesundheits-, Lebensmittelsicherheits und sonstige Sicherheitsanforderungen festzulegen. Der Schutz der Gemeinschaft gegen die Einschleppung und Ausbreitung von Schadorganismen der Pflanzen und Pflanzenerzeugnisse ist sicherzustellen, und es sind detaillierte Vorschriften über die Ausstellung der Dokumente festzulegen, die die in Artikel 4 Absatz 4 der Verordnung (EG) Nr. 866/2004 genannten Kontrollen betreffen. Bis zur Bestimmung der phytosanitären Situation der betreffenden Landesteile in Bezug auf die in Anhang I oder II der Richtlinie 2000/29/EG des Rates (2) aufgelisteten relevanten Schadorganismen sollten spezifische Schutzmaßnahmen oder zusätzliche Kontrollen vorgeschrieben werden.

(6) Aus Sicherheitsgründen und um etwaige Missbräuche von Anfang an zu unterbinden, sollten bestimmte Kategorien von Waren, die Beschränkungen oder Handelsschutzmaßnahmen unterliegen, vom Anwendungsbereich der Verordnung (EG) Nr. 866/2004 ausgenommen werden.

(7) Es ist darauf hinzuweisen, dass Waren mit Ursprung in den betreffenden Landesteilen, die in andere Mitgliedstaaten verbracht werden, für Mehrwertsteuerzwecke so behandelt werden, als wenn sie in die Republik Zypern eingeführt worden wären.

(8) Außerdem sollte geklärt werden, was unter den in Artikel 11 Absatz 4 der Verordnung (EG) Nr. 866/2004 genannten Notfällen zu verstehen ist —

HAT FOLGENDE VERORDNUNG ERLASSEN:

Artikel 1

Ursprungsregeln

Der Ursprung der Waren, für die diese Verordnung gilt, wird gemäß den geltenden Gemeinschaftsvorschriften bestimmt.

Artikel 2

Begleitdokument

(1) Das in Artikel 4 Absatz 5 der Verordnung (EG) Nr. 866/2004 erwähnte Begleitdokument erfüllt folgende Voraussetzungen:

1. Es enthält alle erforderlichen Angaben für die Feststellung der Nämlichkeit der Waren, auf die es sich bezieht, insbesondere:

a) eine Beschreibung der Waren;

b) die Positionsnummer, Zeichen und Nummern der Waren, sofern vorhanden;

c) die Anzahl und die Art der Packstücke;

d) die Menge und den Wert der Waren;

e) den Namen und die Anschrift des Herstellers der Waren;

f) den Namen und die Anschrift des Versenders und des Empfängers.

2. Es stellt die Einhaltung der in Artikel 1 genannten Ursprungsregeln sicher und bescheinigt eindeutig, dass die Waren, auf die es sich bezieht, ihren Ursprung in den in Artikel 1 Absatz 1 des Protokolls Nr. 10 der Beitrittskate 2003 genannten Gebieten haben; zu diesem Zweck führt die türkisch-zyprische Handelskammer oder eine andere befugte Behörde vor der Ausstellung eines solchen Dokuments die erforderlichen Kontrollen durch, um sich zu vergewissern, dass die von Hersteller und Versender gemachten Angaben korrekt sind. Diese Kontrollen beinhalten mindestens eine Überprüfung in den Räumlichkeiten des Herstellers. Das Begleitdokument wird auf Vordrucken entsprechend dem Muster in Anhang I ausgestellt.

(2) Wirtschaftsbeteiligte, die um ein Begleitdokument ersuchen, richten einen schriftlichen Antrag an die oben genannten erteilenden Stellen. Der Antrag enthält folgende Angaben:

1. eine Erklärung des Herstellers, in der er

a) erklärt, dass die Waren ihren Ursprung in den in Artikel 1 Absatz 1 des Protokolls Nr. 10 der Beitrittsakte 2003 genannten Gebieten haben;

b) sich verpflichtet, sämtliche die Herstellung (einschließlich des Erwerbs von Rohstoffen) und den Verkauf der Waren betreffenden Bücher zu Kontrollzwecken mindestens drei Jahre lang ab dem Datum des Antrags aufzubewahren und zu akzeptieren, dass zu jeglichem angemessenem Zeitpunkt von den in Absatz 1 genannten Stellen oder von den Kommissionsdienststellen Kontrollen vorgenommen werden können;

2. eine Erklärung des Versenders über den Bestimmungsort der Waren.

Der Antrag wird auf Vordrucken entsprechend dem Muster in Anhang II erstellt.

(3) Die in Absatz 1 Unterabsatz 2 genannten Stellen übermitteln der Kommission, der Regierung der Republik Zypern und den Behörden der Östlichen Hoheitszone die Namen und Titel der Personen, die mit der Unterzeichnung der Dokumente betraut sind, sowie ein Muster ihrer Unterschrift und des verwendeten Stempels.

(4) Die Behörden der Republik Zypern unterrichten die Kommissionsdienststellen über Fälle, in denen berechtigte Zweifel an der Übereinstimmung der Waren mit den Ursprungskriterien bestehen. In derartigen Fällen gestatten die Behörden der Republik Zypern die Verbringung der Waren über die Trennungslinie unter den Voraussetzungen des Artikels 4 Absatz 2 der Verordnung (EG) Nr. 866/2004 vorbehaltlich etwaiger Sicherungsmaßnahmen, die als erforderlich erachtet werden, bis die Ergebnisse der anschließenden Überprüfung vorliegen.

Wird festgestellt, dass bei der Ausstellung der Dokumente die erforderlichen Voraussetzungen nicht erfüllt wurden, werden sämtliche bei der Überführung der Waren in den freien Verkehr im Zollgebiet der Gemeinschaft zu entrichtenden Zölle und Abgaben zu dem Satz fällig, der für Drittländer ohne Präferenzbehandlung gilt. Die Bestimmungen über das Entstehen einer Zollschuld und die Erhebung des entsprechenden Betrags gelten sinngemäß.

Artikel 3

Pflanzengesundheitskontrollen und Berichterstattung

(1) Handelt es sich bei den Waren um Pflanzen, Pflanzenerzeugnisse und andere Gegenstände, die unter Teil B des Anhangs V der Richtlinie 2000/29/EG fallen, kontrollieren von der Kommission benannte unabhängige Pflanzengesundheitsexperten, die für die Zwecke der Anwendung der Richtlinie (EG) Nr. 866/2004 mit der türkisch-zyprischen Handelskammer zusammenarbeiten, die Waren im Stadium der Erzeugung sowie bei der Ernte und im Stadium der Vermarktung.

Im Fall von Kartoffeln prüfen die genannten Experten, ob die in der Sendung enthaltenen Kartoffeln unmittelbar aus Pflanzkartoffeln gezogen wurden, die in einem Mitgliedstaat oder in einem anderen Land zertifiziert wurden, aus dem die Einfuhr von zum Pflanzen bestimmten Kartoffeln in die Gemeinschaft nicht gemäß Anhang III der Richtlinie 2000/29/EG verboten ist.

Im Fall von Zitrusfrüchten prüfen die genannten Experten, ob die Früchte frei von Blättern und Stielen sind und die passende Ursprungskennzeichnung tragen.

(2) Stellen die Experten nach bestem Wissen und im Rahmen des Möglichen fest, dass die betreffenden Pflanzen, Pflanzenerzeugnisse und anderen Gegenstände in der Sendung den in Anhang II der Verordnung (EG) Nr. 866/2004 genannten Anforderungen und Kontrollen sowie den Bestimmungen des Absatzes 1 zweiter und dritter Unterabsatz entsprechen, so teilen sie ihre Feststellungen anhand des in Anhang III dieser Verordnung enthaltenen Musters für den „Bericht über die Pflanzengesundheitskontrolle“ mit. Der „Bericht über die Pflanzengesundheitskontrolle“ wird dem in Artikel 2 genannten Begleitdokument beigelegt.

Die Experten erstellen keine „Berichte über die Pflanzengesundheitskontrolle“ für Pflanzen, die zum Anpflanzen bestimmt sind, einschließlich Knollen von Solanum tuberosum (L.).

(3) Sie versiegeln anschließend die Lastwagen oder sonstigen Beförderungsmittel in einer Weise, die eine Öffnung der Sendung vor ihrer Verbringung über die Trennungslinie verhindert. Unter diesen Artikel fallende Waren dürfen nur über die Trennungslinie verbracht werden, wenn das genannte Berichtsformular vollständig ausgefüllt und von mindestens einem der oben erwähnten Pflanzengesundheitsexperten ordnungsgemäß unterzeichnet wurde.

(4) Die Sendung wird nach ihrem Eintreffen in den Landesteilen, in denen die Regierung der Republik Zypern eine tatsächliche Kontrolle ausübt, von den zuständigen Behörden überprüft. Gegebenenfalls wird der „Bericht über die Pflanzengesundheitskontrolle“ durch einen Pflanzenpass ersetzt, der entsprechend den Bestimmungen der Richtlinien 92/105/EWG und 93/51/EWG der Kommission ausgestellt wird.

(5) Besteht die Sendung ganz oder teilweise aus Kartoffelpartien, so wird ein angemessener Teil dieser Partien gemäß den üblichen Gemeinschaftsverfahren für die Diagnose und den Nachweis von Schadorganismen auf Ralstonia solanacearum (Smith) Yabuuchi et al. und Clavibacter michiganensis ssp. Sepedonicus (Spieckermann et Kotthoff) Davis et al. untersucht.

Artikel 4

Lebensmittel- und Produktsicherheit, nachgeahmte Waren und unerlaubt hergestellte Vervielfältigungsstücke oder Nachbildungen

(1) Aus Gründen der Lebensmittelsicherheit ist die Verbringung von Mischfuttermitteln, Futtermittelzusatzstoffen, und Vormischungen sowie von Erzeugnisse tierischen Ursprungs enthaltenden Futtermitteln, die unter die in Anhang IV aufgelisteten Kommissionsentscheidungen oder ähnliche in Zukunft angenommene Entscheidungen fallen, untersagt. Die Artikel 6, 7 und 18 der Verordnung (EG) Nr. 178/2002 des Europäischen Parlaments und des Rates gelten sinngemäß.

(2) Die Behörden der Republik Zypern und die Behörden der Östlichen Hoheitszone stellen sicher, dass Waren, die über die Trennungslinie verbracht werden, den Vorschriften der EG über Gesundheit, Sicherheit, Umwelt- und Verbraucherschutz sowie über das Verbot der Einfuhr nachgeahmter Waren und unerlaubt hergestellter Vervielfältigungsstücke oder Nachbildungen entsprechen.

Artikel 5

Handelspolitische Schutzmaßnahmen

Es werden keine Begleitdokumente für Waren ausgestellt, die handelspolitischen Schutzmaßnahmen der EU unterliegen, einschließlich Waren, die Stoffe enthalten, welche von derartigen Maßnahmen betroffen sind. Dies gilt unbeschadet der Anwendung der Antidumping-, Antisubventions- und Schutzmaßnahmen oder anderer handelspolitischer Schutzinstrumente der Gemeinschaft.

Artikel 6

Mehrwertsteuer

Werden Waren mit Ursprung in den betreffenden Landesteilen in andere Mitgliedstaaten verbracht, so wird ihre vorherige Verbringung in die unter der tatsächlichen Kontrolle der Regierung stehenden Landesteile als Einfuhr von Gegenständen gemäß Artikel 7 der Richtlinie 77/388/EWG des Rates betrachtet, für die der Eigentümer der Gegenstände oder jegliche andere von der Regierung der Republik Zypern als Steuerschuldner bezeichnete oder anerkannte Person die Mehrwertsteuer bei der Einfuhr gemäß Artikel 21 Absatz 4 dieser Richtlinie schuldet.

Artikel 7

Notfälle

Andere Notfälle im Sinne von Artikel 11 Absatz 4 der Verordnung (EG) Nr. 866/2004 beinhalten etwaige Situationen oder Umstände, die einer Region der Republik Zypern ernstlichen und dauerhaften wirtschaftlichen Schaden zufügen oder zuzufügen drohen, sowie etwaige Situationen oder Umstände, die ein Risiko für das Funktionieren des Binnenmarkts darstellen oder darzustellen drohen, insbesondere wenn sich diese Bedrohung daraus ergibt, dass in den betreffenden Landesteilen keine gleichwertige Einfuhrabgaben wie die Abgaben angewandt werden, die gemäß dem Gemeinsamen Zolltarif für die bei der Verarbeitung von Waren verwendeten Rohstoffe gelten.

Artikel 8

Mitteilungspflichten

(1) Die türkisch-zyprische Handelskammer oder eine andere gemäß Artikel 4 Absatz 5 der Verordnung (EG) Nr. 866/2004 befugte Stelle unterrichtet die Kommission monatlich über die Art, die Menge und den Wert der Waren, für die sie die in Artikel 2 Absatz 1 genannten Dokumente ausgestellt hat, und berichtet gegebenenfalls ausführlich über festgestellte Unregelmäßigkeiten und verhängte Sanktionen.

(2) Die Behörden der Republik Zypern unterrichten die Kommission gemäß Artikel 4 Absätze 2 und 3 der Verordnung (EG) Nr. 866/2004 monatlich über die Art und die Menge der Waren, die nach den Erklärungen, die in den in Artikel 2 Absatz 1 genannten Dokumenten enthalten sind, die Trennungslinie überschritten haben, über die Einzelheiten etwaiger festgestellter Unregelmäßigkeiten und verhängter Sanktionen und über die Einzelheiten etwaiger Zölle oder Abgaben, die auf Waren erhoben wurden, für die Ausfuhrerstattungen oder Interventionsmaßnahmen gelten.

(3) Die Behörden der Republik Zypern unterrichten die Kommission alle drei Monate über die Art, die Menge und den Wert der Waren, deren endgültiger Bestimmungsort nach den Erklärungen, die in den in Artikel 2 Absatz 1 genannten Dokumenten enthalten sind, nicht die Republik Zypern war. Waren, deren endgültiger Bestimmungsort ein anderer Mitgliedstaat als Zypern war, werden getrennt aufgeführt.

Artikel 9

Inkrafttreten

Diese Verordnung tritt am dritten Tag nach ihrer Veröffentlichung im *Amtsblatt der Europäischen Union* in Kraft.

Diese Verordnung ist in allen ihren Teilen verbindlich und gilt unmittelbar in jedem Mitgliedstaat.

Brüssel, den 10. August 2004

Für die Kommission

IV.

ENTSCHEIDUNG DER KOMMISSION
vom 7. Juli 2004

zur Ermächtigung der türkisch-zyprischen Handelskammer gemäß Artikel 4 Absatz 5 der Verordnung (EG) Nr. 866/2004 des Rates (Nur der griechische Text ist verbindlich)

DIE KOMMISSION DER EUROPÄISCHEN GEMEINSCHAFTEN —

gestützt auf den Vertrag zur Gründung der Europäischen Gemeinschaft,

gestützt auf die Verordnung (EG) Nr. 866/2004 des Rates, insbesondere auf Artikel 4 Absatz 5,

in Erwägung nachstehender Gründe:

(1) Gemäß Artikel 4 Absatz 5 der Verordnung (EG) Nr. 866/2004 muss den Waren, die aus Gebieten, in denen die Regierung der Republik Zypern keine tatsächliche Kontrolle ausübt, in Gebiete verbracht werden, die einer solchen Kontrolle unterliegen, ein Dokument beigefügt werden, das von der türkisch-zyprischen Handelskammer ausgestellt wird, der die Kommission zu diesem Zweck in Einvernehmen mit der Regierung der Republik Zypern eine Ermächtigung erteilt.

(2) Es ist daher notwendig, der türkisch-zyprischen Handelskammer zu diesem Zweck eine Ermächtigung zu erteilen.

(3) Die Regierung der Republik Zypern hat der Erteilung dieser Ermächtigung zugestimmt —

HAT FOLGENDE ENTSCHEIDUNG ERLASSEN:

Artikel 1

Die türkisch-zyprische Handelskammer wird ermächtigt, Begleitdokumente nach Artikel 4 Absatz 5 der Verordnung (EG) Nr. 866/2004 auszustellen.

Ein Muster des Begleitdokuments befindet sich in Anhang I der Verordnung (EG) Nr. 1480/2004 der Kommission.

Artikel 2

Diese Entscheidung ist an die Republik Zypern gerichtet.

Brüssel, den 7. Juli 2004

Für die Kommission

V.

BESCHLUSS DES RATES
vom 10. Juni 2004

über die Vertretung des zyprischen Volkes im Europäischen Parlament im Falle einer Lösung der Zypern-Frage

DER RAT DER EUROPÄISCHEN UNION —

gestützt auf das Protokoll Nr. 10 über Zypern zur Beitrittsakte von 2003, insbesondere auf Artikel 4,

gestützt auf den Vorschlag der Kommission,

in Erwägung nachstehender Gründe:

(1) Der Europäische Rat hat wiederholt seine starke Präferenz für den Beitritt eines wiedervereinigten Zyperns betont. Eine umfassende Lösung der Zypern-Frage und die Wiedervereinigung der Insel wurden bislang nicht erreicht.

(2) Nach Artikel 189 des Vertrags besteht das Europäische Parlament aus Vertretern der Völker der in der Gemeinschaft zusammengeschlossenen Staaten. Die Mitglieder des Europäischen Parlaments werden gemäß Artikel 190 des Vertrags zur Gründung der Europäischen Gemeinschaft, Artikel 108 des Vertrags zur Gründung der Europäischen Atomgemeinschaft und dem Akt des Rates zur Einführung allgemeiner unmittelbarer Wahlen der Abgeordneten des Europäischen Parlaments entsprechend dem Beschluss 76/787/EGKS, EWG, Euratom des Rates, zuletzt geändert durch den Beschluss 2002/772/EC, Euratom (nachstehend „Akt von 1976“) in allgemeiner unmittelbarer Wahl gewählt.

(3) Die Mitglieder des Europäischen Parlaments für die nächste Wahlperiode 2004—2009 werden in den Wahlen vom 10. bis 13. Juni 2004 gewählt. In Artikel 11 der Beitrittsakte von 2003 wird die Zahl der in Zypern gewählten Abgeordneten ab dem Beginn der Wahlperiode 2004—2009 auf sechs festgesetzt. Die Wahlen für diese Wahlperiode 2004—2009 werden jedoch nicht in demjenigen Teil Zyperns abgehalten, in dem die Regierung der Republik Zypern keine tatsächliche Kontrolle ausübt.

(4) Um die Vertretung und das Wahlrecht aller Zyprer, im Falle einer umfassenden Lösung der Zypern-Frage, zu gewährleisten, müssen für diesen Fall Vorkehrungen für einen vorzeitigen Ablauf des Mandats der im Juni 2004 oder

in folgenden Wahlen gewählten Abgeordneten des zyprischen Volkes im Europäischen Parlament getroffen und für die verbleibende Wahlperiode des Europäischen Parlaments außerordentliche Wahlen in ganz Zypern abgehalten werden —

BESCHLIESST:

Artikel 1

Im Falle des Inkrafttretens einer umfassenden Regelung der Zypern-Frage gelten abweichend von Artikel 190 Absatz 3 des EG-Vertrags sowie von Artikel 5, Artikel 10 Absatz 1 und Artikel 11 Absatz 2 des Akts von 1976 die folgenden Bestimmungen:

a) Die Amtszeit der gewählten Abgeordneten des zyprischen Volkes im Europäischen Parlament endet mit der Eröffnung der ersten Sitzung des Europäischen Parlaments im Anschluss an die unter Buchstabe b genannten Wahlen.

b) Am Sonntag nach Ablauf eines Zeitraums von vier Monaten, nachdem der Rat zum ersten Mal gemäß Artikel 1 Absatz 2 des Protokolls Nr. 10 zur Beitrittsakte von 2003 über die Aufhebung der Aussetzung der Anwendung des Besitzstands entschieden hat, werden für die verbleibende Wahlperiode 2004-2009 oder eine spätere Wahlperiode des Europäischen Parlaments in ganz Zypern Neuwahlen der Abgeordneten des zyprischen Volkes im Europäischen Parlament abgehalten.

c) Die Amtszeit der in den unter Buchstabe b genannten Wahlen gewählten Mitglieder des Europäischen Parlaments beginnt mit der Eröffnung der ersten Sitzung des Europäischen Parlaments im Anschluss an die unter Buchstabe b genannten Wahlen und endet mit der ersten Sitzung des Europäischen Parlaments im Anschluss and seine nächste Wahl.

Artikel 2

Dieser Beschluss tritt am Tag nach seiner Veröffentlichung im *Amtsblatt der Europäischen Union* in Kraft.

Geschehen zu Luxemburg am 10. Juni 2004.

Im Namen des Rates
Der Präsident

VI.

Brüssel, den 7.7.2004
KOM(2004) 466 endgültig

Vorschlag für eine
VERORDNUNG DES RATES

über Sonderregelungen für den Handel mit den Landesteilen der Republik Zypern, in denen die Regierung der Republik Zypern keine tatsächliche Kontrolle ausübt

(Vorlage der Kommission)

(Auszüge)

BEGRÜNDUNG

Der Europäische Rat hat wiederholt zum Ausdruck gebracht, dass er es vorziehen würde, wenn ein wiedervereinigtes Zypern der EU beitreten würde. Bislang wurde jedoch noch keine umfassende Lösung erzielt.

Die von UN-Generalsekretär Kofi Annan vorgelegte "umfassende Lösung des Zypern-Problems" wurde von der türkisch-zyprischen Bevölkerung in dem Referendum angenommen, das am 24. April 2004 gleichzeitig, aber in beiden Landesteilen getrennt, durchgeführt wurde. Angesichts des Votums der türkisch-zyprischen Bevölkerung äußerte der UN-Generalsekretär in seinem Bericht über seine Bemühungen in Zypern1 die Hoffnung, dass die Mitglieder des UN-Sicherheitsrats allen Staaten mit gutem Beispiel darin vorangehen mögen, dass sie sowohl auf bilateraler Ebene als auch in internationalen Einrichtungen bei der Beseitigung unnötiger Beschränkungen und Hindernisse zusammenarbeiten, die eine Isolierung der türkisch-zyprischen Bevölkerung bewirken und ihre Entwicklung behindern (Absatz 93).

Nach dem Referendum erklärte der Rat am 26. April 2004:

"*Die türkisch-zyprische Gemeinschaft hat ihren klaren Wunsch nach einer Zukunft innerhalb der Europäischen Union zum Ausdruck gebracht. Der Rat ist entschlossen, die Isolierung der türkisch-zyprischen Gemeinschaft zu beenden und die Wiedervereinigung Zyperns durch Förderung der wirtschaftlichen Entwicklung der türkisch-zyprischen Gemeinschaft zu begünstigen. Der Rat ersuchte die Kommission, zu diesem Zweck umfassende Vorschläge vorzulegen, mit Schwer-*

punkt auf der wirtschaftlichen Integration der Insel und auf der Verbesserung der Kontakte zwischen den beiden Gemeinschaften und mit der EU."

Mit dem beigefügten Entwurf eines Vorschlags für eine Verordnung des Rates kommt die Kommission dem Ersuchen des Rates nach und initiiert wichtige Maßnahmen zur Beendigung der wirtschaftlichen Isolierung der türkisch-zyprischen Gemeinschaft, die auf die Erleichterung des Handels zwischen dem nördlichen Teil Zyperns und dem EU-Zollgebiet abzielen.

Der Vorschlagsentwurf sieht eine Präferenzregelung für Waren vor, die in das Zollgebiet der EU gelangen, und enthält u.a. detaillierte Bestimmungen über die von der türkisch-zyprischen Handelskammer oder einer anderen befugten Behörde auszustellenden Dokumente zur Bescheinigung des Warenursprungs sowie über Pflanzengesundheitskontrolle, Lebensmittel- und Produktsicherheit, Steuerfragen, Mitteilungspflichten und Sicherungsmaßnahmen für den Fall unzureichender Zusammenarbeit, von Unregelmäßigkeiten oder von Betrug. Die Präferenzregelung soll in Form von Zollkontingenten gewährt werden, die auf eine Förderung der wirtschaftlichen Entwicklung ausgerichtet sein sollten, wobei zugleich aber die Schaffung künstlicher Handelsmuster und die Erleichterung des Betrugs vermieden werden sollte.

Diese Verordnung deckt nur den Handel, nicht jedoch andere Bereiche wie etwa den Verkehr ab. Sie gilt daher unbeschadet der Anforderungen, die nach den internationalen Regeln über die Sicherheit im See- und Luftverkehr zu erfüllen sind. Soweit besondere Bedingungen nicht bestimmt sind, sind die allgemeinen Regeln bezüglich des Außenhandels der Gemeinschaft anwendbar, einschließlich zum Beispiel Verordnung des Rates (EG) 339/93 betreffend die Kontrollen eingeführter Waren im Hinblick auf die Gewährleistung der Produktsicherheit.

Als Rechtsgrundlage für diese Verordnung kommt nur Artikel 133 EG-Vertrag in Frage. Zypern wurde am 1. Mai 2004 mit seinem gesamten Hoheitsgebiet Mitgliedstaat. Allerdings ist die Anwendung des Besitzstandes gemäß Artikel 1 Absatz 1 von Protokoll Nr. 10 der Beitrittsakte in denjenigen Landesteilen ausgesetzt, in denen die Regierung der Republik Zypern nicht die tatsächliche Kontrolle ausübt (nachstehend "betreffende Landesteile" genannt). Das bedeutet unter anderem, dass der Zollkodex der Gemeinschaft, in dem das Zollgebiet der EG definiert ist, in den betreffenden Landesteilen nicht gilt, sodass der Handel mit den betreffenden Landesteilen unter die Regelungen für den Handel mit Drittstaaten fällt. Dies ist keine einmalige Situation, denn es gibt bereits andere Gebiete in der EU, die nicht zum Zollgebiet der Gemeinschaft gehören. Für Ceuta, Melilla und Gibraltar gelten, von besonderen Regelungen abgesehen, Handelsvorschriften auf der

Grundlage von Artikel 133 EG-Vertrag, und für Büsingen, Campione d'Italia und Helgoland gelten generell die einschlägigen Vorschriften für Drittstaaten.

Vorschlag für eine
VERORDNUNG DES RATES

über Sonderregelungen für den Handel mit den Landesteilen der Republik Zypern, in denen die Regierung der Republik Zypern keine tatsächliche Kontrolle ausübt

DER RAT DER EUROPÄISCHEN UNION –

gestützt auf den Vertrag zur Gründung der Europäischen Gemeinschaft, insbesondere auf Artikel 133,

auf Vorschlag der Kommission,

in Erwägung nachstehender Gründe:

(1) Der Europäische Rat hat wiederholt zum Ausdruck gebracht, dass er es vorziehen würde, wenn ein wiedervereinigtes Zypern der EU beitreten würde. Bislang wurde jedoch noch keine umfassende Lösung erzielt. In Anbetracht des Umstandes, dass die türkisch-zyprische Gemeinschaft in dem Referendum über eine umfassende Lösung des Zypern-Problems gemäß dem Vorschlag des UN-Generalsekretärs ihren klaren Wunsch nach einer Zukunft innerhalb der Europäischen Union zum Ausdruck gebracht hat, äußerte der Rat am 26. April 2004 seine Entschlossenheit, die Isolierung der türkisch-zyprischen Gemeinschaft zu beenden und die Wiedervereinigung Zyperns durch Förderung der wirtschaftlichen Entwicklung der türkisch-zyprischen Gemeinschaft zu begünstigen. Der Rat ersuchte die Kommission, zu diesem Zweck umfassende Vorschläge vorzulegen.

(2) Bis zur Lösung des Problems ist die Anwendung des Besitzstandes gemäß Artikel 1 Absatz 1 von Protokoll Nr. 10 der Beitrittsakte 2003 in denjenigen Landesteilen ausgesetzt, in denen die Regierung der Republik Zypern nicht die tatsächliche Kontrolle ausübt (nachstehend "betreffende Landesteile" genannt).

(3) Gemäß Artikel 3 Absatz 1 von Protokoll Nr. 10 sind Maßnahmen zur Förderung der wirtschaftlichen Entwicklung der betreffenden Landesteile durch die Aussetzung der Anwendung des Besitzstandes nicht ausgeschlossen. Der Ausbau des Handels mit den betreffenden Landesteilen würde zu deren wirtschaftlicher Entwicklung beitragen. Daher sind besondere Regelungen zur Erleichte-

rung des Handels zwischen den betreffenden Landesteilen und den Mitgliedstaaten mit Ausnahme von Zypern festzulegen. Diese Regelungen sollten weder das Schutzniveau in der EU, insbesondere die Gemeinschaftsvorschriften über Gesundheitsschutz, Sicherheit, Umwelt- und Verbraucherschutz sowie das Verbot der Einfuhr von nachgemachten und unerlaubt vervielfältigten Waren untergraben noch unannehmbare Risiken für die Pflanzengesundheit in der Gemeinschaft hervorrufen noch die wirtschaftlichen Interessen der Gemeinschaft beeinträchtigen.

(4) Die Kommission sollte jährliche Zollkontingente für Waren derart festlegen, dass der Handel gefördert wird, die Schaffung künstlicher Handelsmuster und die Erleichterung des Betrugs jedoch vermieden werden.

(5) Zum Schutz der Gemeinschaftsinteressen sollten die Maßnahmen durch Bestimmungen ergänzt werden, die eine vorübergehende oder dauernde Rücknahme der Maßnahmen in ihrer Gesamtheit oder in Teilen davon für den Fall gestatten, dass Betrug oder andere Unregelmäßigkeiten vermutet oder festgestellt werden.

(7) Die Berechtigung zur Inanspruchnahme dieser Maßnahmen ist an die Voraussetzung geknüpft, dass die türkisch-zyprische Handelskammer oder eine andere zu diesem Zweck durch die Kommission ordnungsgemäß ermächtigte Behörde mit der Kommission und den Zollverwaltungen der Mitgliedstaaten wirksam zusammenarbeitet, um jeglichem Betrugsrisiko vorzubeugen. Diese Ermächtigung sollte erst erteilt werden, nachdem die betreffende Behörde schriftliche Verpflichtungen eingegangen ist, und sie sollte widerrufen werden, wenn diese Behörde eine oder mehrere dieser Verpflichtungen in einer Weise nicht erfüllt, die die ordnungsgemäße Anwendung dieser Verordnung gefährdet.

(9) Einige Bestimmungen der Verordnung (EWG) Nr. 2913/92 des Rates, der Verordnung (EWG) Nr. 2454/93 der Kommission[5] und der Verordnung (EG) Nr. (XX) der Kommission über die Durchführung von Artikel 4 der Verordnung (EG) Nr. 866/2004 des Rates[6] sollten auch im Rahmen dieser Verordnung angewandt werden.

(10) Diese Regelungen sollten im Lichte der mit der Durchführung dieser Verordnung gewonnenen Erfahrungen überprüft werden.

(11) Sofern diese Verordnung keine besonderen Bedingungen festlegt, gelten die allgemeinen Regeln für den Außenhandel der Gemeinschaft.

(13) Diese Maßnahmen sind Bestandteil der oben erwähnten umfassenden Vorschläge in Reaktion auf eine besondere Situation in Zypern. Sie stellen keinen Präzedenzfall für die Handelspolitik der Gemeinschaft dar –

HAT FOLGENDE VERORDNUNG ERLASSEN:

Artikel 1

Regelung für Waren aus den betreffenden Landesteilen

(1) Ursprungswaren der betreffenden Landesteile im Sinne der Artikel 23 und 24 der Verordnung (EWG) Nr. 2913/92 des Rates, die unmittelbar aus den betreffenden Landesteilen in das Zollgebiet der Gemeinschaft befördert werden, können dort, abgesehen von den Zöllen und Abgaben gleicher Wirkung im Rahmen der nach Artikel 4 festgelegten jährlichen Zollkontingente, in den zollrechtlich freien Verkehr übergeführt werden, sofern sie mit dem in Artikel 2 Absatz 2 genannten Papier befördert werden und sofern sie nicht für Ausfuhrerstattungen oder Interventionsmaßnahmen in Betracht kommen. Dies lässt die bei der Einfuhr erhobenen indirekten Steuern unberührt.

Artikel 2

Voraussetzungen für die Sonderregelung

(2) Die türkisch-zyprische Handelskammer oder eine andere von der Kommission nach Artikel 5 für diesen Zweck ordnungsgemäß ermächtigte Stelle stellt ein Begleitpapier aus, mit dem bescheinigt wird, dass die in Artikel 1 Absatz 1 genannten Waren Ursprungswaren der betreffenden Landesteile im Sinne der Artikel 23 und 24 der Verordnung (EWG) Nr. 2913/92 des Rates sind. Das Begleitpapier wird auf einem Formblatt nach dem Muster in Anhang I ausgefertigt.

(3) Zur Beantragung eines Begleitpapiers stellen die Beteiligten einen schriftlichen Antrag bei den in Absatz 2 genannten ausstellenden Stellen. Der Antrag wird auf einem Formblatt nach dem Muster in Anhang II ausgefertigt.

(4) Die türkisch-zyprische Handelskammer oder die andere ordnungsgemäß ermächtigte Stelle übermittelt der Kommission monatlich Angaben zu Art, Menge und Wert der Waren, für die sie die in Absatz 2 genannten Papiere ausgestellt hat, sowie zu den aufgedeckten Unregelmäßigkeiten und den verhängten Sanktionen.

Artikel 3

Ursprungsregeln

Der Ursprung der Waren, für die diese Verordnung gilt, wird nach den in der Gemeinschaft geltenden Vorschriften über die Bestimmung des nichtpräferentiellen Ursprungs bestimmt.

Artikel 4

Zollkontingente

(1) Die Kommission legt die jährlichen Zollkontingente für die in Artikel 1 Absatz 1 genannten Waren nach dem Verfahren des Artikels 248 der Verordnung (EWG) Nr. 2913/92 des Rates so fest, dass die Entwicklung des Handels gefördert, die Entstehung künstlicher Handelsmuster und die Erleichterung von Betrug jedoch verhindert werden. Die Kommission holt bei der türkisch-zyprischen Handelskammer oder anderen geeigneten Stellen Informationen über die bestehenden Produktionskapazitäten und ihr Wachstumspotenzial sowie die traditionellen Verbrauchsmuster und sonstige sachdienliche Daten ein und trägt ihnen bei der Festlegung der Warenkategorien und der Höhe der Zollkontingente für diese Kategorien Rechnung.

Artikel 5

Ermächtigung

(1) Voraussetzung für die in Artikel 2 Absatz 2 genannte Ermächtigung ist insbesondere die vorherige schriftliche Verpflichtung der türkisch-zyprischen Handelskammer oder der betreffenden anderen Stelle, die Rechtsvorschriften der Gemeinschaft über die Bestimmung des nichtpräferentiellen Ursprungs nach den Artikeln 23 und 24 der Verordnung (EWG) Nr. 2913/92 des Rates und den dazu erlassenen Durchführungsvorschriften ordnungsgemäß anzuwenden, ihre ordnungsgemäße Anwendung durch die Beteiligten zu überwachen und ferner unter anderem

a) gegebenenfalls Kontrollen vorzunehmen, um festzustellen, ob die Angaben des antragstellenden Beteiligten auf dem in Artikel 2 Absatz 3 genannten Antragsformblatt richtig sind;

b) das Begleitpapier auszustellen und unmissverständlich zu bescheinigen, dass die Waren, auf die es sich bezieht, Ursprungswaren der in Artikel 1 Absatz 1 des Protokolls Nr. 10 zur Beitrittsakte 2003 festgelegten Landesteile im Sinne der Artikel 23 und 24 der Verordnung (EWG) Nr. 2913/92 des Rates und der dazu erlassenen Durchführungsvorschriften sind;

c) der Kommission Musterabdrücke der Stempel zu übermitteln, die bei der Ausstellung des Begleitpapiers verwendet werden;

d) das Antragsformblatt für das Begleitpapier und alle Belege mindestens drei Jahre lang aufzubewahren;

e) bei der Überprüfung des Begleitpapiers auf seine Echtheit und Richtigkeit mit der Kommission und den zuständigen Behörden der Mitgliedstaaten zusammenzuarbeiten und der Gefahr von Betrug und sonstigen Unregelmäßigkeiten vorzubeugen;

f) von sich aus oder auf Ersuchen der Kommission oder der Verwaltung eines Mitgliedstaats geeignete Untersuchungen durchzuführen, wenn Informationen darauf schließen lassen, dass die Bestimmungen dieser Verordnung umgangen werden;

g) zur Überprüfung der Gültigkeit des Papiers Kontrollen, Prüfungen und Ermittlungen an Ort und Stelle bei der betreffenden Stelle zu gestatten und Kontrollen, Prüfungen und Ermittlungen bei den Beteiligten, die die Ausstellung eines Begleitpapiers beantragt haben, zu erleichtern;

h) der Kommission monatlich Angaben zu Art, Menge und Wert der Waren, für die sie Begleitpapiere ausgestellt hat, sowie zu den aufgedeckten Unregelmäßigkeiten und den verhängten Sanktionen zu übermitteln.

(2) Erfüllt die befugte Stelle diese Verpflichtungen nicht und wird dadurch die ordnungsgemäße Anwendung dieser Verordnung gefährdet, so widerruft die Kommission die Ermächtigung.

Artikel 6

Pflanzengesundheitskontrolle und Berichte

Artikel 7

Vorübergehende Aussetzung

(1) Unbeschadet der Befugnis der Kommission, die Ermächtigung nach Artikel 5 Absatz 2 zu widerrufen, kann die Kommission die Anwendung der in dieser Ver-

ordnung vorgesehenen Sonderregelung vorübergehend aussetzen, sofern sie auf der Grundlage objektiver Informationen das Vorliegen von Unregelmäßigkeiten oder Betrug vermutet.

(2) Für die Zwecke dieses Artikels können Unregelmäßigkeiten oder Betrug unter anderem festgestellt werden, wenn die Verbringung von Waren mit Ursprung in den betreffenden Landesteilen in das Zollgebiet der Gemeinschaft ohne zufrieden stellende Erklärung rasch zunimmt und die Mengen die üblichen Produktionskapazitäten der betreffenden Landesteile übersteigen und dies nach objektiven Informationen mit Unregelmäßigkeiten oder Betrug zusammenhängt.

(3) Die vorübergehende Aussetzung ist unter folgenden Voraussetzungen zulässig:

b) Die vorübergehende Aussetzung nach diesem Artikel ist auf das zum Schutz der finanziellen Interessen der betreffenden Vertragspartei Notwendige zu beschränken. Sie gilt für höchstens sechs Monate und kann gegebenenfalls verlängert werden.

Artikel 8

Durchführungsvorschriften

Artikel 9

Überprüfung, Monitoring und Zusammenarbeit

(1) Die Kommission berichtet dem Rat jährlich, zum ersten Mal spätestens ein Jahr nach Inkrafttreten dieser Verordnung, über die Durchführung dieser Verordnung und die sich aus ihrer Anwendung ergebenden Lage und fügt diesem Bericht gegebenenfalls zweckdienliche Vorschläge für Änderungen bei.

(2) Die Kommission prüft insbesondere die Handelsmuster, die sich aufgrund dieser Verordnung entwickeln, einschließlich des Volumens und des Wertes des Handels und der gehandelten Waren.

(3) Die Mitgliedstaaten und die Kommission arbeiten eng zusammen, um die Einhaltung dieser Verordnung zu gewährleisten.

Artikel 10

Inkrafttreten

Literaturverzeichnis

Anstötz, Stephan: Perspektiven zur staatlichen Neuordnung Zyperns, Dissertation, Frankfurt a. M. 2003

Arnim, Christof von: Das Verhältnis der Europäischen Wirtschaftsgemeinschaft zur Deutschen Demokratischen Republik nach Abschluss des Grundvertrages, Der Betriebs-Berater 1973, S. 500 – 505

Axt, Heinz-Jürgen: Gordischer Knoten in Kopenhagen nicht durchschlagen: Zypern, die Türkei und die EU, in: Integration 26 (2003), S. 66 – 77

Axt, Heinz-Jürgen: Griechenland, in: Weidenfeld, Werner / Wessels, Wolfgang (Hrsg.), Jahrbuch der Europäischen Integration 1987/88, S. 371 – 378

Axt, Heinz-Jürgen: Malta, Türkei, Zypern, in: Weidenfeld, Werner / Wessels, Wolfgang (Hrsg.), Jahrbuch der Europäischen Integration 1993/94, S. 389 – 394; 1994/ 95, S. 391 – 396, 1995/96, S. 393 – 398, 1998/99, S. 427 – 432

Bauer, Oliver: Die Zypernpolitik der Europäischen Union. Interessen, Akteure und Szenarien, in: Ashkenasi, Abraham, Duprés, Georgia (Hrsg.), Perspektiven im Zypernkonflikt, Frankfurt a.M. u.a. 2002, S. 219 – 256

Birkenfeld, Wolfram: Mehrwertsteuer der EU – die 6. USt-Richtlinie mit Erläuterungen, 4. Auflage, Bielefeld 2001

Bitsios, Dimitri S.: Cyprus: The Vulnerable Republic, 2. Auflage, Thessaloniki 1975

Blaustein, Albert P / Flanz, Gisbert H. (Hrsg.): Constitutions of the Countries of the World: A Series of Updated Texts, Constitutional Chronologies and Annotated Bibliographies, Binder V. – Republic of Cyprus, New York 1972

Borries, Reimer von: Verwaltungskompetenzen der Europäischen Gemeinschaft, in: Ole Due, Marcus Lutter, Jürgen Schwarze (Hrsg.), Festschrift für Ulrich Everling, Band 1, Baden-Baden 1995, S. 127 – 147

Choisi, Jeanette: Wurzeln und Strukturen des Zypernkonfliktes 1878 bis 1990, Stuttgart 1993

Chrysostomides, Kypros: The Republic of Cyprus – A Study in International Law Den Haag u.A. 2000

Cordier, Andrew W. / Foote, Wilder (Hrsg.): Public Papers of the Secretaries-General of the United Nations, Vol. II, Dag Hammarskjöld, 1953 – 1956, New York, London 1972

Crawford, James: The Creation of States in International Law, Oxford 1979

Crawford, James / Hafner, Gerhard / Pellet, Alain: Opinion: Republic of Cyprus – Eligibility for EU Membership, Annex zu UN doc. A/52/48 – S/1997/805 vom 17.10.1997 (Zitierweise: Joint Opinion 1997)

Crawford, James / Hafner, Gerhard / Pellet, Alain: The Eligibility of the Republic of Cyprus for EU Membership, Annex zu UN doc. A/56/723 – S/2001/1222 vom 20.12.2001 (Zitierweise: Joint Opinion 2001)

Cremona, Marise: Kommentar zum Urteil des EuGH im Fall C – 432/92 im Fall Anastasiou, Common Market Law Review 33 (1996), S. 125 – 135

Curti Gialdino, Carlo: Some Reflections on the Acquis Communautaire, in: Common Market Law Review 32 (1997), S. 1089 – 1121

Dahm, Georg / Delbrück, Jost / Wolfrum, Rüdiger: Völkerrecht Band I / 1 – Die Grundlagen. Die Völkerrechtssubjekte, §§ 1 – 81, 2. Auflage, Berlin 1989

Dahm, Georg / Delbrück, Jost / Wolfrum, Rüdiger Völkerrecht Band I / 2 – Der Staat und andere Völkerrechtssubjekte; Räume unter internationaler Verwaltung, §§ 82 – 142, 2. Auflage, Berlin 2002

Dahm, Georg / Delbrück, Jost / Wolfrum, Rüdiger: Völkerrecht Band I / 3 – Die Formen des völkerrechtlichen Handelns; die inhaltliche Ordnung der internationalen Gemeinschaft, §§ 143 – 199, 2. Auflage, Berlin 2002

Dauses, Manfred A. (Hrsg.): Handbuch des EU-Wirtschaftsrechts, Band 1, Loseblatt, 2. Auflage, München 1998, Stand: Dezember 1997 (Zitierweise: Dauses – Bearbeiter)

Delcourt, Christine: The Acquis Communautaire: Has the Concept had its day?, in: Common Market Law Review 38 (2001), S. 829 – 870

Dischler, Ludwig: Die Zypernfrage, Berlin 1960

Dördelmann, Gabriele: Rechtsethische Rechtfertigung der Sezession von Staaten, Dissertation, Erfurt 2002

Dupuy, Pierre-Marie : Droit International Public, 4. Auflage, Paris 1998

Edwards, Geoffrey / Mayer, Hartmut: Der Ministerrat, in: Jahrbuch der Europäischen Integration 1993/94, S. 63 – 70

Ehlermann, Claus-Dieter: Innerdeutsche Wirtschaftsbeziehungen und Europäische Gemeinschaft, in: Ehlermann/Kupper/Lambrecht/Ollig, Handelspartner DDR – Innerdeutsche Wirtschaftsbeziehungen, Baden-Baden 1975, S. 205 – 260

Emiliou, Nicholas: Cypriot import certificates : some hot potatoes, European Law Review 1995, S. 202 – 210

Evangelides, Petros: The Republic of Cyprus and its Constitution with special regard to the constitutional rights, Dissertation, Bamberg 1996

Ferschl, Klaus D.: Die wirtschaftliche und strafrechtliche Bedeutung nachträglicher Präferenzprüfungen im Osthandel, Recht der Internationalen Wirtschaft 1990, S. 386 – 392

Filos, Altana: Die Entwicklung der Zypern-Frage unter besonderer Berücksichtigung der geplanten EU-Mitgliedschaft der Republik Zypern, Zeitschrift für ausländisches öffentliches Recht und Völkerrecht (59) 1999, S. 185 – 212

Förster, Jutta: Die Verbrauchsteuern, Geschichte, Systematik, finanzverfassungsrechtliche Vorgaben, Dissertation, Heidelberg 1989

Franck, Thomas M.: The Secretary-General's Role in Conflict Resolution: Past, Present and Pure Conjecture, in: 6 European Journal of International Law (1995), S. 360 – 387

Frowein, Jochen Abraham: Das de facto-Regime im Völkerrecht, Köln und Berlin 1968

Gazioglu, Ahmet C.: Cyprus – the island of sustained crises, Vol. 1, 2. Auflage, Nicosia 1999 (Zitierweise: Gazioglu, Island of sustained crisis)

Gazioglu, Ahmet C.: Two Equal and Sovereign Peoples – A documented background to the Cyprus problem and the concept of partnership, Nicosia 1999 (Zitierweise: Gazioglu)

Geiger, Rudolf: Die völkerrechtliche Beschränkung der Vertragsschlussfähigkeit von Staaten, Berlin 1979

Green, Pauline: Embracing Cyprus – The Path to Unity in the New Europe, London 2003

Grabitz, Eberhard / Bogdandy, Armin von: Deutsche Einheit und europäische Integration, Neue Juristische Wochenschrift 1990, S. 1073 – 1079

Grabitz, Eberhard / Hilf, Meinhard (Hrsg.): Kommentar zur Europäischen Union, Loseblattsammlung, München, Stand: 2004. Ergänzungslieferung, 24 (Zitierweise: Grabitz/Hilf – Bearbeiter)

Groeben, Hans von der / Schwarze, Jürgen: Kommentar zum Vertrag über die Europäische Union und zur Gründung der Europäischen Gemeinschaft, Band 1, Artikel 1 – 53 EUV, Artikel 1 – 80 EGV, 6. Auflage, Baden-Baden 2003 (Zitierweise: G/S – Bearbeiter)

Groeben, Hans von der / Schwarze, Jürgen: Kommentar zum Vertrag über die Europäische Union und zur Gründung der Europäischen Gemeinschaft, Band 3, Artikel 98 – 188 EGV, 6. Auflage, Baden- Baden 2003 (Zitierweise: G/S – Bearbeiter)

Groeben, Hans von der / Schwarze, Jürgen: Kommentar zum Vertrag über die Europäische Union und zur Gründung der Europäischen Gemeinschaft, Band 4, Artikel 189 – 314 EGV, 6. Auflage, Baden-Baden 2004 (Zitierweise: G/S – Bearbeiter)

Hanf, Dominik: Der Prozess der europäischen Integration in Belgien – Voraussetzungen und Rahmen der Föderalisierung eines ehemaligen Einheitsstaats, European Legal Studies / Etudes Européennes Juridiques, 2/2003, Brügge 2003

Heide, Ulrich: Nationale Unabhängigkeit im Spannungsfeld von ethnischen Unterschieden, sozialen Konflikten und Kolonialpolitik, Untersuchungen zum Lernfeld Dritte Welt am Beispiel von Cypern, Dissertation, Frankfurt a.M. 1980

Heinze, Christian: Zur Frage der Vereinbarkeit der Aufnahme von Zypern in die Europäische Union mit dem Völkerrecht, dem Recht der EU und den Zypernverträgen von 1959/60, Kurzgutachten der Republik Türkei, Annex zu UN doc. A/52/404 – S/1997/757

Heintzen, Markus: Gemeineuropäisches Verfassungsrecht in der Europäischen Union, in: Europarecht 32 (1997), S. 1 – 16

Hillenbrand, Klaus: Der Weg zur Teilung. Zur demographischen Entwicklung von Christen und Muslimen auf Zypern, in: Ashkenasi, Abraham, Duprés,

Georgia (Hrsg.), Perspektiven im Zypernkonflikt, S. 13 – 44, Frankfurt a. M. 2002

Hillgruber, Christian: Die Aufnahme neuer Staaten in die Völkerrechtsgemeinschaft. Das völkerrechtliche Institut der Anerkennung in der europäischen und US-amerikanischen Praxis des 19. und 20. Jahrhunderts, Frankfurt a.M. 1998

Hoffmeister, Frank: The role of the EU in the Cyprus Conflict, in: Giegerich, Thomas (Hrsg.), The EU accession of Cyprus: key to the political and legal solution of an "insoluble" conflict?, Baden-Baden 2006, S. 205 – 218

Hübschmann, Walter / Hepp, Ernst / Spitaler, Armin (Begr.): Abgabenordnung – Finanzgerichtsordnung: Kommentar, Europäisches Abgaben- und Abgabenverfahrensrecht, Band XIII, Kommentierung des Zollkodex, Loseblatt, Stand: Februar 2004 (Zitierweise: HHSp – Bearbeiter)

Inglis, Kirstyn: The Europe Agreements Compared in the Light of their Pre-Accession Reorientation, in: Common Market Law Review 2000, S. 1173 – 1210

Ipsen, Knut: Völkerrecht, 5. Auflage, München 2004

Jakob, Wolfgang: Umsatzsteuer, 2. Auflage, München 1998

Janning, Josef: Außenbeziehungen, in: Weidenfeld, Werner / Wessels Wolfgang (Hrsg.), Jahrbuch der Europäischen Integration 1987/88, S. 231 – 239

Jellinek, Georg: Allgemeine Staatslehre, 3. Auflage von 1914, 7. Neudruck, Darmstadt 1960

Joseph, Joseph S.: European Integration and the Search for Stability in the Eastern Mediterranean – The Triangle of Cyprus, Greece, and Turkey, Arbeitspapier zur 42. Convention of the International Studies Association, Chicago, 20 – 24 February 2001

Kadritzke, Niels: Ein donnerndes Ochi, in: Le Monde Diplomatique, Mai 2004

Kaikitis, Lambros: Zypern und die Europäische Union, Erwartungen und Probleme einer eventuellen Vollmitgliedschaft Zyperns, Aachen 1998

Kaufmann, Donatus Bernhard: Ursprungsregeln: Die internationale und europäische Gestaltung der Ursprungsregeln, Baden-Baden 1996

Kimminich, Otto / Hobe, Stephan: Einführung in das Völkerrecht, 7. Auflage, Tübingen und Basel 2000

Kirchhoff, Thomas: Zollpräferenzen und Vertrauensschutz – Die Neuregelung des Art. 220 Abs. 2 Buchst. B) ZK Aachen 2002

Klein, Eckart: Statusverträge im Völkerrecht, Berlin u.a. 1980

Kreile, Michael: Die Osterweiterung der Europäischen Union, in: W. Weidenfeld (Hrsg.), Europa-Handbuch, Bonn 2002, S.807 – 827

Laffert, Gerd von: Die völkerrechtliche Lage des geteilten Zypern und Fragen seiner staatlichen Reorganisation, Dissertation Frankfurt a. M. 1995

Lauterpacht, Elihu: Turkish Republic of Northern Cyprus – The right of Self-determination of the Turkish Cypriots, in: Ertekün, Necati Münir (Hrsg.), The status of the two peoples in Cyprus: Legal Opinions, 2. Auflage, Nikosia o.J. (1997), S. 9 – 14. (Appendix zu UN doc A/44/928; S/21190 v. 14.03.1990)

Lenz, Carl Otto / Borchardt, Klaus-Dieter: EU- und EG-Vertrag, Kommentar, 3. Auflage, Köln 2003 (Zitierweise: Lenz/Borchardt – Bearbeiter)

Lippert, Barbara: Etappen der EG-Osteuropapolitik: Distanz – Kooperation – Assoziierung, Integration 13 (1990), S. 111 – 125

Lippert, Barbara: Die Erweiterungspolitik der Europäischen Union, in: Weidenfeld, Werner / Wessels, Wolfgang (Hrsg.), Jahrbuch der Europäischen Integration 1997/98, S. 37 – 50

Lippert, Barbara: Von Kopenhagen bis Kopenhagen: Eine erste Bilanz der EU-Erweiterungspolitik, in: Aus Politik und Zeitgeschichte, Beilage zu „Das Parlament“ (B 01-02/ 2003), S. 7 – 15

Lohse, Christian / Peltner, Hans-Michael : 6. Mwst.-Richtlinie und Rechtsprechung des EuGH, 2. Auflage, Köln 1999

Martens, Georg Fréd. de / Samwer, Charles / Hopf, Jules : Nouveau Recueil Général de Traités et Autres Actes Relatifs aux Rapports de Droit International, deuxième Série, Band 3, Göttingen 1876 – 1908

Martens, Georg Fréd. de / Samwer, Charles / Hopf, Jules : Nouveau Recueil Général de Traités et Autres Actes Relatifs aux Rapports de Droit International, troisième Série, Band 13, Göttingen 1909–1944/69

Maunz, Theodor / Dürig, Günter: Grundgesetz, Kommentar, Loseblatt, München, Stand: 44. Ergänzungslieferung, Februar 2005 (Zitierweise: Maunz/Dürig – Bearbeiter)

Maurer, Hartmut: Allgemeines Verwaltungsrecht, 15. Auflage, München 2004

Mavrouleas, Nikolaos: Entstehungsbedingungen, Bestimmungsfaktoren und Entwicklung des Cypern-Konflikts nach dem zweiten Weltkrieg, Dissertation, Osnabrück 1978

Mendelson, Maurice: Opinion of Professor M. H. Mendelson Q. C. on the Application of the Republic of Cyprus to Join the European Union, Annex zu UN doc. A/51/951– S/1997/585, siehe auch A/56/45 – S/2001/953, Annex I vom 9.10.2001 (Zitierweise: Mendelson, Opinion)

Mendelson, Maurice: Further Opinion of Professor M. H. Mendelson Q. C. on the Application of the Republic of Cyprus to Join the European Union, Annex zu UN doc. A/56/451 – S/2001/953 vom 9.10.2001 (Zitierweise: Further Opinion)

Möllers, Christoph: Durchführung des Gemeinschaftsrechts – Vertragliche Dogmatik und theoretische Implikationen, Europarecht 37 (2002), S. 483 – 516

Moran, Michael: Resolution 186, Its Genesis and Significance – Manoeuvres at the UN in 1964, Nicosia 1999

Necatigil, Zaim M.: The Cyprus Question and the Turkish Position in International Law, 2. Auflage, Oxford, 1993

Neocleous, Andreas & Co.: Introduction to Cyprus Law, Dennis Campbell (ed.) Albany / New York 2000 (Zitierweise: Neocleous – Bearbeiter)

Nowacki, Helmut: Der Zypernkrieg 1974, Eine Analyse seiner Ursachen Dissertation, Hamburg 1982

Oeter, Stefan: German Unification and State Succession, Zeitschrift für ausländisches öffentliches Recht und Völkerrecht (51) 1991, S. 349 – 383

Pernthaler, Peter: Der Plan einer „Umfassenden Regelung des Zypernproblems" des Generalsekretärs der UNO vom 26.2.2003, in: Europa Ethnica – Zeitschrift für Minderheitenfragen, Oktober 2003, S. 18 – 23

Pescatore, Pierre : Aspects judiciaires de l' «acquis communautaire», in: Revue trimestrielle de droit européen 1981, S. 617 – 651

Pethke, Ralf: Strukturmerkmale des präferentiellen Ursprungsrechts Teil 2, Zeitschrift für Zölle und Verbrauchssteuern 1998, S. 192 – 199

Pfirter, Didier: Genesis and Key Elements of the Draft Constitution in the Comprehensive Settlement Plan of the UN Secretary-General for Cyprus (Annan Plan), in: Giegerich, Thomas (Hrsg.), The EU accession of Cyprus: key to the political and legal solution of an "insoluble" conflict?, Baden-Baden 2006, S. 161 – 179

Reuter, Jürgen: Der UNO-Zypernplan – eine politische und rechtliche Analyse, in: Konrad Adenauer Studien / Auslandsinformationen 2/03, S. 4 – 41

Rossi, Matthias: Beschränkungen der Ausreisefreiheit im Lichte des Verfassungs- und Europarechts, Archiv des öffentlichen Rechts 127 (2002), S. 612 – 654

Rumpf, Christian: Zur Verfassungslage Zyperns; eine aktualisierte Internetversion seines Beitrags 'Verfassung und Recht', in: v. Grothusen, Klaus-Detlev / Steffani, Winfried / Zervakis, Peter (Hrsg.), Südosteuropa-Handbuch, Band VIII, Zypern, Göttingen 1998, S. 155 – 195, abrufbar unter: www.tuerkei-recht.de/Zypern_Verfassung.pdf

Rumpf, Christian: Comment on the Legal Status of Cyprus: Issues of Conflict and their Causes, in: Giegerich, Thomas (Hrsg.), The EU accession of Cyprus: key to the political and legal solution of an "insoluble" conflict?, Baden-Baden 2006, S. 37 – 62

Salmon, Jean J. A. : La Reconnaissance D'État, Quatre cas: Mandchoukouo, Katanga, Biafra, Rhodésie du sud, Paris 1971

Scharpf, Peter: Die Bedeutung des innerdeutschen Handels für die Beziehungen der EWG zur DDR, Deutschland-Archiv 1973, S. 260 – 266

Scharpf, Peter: Europäische Wirtschaftsgemeinschaft und Deutsche Demokratische Republik, Dissertation, Tübingen 1973 (Zitierweise: EWG und DDR)

Schimmelpfennig, Frank: The Community Trap: Liberal Norms, Rhetorical Action, an the Eastern Enlargement of the European Union, in: International Organization 2001, S. 47 – 80

Schladebach, Marcus: Die Übernahme des gemeinschaftlichen Besitzstands als Voraussetzung des EU-Beitritts, Landes- und Kommunalverwaltung 2002, S. 457 – 460

Schmidt, Gesine: Die Ursprungsregeln im Außenwirtschaftsrecht der EG, Dissertation, Duisburg 1996

Schmidt, Volker: Die Steuerberaterprüfung, Michael Preißer (Hrsg.), Band 3, Verfahrensrecht, Umsatzsteuerrecht und Erbschaftssteuerrecht, 2. Auflage, Stuttgart 2003 (Zitierweise: Preißer – Schmidt)

Schwarze, Jürgen (Hrsg.): EU-Kommentar, Baden-Baden 2000 (Zitierweise: Schwarze – Bearbeiter)

Schwarz, Otfried / Wockenfoth, Kurt (Begr.): Zollrecht; Kommentar, Texte und Entscheidungssammlung, Band 1/1, 3. Auflage, Köln, Berlin, München, Loseblatt, Stand: März 2004 (Zitierweise: Schwarz/Wockenfoth – Bearbeiter)

Schweitzer, Michael: Staatsrecht III – Staatsrecht, Völkerrecht, Europarecht, 7. Auflage, Heidelberg 2000

Schwenger, Claus Peter: Selbstbestimmung für Zypern, Die Prinzipien von-Selbstbestimmung und Schutz der Nation in ihrem Einfluss auf die Entstehung der Republik Zypern, Dissertation, Würzburg 1964

Seidl-Hohenfeldern, Ignaz: Völkerrecht, 10. Auflage, Köln u. A. 2000

Simon, Denys : Le système juridique communautaire, 2. Auflage, Paris 1998

Sonyel, Salahi R.: Cyprus, The Destruction of a Republic and its Aftermath, British Documents 1960 – 1974, Nicosia 2003

Streinz, Rudolf: Europarecht, 5. Auflage, Heidelberg 2001 (Zitierweise: Streinz)

Streinz, Rudolf: Vertrag über die Europäische Union und Vertrag zur Gründung der Europäischen Gemeinschaft, Kommentar, München 2003 (Zitierweise: Streinz – Bearbeiter)

Subedi, Surya P.: The Doctrine of Objective Regimes in International Law and the Competence of the United Nations to Impose Territorial or Peace Settlements on States, German Yearbook of International Law 37 (1994), S. 162 – 205

Talmon, Stefan: The Cyprus Question before the European Court of Justice, European Journal of International Law 12 (2001), S. 727 – 750

Tamkoc, Metin: The Turkish Cypriot State: Embodiement of the Right of Self Determination, London 1988

Tassopoulos, Ioannis A.: The Annan Plan as a “Constitution of Transition” and the Participation of Cyprus in the European Union, in: Giegerich, Thomas (Hrsg.), The EU accession of Cyprus: key to the political and legal solution of an “insoluble“ conflict?, Baden-Baden 2006, S. 241 – 246

Terra, Ben / Meyer, Jörg / Dangel, Thomas: Einführung in das Umsatzsteuerrecht der EG ab 1993, Stuttgart 1992

Tomuschat, Christian: The Accession of Cyprus to the European Union, in: Häberle, Peter / Morlok, Martin / Skouris, Vassilios (Hrsg.), Festschrift für Dimitris Th. Tsatsos, Baden-Baden 2003, S. 672 – 689

Tomuschat, Christian: EWG und DDR – Völkerrechtliche Überlegungen zum Sonderstatus des Außenseiters einer Wirtschaftsunion, Europarecht 1969, S. 298 – 332

Tornaritis, Criton G.: Cyprus and its Constitutional and other legal problems, 2. Auflage, Nicosia 1980

Tzermias, Pavlos: Geschichte der Republik Zypern, 3. Auflage, Tübingen 1998

Uebe, Max: Cyprus in the European Union, in: German Yearbook of International Law, Vol. 46 (2003), S. 375 – 400

Varvaroussis, Paris: Deutschland und die Zypernfrage, die UN- und EU-Vermittlung; eine Dokumentation 1954 – 1994, München 1995

Verdross, Alfred / Simma, Bruno: Universelles Völkerrecht – Theorie und Praxis, 3. Auflage, Berlin 1984

Weber, Claus: Wirtschaftsabkommen im System der Europäischen Gemeinschaft – Die Rechtsprechung des Europäischen Gerichtshofs, in: Archiv des Völkerrechts, 35. Band (1997) , S. 295 – 315

Wenturis, Nikolaus I.: Der Integrationsprozess im politischen System der Republik Zypern – die Exogenen und endogenen desintegrierenden Faktoren, die im politischen System der Republik Zypern hemmend gewirkt haben, Göppingen 1970

Witte, Peter (Hrsg.): Zollkodex mit Durchführungsverordnung und Zollbefreiungsverordnung, Kommentar, 3. Auflage, München 2002 (Zitierweise: Witte – Bearbeiter)

Wolfe, James H.: The United Nations and the Cyprus Question, in: Norma Salem (ed.), Cyprus: A Regional Conflict and its Resolution, S. 227–243, London u. A. 1992

Zimmermann, Andreas: Staatennachfolge in völkerrechtliche Verträge – Zugleich ein Beitrag zu den Möglichkeiten und Grenzen völkerrechtlicher Kodifikation, Heidelberg, 1998/99

Zuleeg, Manfred: Grundvertrag und EWG-Protokoll über den Innerdeutschen Handel, Europarecht 1973, S. 209 – 225

Schriften zum internationalen und zum öffentlichen Recht

Herausgegeben von Gilbert Gornig

Band 1 Michael Waldstein: Das Asylgrundrecht im europäischen Kontext. Wege einer europäischen Harmonisierung des Asyl- und Flüchtlingsrechts. 1993.

Band 2 Axel Linneweber: Einführung in das US-amerikanische Verwaltungsrecht. Kompetenzen, Funktionen und Strukturen der "Agencies" im US-amerikanischen Verwaltungsrecht. 1994.

Band 3 Tai-Nam Chi: Das Herrschaftssystem Nordkoreas unter besonderer Berücksichtigung der Wiedervereinigungsproblematik. 1994.

Band 4 Jörg Rösing: Beamtenstatut und Europäische Gemeinschaften. Eine Untersuchung zu den gemeinschaftsrechtlichen Anforderungen an die Freizügigkeit der Arbeitnehmer im Bereich des öffentlichen Dienstes. 1994.

Band 5 Wolfgang Wegel: Presse und Rundfunk im Datenschutzrecht. Zur Regelung des journalistischen Umgangs mit personenbezogenen Daten. 1994.

Band 6 Sven Brandt: Eigentumsschutz in europäischen Völkerrechtsvereinbarungen. EMRK, Europäisches Gemeinschaftsrecht, KSZE – unter Berücksichtigung der historischen Entwicklung. 1995.

Band 7 Alejandro Alvarez: Die verfassunggebende Gewalt des Volkes unter besonderer Berücksichtigung des deutschen und chilenischen Grundgesetzes. 1995.

Band 8 Martin Thies: Zur Situation der gemeindlichen Selbstverwaltung im europäischen Einigungsprozeß. Unter besonderer Berücksichtigung der Vorschriften des EG-Vertrages über staatliche Beihilfen und der EG-Umweltpolitik. 1995.

Band 9 Rolf-Oliver Schwemer: Die Bindung des Gemeinschaftsgesetzgebers an die Grundfreiheiten. 1995.

Band 10 Holger Kremser: "Soft Law" der UNESCO und Grundgesetz. Dargestellt am Beispiel der Mediendeklaration. 1996.

Band 11 Michael Silagi: Staatsuntergang und Staatennachfolge: mit besonderer Berücksichtigung des Endes der DDR. 1996.

Band 12 Reinhard Franke: Der gerichtliche Vergleich im Verwaltungsprozeß. Auch ein Beitrag zum verwaltungsrechtlichen Vertrag. 1996.

Band 13 Christoph Eichhorn: Altlasten im Konkurs. 1996.

Band 14 Dietrich Ostertun: Gewohnheitsrecht in der Europäischen Union. Eine Untersuchung der normativen Geltung und der Funktion von Gewohnheitsrecht im Recht der Europäischen Union. 1996.

Band 15 Ulrike Pieper: Neutralität von Staaten. 1997.

Band 16 Harald Endemann: Kollektive Zwangsmaßnahmen zur Durchsetzung humanitärer Normen. Ein Beitrag zum Recht der humanitären Intervention. 1997.

Band 17 Jochen Anweiler: Die Auslegungsmethoden des Gerichtshofs der Europäischen Gemeinschaften. 1997.

Band 18 Henrik Ahlers: Grenzbereich zwischen Gefahrenabwehr und Strafverfolgung. 1998.

Band 19 Heinrich Hahn: Der italienische Verwaltungsakt im Lichte des Verwaltungsverfahrensgesetzes vom 7. August 1990 (Nr. 241/90). Eine rechtsvergleichende Darstellung. 1998.

Band 20 Christoph Deutsch: Elektromagnetische Strahlung und Öffentliches Recht. 1998.

Band 21 Cordula Fitzpatrick: Künstliche Inseln und Anlagen auf See. Der völkerrechtliche Rahmen für die Errichtung und den Betrieb künstlicher Inseln und Anlagen. 1998.

Band 22 Hans-Tjabert Conring: Korporative Religionsfreiheit in Europa. Eine rechtsvergleichende Betrachtung. Zugleich ein Beitrag zu Art. 9 EMRK. 1998.

Band 23 Jörg Karenfort: Die Hilfsorganisation im bewaffneten Konflikt. Rolle und Status unparteiischer humanitärer Organisationen im humanitären Völkerrecht. 1999.

Band 24 Matthias Schote: Die Rundfunkkompetenz des Bundes als Beispiel bundesstaatlicher Kulturkompetenz in der Bundesrepublik Deutschland. Eine Untersuchung unter besonderer Berücksichtigung natürlicher Kompetenzen und der neueren Entwicklung im Recht der Europäischen Union. 1999.

Band 25 Hermann Rothfuchs: Die traditionellen Personenverkehrsfreiheiten des EG-Vertrages und das Aufenthaltsrecht der Unionsbürger. Eine Gegenüberstellung der vertraglichen Gewährleistungen. 1999.

Band 26 Frank Alpert: Zur Beteiligung am Verwaltungsverfahren nach dem Verwaltungsverfahrensgesetz des Bundes. Die Beteiligtenstellung des § 13 Abs. 1 VwVfG. 1999.

Band 27 Matthias Reichart: Umweltschutz durch völkerrechtliches Strafrecht. 1999.

Band 28 Nikolas von Wrangell: Globalisierungstendenzen im internationalen Luftverkehr. Entwicklung der Regulierung und Liberalisierung unter Berücksichtigung strategischer Allianzen und des Code-Sharing. 1999.

Band 29 Marietta Hovehne: Ein demokratisches Verfahren für die Wahlen zum Europäischen Parlament. Legitimation gemeinschaftlicher Entscheidungsstrukturen im europäischen Integrationsprozeß. 1999.

Band 30 Nina Kaden: Der amerikanische Clean Air Act und das deutsche Luftreinhalterecht. Eine rechtsvergleichende Untersuchung. 1999.

Band 31 Brigitte Daum: Grenzverletzungen und Völkerrecht. Eine Untersuchung der Rechtsfolgen von Grenzverletzungen in der Staatenpraxis und Folgerungen für das Projekt der International Law Commission zur Kodifizierung des Rechts der Staatenverantwortlichkeit. 1999.

Band 32 Andreas Fürst: Die bildungspolitischen Kompetenzen der Europäischen Gemeinschaft. Umfang und Entwicklungsmöglichkeiten. 1999.

Band 33 Gilles Despeux: Die Anwendung des völkerrechtlichen Minderheitenrechts in Frankreich. 1999.

Band 34 Michael Reckhard: Die rechtlichen Rahmenbedingungen der Sanktionierung von Beitragsverweigerung im System der Vereinten Nationen. 1999.

Band 35 Carsten Pagels: Schutz- und förderpflichtrechtliche Aspekte der Religionsfreiheit. Zugleich ein Beitrag zur Auslegung eines speziellen Freiheitsrechts. 1999.

Band 36 Bernhard Mehner: Die grenzüberschreitende Wirkung direktempfangbaren Satellitenfernsehens aus völkerrechtlicher Sicht. 2000.

Band 37 Karl-Josef Ulmen: Pharmakologische Manipulationen (Doping) im Leistungssport der DDR. Eine juristische Untersuchung. 2000.

Band 38 Jochen Starke: Die verfassungsgerichtliche Normenkontrolle durch den Conseil constitutionnel. Zum Kompetenztitel des Art. 61 der französischen Verfassung. 2000.

Band 39 Marco Herzog: Rechtliche Probleme einer Inhaltsbeschränkung im Internet. 2000.

Band 40 Gilles Despeux: Droit de la délimitation maritime. Commentaire de quelques décisions plutoniennes. 2000.

Band 41 Christina Hackel: Der Untergang des Landes Braunschweig und der Anspruch auf Restitution nach der Wiedervereinigung Deutschlands. 2000.

Band 42 Peter Aertker: Europäisches Zulassungsrecht für Industrieanlagen. Die Richtlinie über die integrierte Vermeidung und Verminderung der Umweltverschmutzung und ihre Auswirkungen auf das Anlagenzulassungsrecht der Bundesrepublik Deutschland. 2000.

Band 43 Karsten Bertram: Die Gesetzgebung zur Neuregelung des Grundeigentums in der ersten Phase der Französischen Revolution (bis 1793) und deren Bedeutung für die deutsche Eigentumsdogmatik der Gegenwart. 2000.

Band 44 Ulrike Hartmann: Die Entwicklung im internationalen Umwelthaftungsrecht unter besonderer Berücksichtigung von *erga omnes*-Normen. 2000.

Band 45 Thomas Jesch: Die Wirtschaftsverfassung der Sonderverwaltungsregion Hongkong. Eine Darstellung vor dem Hintergrund der Wiedereingliederung in die Souveränität der Volksrepublik China. 2001.

Band 46 Sven Gottschalkson: Der Ausschluß des Zivilrechtsweges bei Eigentumsverlusten an Immobilien in der ehemaligen DDR. 2002.

Band 47 Gilbert Hanno Gornig/Gilles Despeux: Seeabgrenzungsrecht in der Ostsee. Eine Darstellung des völkerrechtlichen Seeabgrenzungsrechts unter besonderer Berücksichtigung der Praxis der Ostseestaaten. 2002.

Band 48 Andreas Zühlsdorff: Rechtsverordnungsersetzende Verträge unter besonderer Berücksichtigung des Umweltrechts. 2003.

Band 49 Katja Schmitz: Durchgriffswirkung von Maßnahmen der UN und ihrer Sonderorganisationen unter besonderer Berücksichtigung von Resolutionen des UN-Sicherheitsrates - Die Entwicklung supranationaler Strukturen. 2003.

Band 50 Stefanie Rothenberger: Die angemessene Nutzung gemeinschaftlicher Ressourcen am Beispiel von Flüssen und speziellen Ökosystemen. Eine vergleichende Betrachtung zum modernen Verständnis eines klassischen völkerrechtlichen Nutzungsprinzips. 2003.

Band 51 Christoph von Burgsdorff: Die Umsetzung der EG-Datenschutzrichtlinie im nicht-öffentlichen Bereich. Möglichkeit einer zukunftsorientierten Konzeption des Datenschutzes in der Privatwirtschaft unter besonderer Berücksichtigung des BDSG. 2003.

Band 52 Frank Reinhardt: Powerline. Verfassungs-, verwaltungs- und telekommunikationsrechtliche Probleme. 2003.

Band 53 Chie Sato: Immunität Internationaler Organisationen. 2004.

Band 54 Johannes Thoma: EU-Recht und Schranken hoheitlicher Staatstätigkeit. 2004.

Band 55 Wolf Peterhoff: Rechtsansprüche enteigneter Volksgruppen und ihre Durchsetzbarkeit. 2004.

Band 56 Do-Hyub Kim: Das deutsche parlamentarische Regierungssystem als mögliches Modell für Korea. 2004.

Band 57 Alexander Koberg: Die Exilregierung im Völkerrecht. Eine Untersuchung ihrer rechtlichen Klassifikation. 2005.

Band 58 Nils Christian Carstensen: Das Verhältnis des Seerechtsübereinkommens der Vereinten Nationen von 1982 zu fischereirechtlichen Übereinkommen und deren Streitbeilegungsvorschriften. 2005.

Band 59 Oliver Franz: Osttimor und das Recht auf Selbstbestimmung. Eine Untersuchung zur Anwendung des Selbstbestimmungsrechts der Völker am Beispiel Osttimors. 2005.

Band 60 Michael Kadgien: Das Habsburgergesetz. 2005.

Band 61 Felix Wolf: Terrorversicherungen und europäisches Wettbewerbsrecht. Verschiedene Modelle staatlicher Beteiligung an einer Terrorversicherung für Wirtschaftsbetriebe und ihre Vereinbarkeit mit dem europäischen Wettbewerbsrecht. 2005.

Band 62 Heiko Bertelmann: Die Europäisierung des Staatshaftungsrechts. Eine Untersuchung zum Einfluss des Europäischen Gemeinschaftsrechts auf das deutsche Staatshaftungsrecht unter besonderer Berücksichtigung der Haftung für judikatives Unrecht. 2005.

Band 63 Cedric Christian Meyer: Konkretisierung unbestimmter Rechtsbegriffe im deutschen und französischen Anlagenzulassungsrecht. 2005.

Band 64 Philippe Gréciano: Die Gerichtsbarkeit der Europäischen Gemeinschaften. Rechtsprechung und Rechtssprache Europas aus französischer Perspektive. Mit einem Vorwort von Theodor Öhlinger. 2007.

Band 65 Anne-Louise Schümer: Die Stellung des Ministerpräsidenten in den Bundesländern im Vergleich. 2006.

Band 66 Helen Ghebrewebet: Identifying Units of Statehood and Determining International Boundaries. A Revised Look at the Doctrine of *Uti Possidetis* and the Principle of Self-Determination. 2006.

Band 67 Arne Hertel: Beihilfen an kleine und mittlere Unternehmen. 2006.

Band 68 Markus Günther: Europol. Rechtsschutzmöglichkeiten und deren Vereinbarkeit mit nationalen und internationalen Anforderungen. 2006.

Band 69 Christian Wicker: The Concepts of Proportionality and State Crimes in International Law. An Analysis of the Scope of Proportionality in the Right of Self-Defence and in the Regime of International Countermeasures and an Evaluation of the Concept of State Crimes. 2006.

Band 70 Hauke Stöwsand: Zyperns Beitritt zur Europäischen Union. Vom Antrag auf Mitgliedschaft bis zum Protokoll der Beitrittsakte. 2007.

www.peterlang.de

Türkmen Tezcan

Der Zypernkonflikt vor dem Europäischen Menschenrechtsgerichtshof

Eine Analyse unter besonderer Berücksichtigung der Loizidou-Rechtsprechung und ihrer Auswirkung auf die zwischenstaatlichen Beziehungen

Frankfurt am Main, Berlin, Bern, Bruxelles, New York, Oxford, Wien, 2006.
283 S.
Schriften zum Staats- und Völkerrecht. Herausgegeben von Dieter Blumenwitz.
Bd. 120
ISBN 3-631-54717-X · br. € 51.50*

Im Mittelpunkt der Arbeit steht die Individualbeschwerde der Zyperngriechin Titina Loizidou gegen die Türkei. Der Gerichtshof erkannte darin das weiterbestehende Eigentumsrecht von zyperngriechischen Flüchtlingen an in Nordzypern gelegenen Grundstücken an. Es wird kontrovers diskutiert, ob durch die Verfassung der international nicht anerkannten Türkischen Republik Nordzypern eine wirksame Enteignung von zyperngriechischem Eigentum stattfinden konnte. Der Gerichtshof lehnte dies ab und sah in der Verhinderung des Zugangs zu Nordzypern eine fortdauernde Rechtsverletzung. Bei der Bemühung um die Wiedervereinigung Zyperns ist die Neuordnung der Eigentumsverhältnisse ein wesentlicher Streitpunkt. Die Auswirkung der Rechtsprechung auf den politischen Annäherungsprozess wird angesichts tausender Nachfolgeprozesse kritisch beurteilt.

Aus dem Inhalt: Entstehung, Ursachen und Entwicklung des Zypernkonflikts · Staatenbeschwerden und Individualbeschwerden im Zusammenhang mit dem Zypernkonflikt vor den Kontrollorganen der Europäischen Menschenrechtskonvention · Völkerrechtliche Stellung von De-Facto-Regimes · Unwirksame Enteignung als fortdauernde Verletzung des Eigentumsrechts · Verhältnis der EMRK zu allgemeinem Völkerrecht · uvm.

FSC
www.fsc.org
MIX
Papier | Fördert
gute Waldnutzung
FSC® C083411

Kolibri 360 GmbH
Ferdinand-Jühlke-Straße 7
99095 Erfurt, Deutschland
produktsicherheit@kolibri360.de

Druck:
CPI Druckdienstleistungen GmbH
im Auftrag der
Kolibri 360 GmbH
Ferdinand-Jühlke-Str. 7
99095 Erfurt